알리스터 맥그래스의
지성적 회심

THROUGH A GLASS DARKLY

Copyright ⓒ 2020 by Alister McGrath
First published in the English Language under the title
Through a Glass Darkly by Hodder and Stoughton, Ltd.
Carmelite House, 50 Victoria Embankment, London EC4Y 0DZ, England, UK.
All rights reserved.

Korean Edition Copyright ⓒ 2021 by Word of Life Press, Seoul, Republic of Korea

Translated and used by permission of Hodder and Stoughton, Ltd..
through arrangement of rMaeng2, Seoul, Republic of Korea.

이 한국어판의 저작권은 rMaeng2를 통하여
Hodder and Stoughton사와 독점 계약한 생명의말씀사에 있습니다. 신저작권법에
의하여 한국 내에서 보호 받는 저작물이므로 무단 전재와 무단 복제를 금합니다.

알리스터 맥그래스의
지성적 회심

ⓒ 생명의말씀사 2021

2021년 4월 16일 1판 1쇄 발행

펴낸이 | 김창영
펴낸곳 | 생명의말씀사

등록 | 1962. 1. 10. No.300-1962-1
주소 | 서울시 종로구 경희궁1길 6 (03176)
전화 | 02)738-6555(본사) · 02)3159-7979(영업)
팩스 | 02)739-3824(본사) · 080-022-8585(영업)

기획편집 | 구자섭
디자인 | 박소정, 조현진
인쇄 | 영진문원
제본 | 정문바인텍

ISBN 978-89-04-16754-8 (03230)

저작권자의 허락없이 이 책의 일부 또는 전체를
무단 복제, 전재, 발췌하면 저작권법에 의해 처벌을 받습니다.

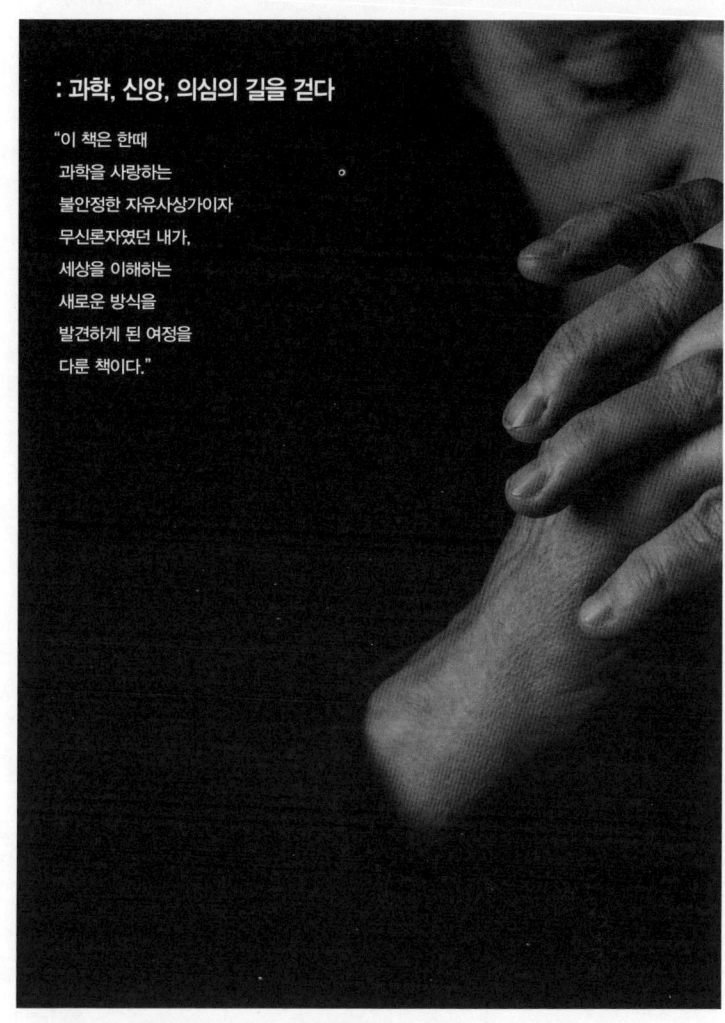

: 과학, 신앙, 의심의 길을 걷다

"이 책은 한때
과학을 사랑하는
불안정한 자유사상가이자
무신론자였던 내가,
세상을 이해하는
새로운 방식을
발견하게 된 여정을
다룬 책이다."

알리스터 맥그래스의
지성적 회심

생명의말씀사

THROUGH A GLASS DARKLY

목차

서문　08

제1부　불안정하고 초조한 자유사상가
새로운 세계를 발견하다

1. 호기심 많았던 마음　　　　　　　　　／ 12
2. 과학은 이해를 추구하는 학문이다　　　／ 24
3. 회의적인 화학자　　　　　　　　　　／ 38
4. 옥스퍼드를 꿈꾸다　　　　　　　　　／ 52
5. 신앙의 위기　　　　　　　　　　　　／ 64
6. 하나님을 발견하다　　　　　　　　　／ 78

제2부 뜻밖의 회심
낯선 신세계를 탐험하다

7. 신앙의 섬에 상륙하다 / 92
8. 여행 동반자: C. S. 루이스 / 106
9. 첫 번째 산: 과학 / 120
10. 두 번째 산: 신학 / 136
11. 방황하는 시절: 소명을 찾아서 / 154
12. 옥스퍼드: 소명을 찾다 / 168
13. 두 정상: 꼭대기에서 바라본 전망 / 182

제3부 오랜 질문과 새로운 통찰
신앙의 섬에서 살아가다

14. 자명하게 보였던 것을 재고하다 / 198
15. 실재를 보다: 기독교는 '큰 그림'이다 / 204
16. 플라톤의 동굴을 다시 방문하다: / 218
    어둠, 그림자, 빛에 관하여
17. 확실성을 갈망하다: 증명, 믿음, 의심 / 228
18. 망상: 신앙은 소원성취인가? / 242
19. 실재의 지도: 복잡한 세계에 대처하다 / 252
20. 과학과 신앙: / 266
    갈등관계인가, 서로를 풍요롭게 하는가?
21. 신앙은 비합리적인가? 삼위일체 교리 / 280
22. 흐릿한 창문을 통하여: 의심을 통과하는 여정 / 292
23. 느슨한 결말 / 302

내 저서들에 관한 메모   306
주   310

서문

이 책은 한때 과학을 사랑하는 불안정한 자유사상가이자 무신론자였던 내가, 새로운 방식으로 세상을 이해해 가는 여정을 다룬 책이다. 이 길은 인기가 없으나 매우 유익하고 이성적이며 보상이 있으며 탄력적인 방식으로서 보통 기독교라고 불린다. 이 책은 자서전은 아니지만 전기적인 요소들이 그 발견과 성찰의 이야기에 불가피하게 엮여 있다. 이 책은 신학 저술은 아니지만, 많은 신학적 이슈들을 다루고 있다. 이 책은 세상의 마땅한 모습에 대한 나의 선입견에 순응하길 완강히 거부했던 세계를 직면했던 나의 삶의 이야기이다.

이 짧은 책은 근본적으로 사상을 탐구한 책, 지적 발견의 여정을 담은 이야기로서, 나는 실재의 복잡성에 대한 인식 과정, 이에 대한 우리 지식의 한계, 그리고 복잡한 세계에 대한 젊은 시절의 단순한 탐구가 실패할 수밖에 없었던 운명 등에 대해 성찰한다. 이는 내가 옥스퍼드 대학교의 생화학과에서 연구하던 기간에 일어났던 사건, 곧 1960년대 말 문화적 불안정 속에서 일어난 나의 무신론에서 기독교로의 전향, 그리고 신학이 얼마나 신나고 유익한 학문인지 발견한 것을 포함하고 있다. 신학 교재들을 통해 나를 알게 된 이들에게는 이 책이 그 교재들의 집필 배경을 제공해준다.

내가 무신론에서 기독교로 전향한 사건은 이 이야기의 중요한 요소이긴 하지만, 그것이 내가 평생에 걸쳐 경험한 유일한 여정은 아니다. 내 종교적 견해가 이렇게 바뀐 것과 더불어 인생의 큰 질문들과 관련해 확실성을 기대했던 나의 바람은 결코 지속될 수 없음을 나는 배웠다. 무신론자이든 종교적 신자이든 상관없이, 우리는 정말로 중요하다고 생각하는 그런 신념들[하나님의 존재, 선(善)의 본질, 또는 인생의 의미 등에 관한]에 대한 불확실성과 함께 사는 법을 배워야 한다. 나는 우리가 품은 핵심적인 신념들을 증명할 수 없는 세상에 사는 법을 배우지 않으면 안 되었다. 이 이야기에는 어둠과 그림자의 이미지가 크게 드리워져 있다. 왜냐하면 불확실성과 의심의 한복판에서 우리가 어떻게 의미 있게 또 진정하게 살 수 있는지를 탐구하고 있기 때문이다.

알리스터 맥그래스
옥스퍼드에서, 2020년 2월

제1부

불안정하고 초조한 자유사상가
새로운 세계를 발견하다

1장

호기심 많았던 마음

나는 곧 나의 육안이 지닌 한계를 깨달았다. 나는 어렴풋하게 보았으나, 망원경은 내가 더 명료하게 볼 수 있게 해주었다. 밤하늘은 내가 예전에 생각했던 것보다 훨씬 더 풍부하고 더 아름다웠다. 마치 새로운 세계를 발견한 것만 같았다. 이제까지 늘 존재했지만 이 순간까지 나에게 명료하게 볼 수 있는 눈이 없어서 보지 못했던 세계였다. 한편으로, 천문학에 대한 나의 전문적이고 사실적인 지식이 늘어나고 있었고, 다른 한편, 별빛 어린 창공의 엄숙한 정적을 보며 경이로움 내지는 경외심을 느끼곤 했는데, 이 둘 사이의 엄청난 간극을 나는 의식하게 되었다.

내가 열 살 때였다. 아일랜드의 쌀쌀하고 추운 겨울밤, 나는 별들이 총총한 아름답고 광대한 하늘에 매혹된 채 그 광경을 좀 더 자세히 살펴보려고 작은 천체망원경을 만들었다. 처음으로 망원경을 하늘로 향하게 한 후 접안렌즈를 통해 자세히 들여다보았다. 은하계의 수많은 별무리가 갑자기 뚜렷이 보이는 순간, 마치 시간이 멈춘 것만 같았다. 내가 볼 수 있는 천체에 나는 그만 압도되고 말았다. 나는 잠시 동안이나마 무언가의 가장자리에 서 있는 듯했다. 마치 바닷가에 서서 먼 곳을 얼핏 바라보는 것처럼 말이다. 내가 과학자가 되어 방대한 세계를 관찰하고 이해하고픈 마음이 생긴 순간이었다.

이는 물론 나 혼자만의 경험은 아니다. 역사가 시작된 이래, 사람들은 별이 가득한 밤하늘의 고요한 정적에 온통 매료된 채 그게 무슨 뜻인지 궁금해 했다.

고대 그리스인들은 수많은 별들 가운데서 의미 있는 패턴들을 발견했고 그 별자리들에 영웅들의 이름을 붙였다. 예컨대, 오리온에는 위대한 사냥꾼이란 이름을, 안드로메다에는 불운한 여주인공이란 이름을 붙인 것이다. 또 어떤 이들은 캄캄한 우주의 한복판에서 밝게 빛나는 빛의 보석들을 보면서 도무지 도달할 수 없고 규정지을 수도 없는 그 무엇에 대한 갈망을 느끼곤 했었다.

어린 시절, 나 역시 별들이 내뿜는 차갑고도 아름다운 찬란함을 응시하며 이해할 수 없는 황홀경에 빠진 경험이 있었다. 내가 만든 망원경으로 밤하늘을 관찰하며 탐구하고픈 마음을 도무지 억누를 수 없었고, 그 신비로움을 다 밝히기 어렵다는 생각 때문에 불안정한 마음이 더 깊어졌다.

내가 우주에 대해 능력껏 최대한 발견하는 모험을 시작하겠다고 결심한 것은 고작 열한 살이나 열두 살 때였을 것이다. 당시에는 장차 내가 무엇이 될지 몰랐지만, 그 모험은 무척 보람 있고 만족스러운 여정일 것이란 확신이 있었다.

나는 누구인가? 나는 1953년 1월, 엘리자베스 2세 여왕이 즉위한 해에 북아일랜드 수도 벨파스트(Belfast)의 한 의료인 가정에서 태어났다. 아버지는 수련의였고, 어머니는 로열 빅토리아 병원에서 일하는 간호사였다. 어머니는 워터포드 카운티의 조그마한 아일랜드 소도시인 리즈모어(Lismore)가 고향이었다. 그 소도시를 대표하는 리즈모어 캐슬은 가파른 언덕 위에서 위용을 자랑하며 그 도시와 블랙워터 골짜기를 내려다본다. 할아버지는 제1차 세계대전에 영국군으로 참전했다가 부상당한 후 아일랜드로 복귀하셨다. 그는 더블린 근처 군 응급 치료소에서 그를 간호하던 간호사와 결혼해서 리즈모어에 정착했다.

어린 시절을 뒤돌아볼 때, 가장 뚜렷하게 기억나는 것 중 하나는 할아버지의 거실에 걸려 있던, 리즈모어 캐슬(리즈모어에 있는 아일랜드에서 가장 화려한 성-편집자주)이 그려진 크고 아름다운 유화이다. 나는 이 그림이 그들의 신혼생활을 상기시키는 추억의 작품이라고 생각해왔었는데, 훗날 알고 보니 거기에는 더 많은 것이 담겨있었다.

어머니 가족은 프로테스탄트였는데, 어쩌다가 1920년대 아일랜드 내전의 여파로 발생한 워터포드의 종파 분쟁에 연루되었다. 그들은 자진해서 리스모어의 집을 떠나거나 집이 불태워지게 내버려두지 않으면 안 되었다. 그래서 지금은 잊혀진 지 오래 된 유럽의 분쟁들 중 하나에 연루되어 피난민 신세가 되어 더블린에서 숙소를 찾다가 결국에는 프로테스탄트가 주류를 이루고 있는 안전한 북부 아일랜드에 자리를 잡았다. 내가 리스모어에서 발생했던 비극적인 사건에 대해 알게 된 것은 어머니가 돌아가시기 10년 전이었고, 당시는 어머니와 삼촌을 추방했던 에덴으로 되돌아갈 것을 결심했던 때였다.

내가 태어날 무렵에, 부모님은 카운티 다운의 오랜 역사적 소도시인 다운패트릭(Downpatrick)으로 이사해서, 아버지는 그곳 위생담당 검역관으로 일하셨다. 내가 세례를 받은 곳은 아일랜드 수호성인 패트릭의 전통적인 매장지로 유명하며 그 도시의 명소인 다운 대성당이었다. 그리운 어린 시절 추억 중 하나는 늦여름 오후에 성당 마당 벤치에 앉아서 초록색 물결처럼 굽이치는 들판과 목초지 너머 보랏빛을 띤 몬산맥(이를 C. S. 루이스는 '다운의 폭신한 낮은 언덕들'이라 불렀다)을 물끄러미 바라보는 것이었다.

나는 다운패트릭에 살면서 성당에서 가까운 다운고등학교를 다녔다. 읽기와 수학을 좋아하는 적성 때문에 큰 노력을 기울이지 않고도 두 과목 모두 우수한 성적을 거둘 수 있었다. 그 학교의 교훈은 '다운이여 번영하라! 노력 없이는 아무것도 없다!'였다. 나는 이 교훈의 둘째 요소를 무시했는데, 그것은 나 자신의 경험과 너무나 상반되었기 때문이다.

얼마 지나지 않아 내가 영리하고 또 게으르다는 사실을 알게 되었는데, 최소한의 노력으로도(숙제를 안 해도) 그럭저럭 지낼 수 있었다. 공부보다는 차라리 '다운의 언덕'(학교에서 가까운 거석묘 성채)을 탐험하거나 자전거로 시골길을 쏘다니면서 친구들과 노는 편이 더 좋았다.

나는 별로 애쓰지 않고도 영어와 수학 과목에서 상(賞)을 계속 탔다. 하지만 자연은 균형을 맞추는 듯하다. 나는 몇 가지는 잘 했으나 다른 데에는 쓸모가 없었다. 우선 나는 신체적 균형 감각이 부족해 스포츠나 미술이나 연주에는 아예 소질이 없었다. 나의 유일한 재능은 머리를 쓰는 것이었다.

내가 열 살 때, 영문학 선생님이 그해의 수업을 두 주 빨리 끝내셨다. 그 선생님은 수업 시간에 우리에게 숙제를 내주기보다는 우리가 좋아할 책을 읽어주겠다고 했다. 우리 중에 아무도 들어본 적이 없던 『햄의 농부 가일스』(Farmer Giles of Ham)란 책이었다. 20년이 흐른 뒤에, 나는 이 책이 톨킨(J. R. R. Tolkien)의 초기 작품임을 알게 되었다. 아처 선생님은 의자에 편히 앉아서 목청을 가다듬고 읽기 시작했다. 나는, 아니 나중에 알고 보니 대다수 학생이 그 이야기에 완전히 매료되었다. 나는 처음으로 내 상상력이 어떻게 사로잡힐 수 있는지, 그래서 (단 내가 그 일부가 되어 그것을 탐험하고 싶은 것만 제외하고) 내가 모르는 세계 속에 갇힌 죄수가 기꺼이 될 수 있는지를 알게 됐다. 그런데 시간이 부족해서 우리는 그 책이 어떻게 끝나는지 알지 못했다.

마지막 수업을 마치고 집에 돌아와서 나는 집안 책장을 샅샅이 뒤지기 시작했다. 『햄의 농부 가일스』는 찾을 수 없었으나 흥미로워 보이는 다른 책들이 눈에 띄었다. 『산호섬』, 『보물섬』, 그리고 『로빈슨 크루소』와 같은 작품들이었다. 이 책들을 탐독한 후, 다른 책들을 찾다가 아가사 크리스티, 도로시 세이어즈, 그리고 마제리 앨링엄의 탐정 소설들을 마주치게 되었다. 이 세 작가들이 1930년대 영국 범죄 소설의 '황금기'를 대표한 인물들이었다는 사실을 나는 몰랐다. 그저 그 장르에 푹 빠졌고 또 다른 것들을 탐구하러 나갔을 뿐이다. 그 가운데 가장 눈에 띈 것은 셜록 홈즈 이야기들이었다.

탐정 소설을 계기로, 나는 무언가 실험하고 이해하고픈 직관적 열망과 더불어 이야기를 좋아하는 성향에 푹 빠지게 된 것이다. 허구적 이야기 속에 들어가서 실마리를 찾고 그 해명을 발견하도록 초대를 받은 셈이었다. 그 작업은 비합리적이진 않았으나 합리적인 것 이상이었다. 마치 상상력을 발휘해 무슨 사건이 발생했는지를 구성해보고 그 이야기의 표면 아래 놓인 것을 알아내는 일과 같았다. 당신이 더 깊은 깨달음을 얻게 되면 애초의 이야기가 새롭게 보이는 법이다. 나는 실마리를 이해하는 법을 배웠는데, 그것들 자체로는 아무것도 증명하지 않고 많은 가능성만 가리키지만 '누적이 되면' 더 큰 그림을 드러내게 된다. 그리하여 단일한 해법, 곧 모든 실마리들을 만족스러운 결론 안에서 묶어주는 한 줄기의 황금 실이 드러나게 되는 것이다.

나는 그런 장르에 완전히 사로잡혀서 그런 소설들과 이야기들을 게걸스럽게 읽기 시작했고 그 장르에 대한 다양한 접근들을 음미하게 되었다.

이와 비슷한 시기에, 나는 또 다른 영역에 눈을 뜨게 되었다. 자연세계가 지닌 아름다움과 신비를 인식하기 시작한 것이다. 1960년대 초, 우리 가족은 연례 휴가를 아일랜드 북서부에 있는 카운티 도니갈에서 보내곤 했다. 나는 즐겁게 바닷가와 작은 바닷물 웅덩이들을 탐험하면서 내가 발견한 것을 이해하기 위해 『소년 소녀를 위한 해변』(1954)이란 책을 끼고 다녔다. 날씨가 좋으면 우리는 모래사장을 따라 걷고 바다와 해초의 짠 냄새를 맡으면서 실버 스트랜드의 해변에 부드럽게 부딪히는 파도를 관찰하곤 했다(날씨가 나쁜 날에는 자동차 안에서 비가 그치길 기다리는 동안 창문에 서리는 증기를 보며 큰 보온병에 담긴 차를 한없이 마셨다).

카운티 다운의 시골 길과 강들은 내 영혼을 위해, 워즈워스가 '알맞은 파종기'(fair seed-time)라고 묘사했던 것을 제공했고, 나에게 자연을 사랑하고 자연에 대해 더 알고 싶은 마음을 불러일으켰다.

다운패트릭에 있던 우리 집은 코일 폰디지 자연보호구역에서 걸어서 몇 분밖에 안 걸리는 거리에 있었다. 학교 친구들과 나는 코일의 강둑에서 자주 놀곤 했는데, 누가 가장 멀리까지 물수제비를 뜨는지 시합을 하곤 했다.

그런데 어느 날 나는 적당한 조약돌을 찾으려고 몸을 숙인 채 강변을 내려다보다가 나도 모르게 물속에 있는 것에 주목하게 되었다. 수면 아래 돌 위에서 자라는 해캄의 보드라운 녹색 꽃실이 시선에 들어왔다. 며칠 후, 나는 홀로 강변에 내려가서 그것을 작은 물병에 담고 아버지가 영연방의 우표 수집 앨범을 살필 때 사용하던 돋보기로 그 속에 있는 것을 알아내려고 노력했다.

그 직후 벨파스트의 로열 빅토리아 병원에서 병리학자로 은퇴했던 종조부께서 1900년대 초 의대생 시절에 구입했던 옛날 놋쇠 현미경을 나에게 주셨다. 그 현미경은 독일의 광학기기 전문 제작자로서 훗날 라이카 카메라로 유명해진 에른스트 라이츠가 만든 것이었다.[1] 그 선물은 맨눈으로 볼 수 없는 새로운 살아있는 세계를 활짝 열어주기에 안성맞춤이었다.

하지만 나를 가장 매혹시킨 것은 단연 밤하늘이었다. 추운 겨울밤

학교 행사를 마친 후 집으로 걸어올 때는 머리 위의 별빛 어린 하늘의 아름다움에 종종 압도되곤 했다. 나는 성운들과 더 밝은 별들의 이름을 배웠고 천문학에 관한 책들을 읽기 시작했다. 그것은 내가 학교에서 배우던 지루한 과학보다 훨씬 더 흥미로웠다.

종조부의 현미경을 통해 새로운 세계를 발견한 나는 크게 고무되어 낡은 카메라 렌즈들로 작은 현미경을 만들었는데, 그 조잡한 기구로도 풍부한 광경을 볼 수 있어서 너무 놀랐다. 그 후 부모님은 나에게 적당한 크기의 천체망원경을 사 주셨는데, 나는 목성의 달들, 달의 산들, 희미한 빛의 조각들 등 훗날 우리 은하계 너머에 있는 수많은 은하계라고 배운 것들을 관찰할 수 있게 되었다.

나는 곧 나의 육안이 지닌 한계를 깨달았다. 나는 어렴풋하게 보았으나, 망원경은 내가 더 명료하게 볼 수 있게 해주었다. 밤하늘은 내가 예전에 생각했던 것보다 훨씬 더 풍부하고 더 아름다웠다. 마치 새로운 세계를 발견한 것만 같았다. 이제까지 늘 존재했지만 이 순간까지 나에게 명료하게 볼 수 있는 눈이 없어서 보지 못했던 세계였다.

한편으로, 천문학에 대한 나의 전문적이고 사실적인 지식이 늘어나고 있었고, 다른 한편, 별빛 어린 창공의 엄숙한 정적을 보며 경이로움 내지는 경외심을 느끼곤 했는데, 이 둘 사이의 엄청난 간극을 나는 의식하게 되었다.

나는 이 문제를 학교의 한 영어 선생님에게 언급했다. 그는 "그래서 우리에게 시(詩)가 필요한 거야!"라고 말하더니, 과학은 정서나 아름다움을 다루는데 아무 소용이 없다고 덧붙였다. 물론 그는 과학이 틀렸다는 식으로 나를 설득하진 않았다. 하지만 나에게 과학이 '불완전할' 수도 있는 가능성, 그래서 인간 본성 내의 더 중요하고 심오하고 의미심장한 어떤 것을 다루지 못할 가능성을 열어주었다.

나는 그 선생님이 무엇을 말하려고 하는지를 알았다. 아니, 적어도 안다고 '생각했다.' 그처럼 복잡한 우주가 존재한다는 것이 놀라웠다. 아울러 내가 여기서 우주를 관찰하고, 그 아름다움과 복잡함을 보고 그토록 경이로움을 느끼며 그 모든 의미에 대해 생각한다는 것도 놀랍고 또 특별해 보였다. 그런데 자연에 대한 그런 주관적이고 정서적인 반응을 어떻게 과학에 대한 초연하고 객관적인 설명 속에 엮어 넣을 수 있을까? 결국 나는 그런 생각을 한쪽으로 제쳐놓았다. 어쩌면 나의 주의를 분산시켜서 더 중요한 것들을 방해하는 생각인지도 몰랐.

다운고등학교의 선생님들은 확실히 그렇게 생각했고, 그들은 내가 학습 과정에 충분히 집중하고 있지 않다고 염려했다. 나의 시험 성적이 예전만큼 좋지 않았다. 학교가 보기에는 내가 너무 주의가 산만하고 분산되어서 집에서 공부하는데 시간을 투입하지 않는다고 생각했다. 따라서 대학 진학에 어려움이 있을 것을 예상했다. 그러나 나의 부모님은 이런 판단에 동의하면서도 그건 일부에 불과하다고 생각했다. 그들은 내가 지적인 자극을 덜 받고 있다고 생각했다.

나의 천문학 탐구는 학습 과정에 대한 집중력 부족의 증상이 아니라 오히려 다운고등학교가 제공할 수 있는 제한된 자원보다 더 깊이 사물을 연구하고픈 열망의 지표였다. 그 학교는 양호한 편이었으나 내가 갈망하던 자연과학에 대한 전문적인 가르침을 제공할 수 없었다. 나는 큰 변화가 필요했다.

결국 해법을 찾아낸 사람은 어머니였다. 어머니는 벨파스트의 메소디스트칼리지, 즉 어머니에게는 문법 학교(grammar school)로, 다른 모든 사람에게는 '메소디'(Methody)로 알려진 학교를 다녔었다. 아일랜드에서 가장 큰 학교들 중 하나인 그 학교는 자연과학 분야를 잘 가르치는 학교로 평판이 높았다. 그 학교는 소수의 기숙 학생을 받았고, 그들은 학기 중에는 교내에서 생활하고 주말에는 집에 갈 수 있었다.

당시 아일랜드의 유일한 노벨 수상자였던 어니스트 월턴은 메소디에서 1915년부터 1922년까지 기숙 학생으로 과학을 공부한 바 있었고, 훗날 1951년에 핵분열로 노벨 물리학상을 공동으로 받았다. 1961년에는 스탠리 워랄이 교장으로 임명되어 자연과학 분야의 시설을 크게 확충하는 일을 주관했다. 메소디는 나처럼 과학을 좋아하는 학생에게 안성맞춤이었다. 그곳이라면, 내가 화학과 물리학과 생물학을 개별적으로 공부할 수 있을 터였다.

어머니의 해법은 두 가지 의미를 가지고 있었다. 첫째는 과학을 좋아하는 나의 적성에 맞춰 계획된 것이었다. 둘째는 점점 굳어지는 학문적 게으름의 습관이 나를 더 압도하기 전에 그것을 깨기 위해 계획된 것이었다. 나로서는 날마다 다운패트릭과 벨파스트 남부를 버스로 통학하기보다 메소디에서 기숙 학생으로 지내는 편이 나았다. 후자의 경우에는 학기 중에 평일 저녁마다 선생님의 감독 하에 두 시간씩 공부하게끔 되어 있었다. 그렇게 하면 내가 지적 훈련 부족을 극복할 수 있을 것으로 어머니는 굳게 믿었다.

아버지도 이런 가능성을 보고 무척 흐뭇해했다. 메소디는 아버지가 1940년대에 의학을 공부했던 벨파스트 퀸즈대학교의 맞은편에 위치해 있었다. 그렇게 되면 장차, 내가 퀸즈대학교에 들어가는 것이 훨씬 쉬워질 것이라고 말했다. 하지만 나도 이 결정에 발언권이 있었다. 나는 부모님과 함께 그 학교를 방문해 기숙사와 과학 실험실을 둘러보았다. 나는 돌아다니며 학생들을 만나고 학교 건물들을 살펴보면서 나의 남은 생애를 좌우할 중요한 결정을 내릴 문지방에 서 있는 듯한 느낌이 들었다. 어머니의 제안은 나에게 더 많은 독립성을 주고, 나로 하여금 더 열심히 공부하게 하고, 내가 좋아하게 된 학문 분야에 몰두하게 할 것이었다.

"그래, 너는 어떻게 생각하니?"

집으로 돌아오는 길에, 어머니가 나에게 물었다. 내가 어떻게 대답했는지는 기억할 수 없지만, 이런 취지로 말했다는 것은 안다.

"그렇게 하는 게 나에게 좋을 것 같군요." 실제로도 좋았다.

2장

과학은 이해를 추구하는 학문이다

나는 화학을 공부한 덕분에, 나 자신과 우주가 동일한 기본적인 화학 원소들로 구성되어 있음을 알게 되었다. 이런 원소들은 우리 우주의 건축용 벽돌들, 우주의 역사를 기록하고 그 본질을 밝힐 때 사용된 철자들이다. 하지만 위대한 문학 작품 역시 철자들로 기록되어 있어도, 그 작품의 위대성은 종이에 인쇄된 그 문자들에 있지 않고 그 철자들이 인간 독자들, 즉 그 의미를 파악하고 그들 자신과 세계를 보는 방식을 바꾸는 그들에게 미친 영향에 있는 것이다. 나 자신과 우주가 무엇으로 구성되어 있는지를 안다고 해서 의미와 목적에 대한 나의 깊은 의문들이 풀리는 것은 아니다.

1966년 9월 열세 살 때에, 나는 벨파스트 소재 메소디스트칼리지의 기숙 학생이 되어 새로운 생활방식에 정착했다. 당시 학생들은 2년 동안 일반과정에서 폭넓은 과목들을 두루 공부한 후, 대학입시 준비과정에 진입해 고급 수준에서 좀 더 제한된 과목들을 공부하게 되어 있었다. 일반과정의 필수과목은 영어, 영문학, 프랑스어, 수학이었다.

 메소디에 복귀하는 학생들은 무슨 과목들을 추가로 수강할지를 이미 결정한 상태였다. 나는 신입생이라서 등교하는 첫 날 아침에, 그런 결정을 내려서 나의 관심 분야를 복잡한 시간표에 맞춰 넣어야 했다. 그래서 첫 날 나의 담당 교사와 15분 동안 만났고, 그는 내가 좋아하는 것과 내가 잘한다고 생각하는 것에 대해 물어보았다. 대화가 끝나자, 그는 나에게 수학, 화학, 물리학, 생물학을 추가로 공부하라고 지시하고 나와 함께 개인적인 시간표를 짰다.

 메소디의 기숙 학생들은 두 가지 필수 조건을 지켜야 했다. 첫째는 일요일에 교회에 출석할 것, 둘째는 평일 저녁마다 그날 수업 시간에 배운 내용을 복습하고 주어진 읽기 또는 글쓰기 프로젝트를 수행하는 것이었다. 교회 출석은 메소디의 역사를 감안하면 그 역할을 이해할 수 있었으나 나에게는 지루하고 무의미해 보였다. 일요일마다, 스스로를 '아일랜드 교회'로 규정한 우리는 아침 기도회에 참석하기 위해 리스번 가(街)를 따라 성 토머스 교회로 걸어갔다. 나는 기도서를 슬슬 넘기며 시간을 보내면서, 도대체 누가 언어적으로 모호하고 지적으로 받아들일 수 없는 이런 신조에 흥미를 느낄 수 있겠느냐는 생각이 들었다.

처음에는 매일 저녁마다 두 시간씩 교재를 공부해야 한다는 것에 분개했으나 곧 이 체제의 장점을 이해하게 되었다. 어머니가 예상했듯이, 강요된 공부는 나의 게으른 습관을 치료했다. 나 자신도 놀란 것은 내가 학문적인 공부에 잘 대처했을 뿐 아니라 그것을 즐기고 있었고, 특히 순수 수학의 추상 구조를 탐구하는 일을 즐겼다는 점이다. 내가 알 수 있는 한, 2의 제곱근이 무리수임을 아는 것이 실질적인 유익은 없었지만, 나로서는 이 사실에 대한 수학적 증명이 얼마나 정밀한지 감명을 받지 않을 수 없었다.

크리스마스 방학을 맞아 내가 몇 권의 학교 책들을 집에 가져와서 다음 학기를 대비해 예습하는 모습을 보고, 부모님은 깜짝 놀라고 경각심을 느꼈다. 나는 물론 여전히 소설을 읽었고 새로운 읽을거리를 찾기 위해 부모님의 책장과 학교 도서관을 뒤졌으며 대중적인 철학에도 손을 대었다. 파스칼을 좋아한 것은 그가 주로 간결했기 때문이고 부분적으로는 매우 중요한 순수 수학자였기 때문이다. 하지만 이제는 소설 읽기가 내 공부의 대안이 아니라 부록에 불과했다. 나는 관념을 추구하는데서 큰 만족감을 느꼈다.

첫 해가 끝날 무렵, 나는 수학과 과학 분야에 확실한 자신감을 갖게 되었다. 메소디에서 보낸 두 번째 해에는 노벨 물리학상을 받았던 어니스트 월턴의 딸인 마리안 월턴에게 물리학을 배웠다. 나는 물리학을 좋아했지만 갈수록 더 화학으로 끌리는 나 자신을 발견했다. 다운고등학교 시절 마지막 해에, 나는 글렌 시보그의 『우주의 원소들』(Elements of the Universe, 1958)을 읽고 종종 우리의 어리둥절한 행동을 이해하는 인간 지성의 역량뿐만 아니라 개개 원소들의 발견에 대한 그의 설명에도 매료되고 말았다.

위대한 러시아 화학자 드리트리 멘델레예프가 '원소 주기율표'(1896)를 개발했는데, 그것은 우리 주변세계 내의 더 깊은 구조와 질서를 분별하는 일이 가능함을 상징하는 것으로 다가왔다. 멘델레예프는 화학 원소들을 그 속성에 따라 배열했고 그것들이 도표로 분류된다는 것을 발견했다. 그는 미발견된 원소들이 그 도표의 빈곳들을 설명해준다고 주장하며 그 화학적 속성들에 대해 그 나름대로 예측하기도 했다. 그리고 그 예측은 훗날 확증되었다. 나를 매료시킨 것은 현실 세계의 놀라운 복잡성과 다양성이었다. 내가 주변에서 눈으로 보는 세계와 망원경으로 희미하게 볼 수 있는 어렴풋한 머나먼 은하계들 모두 우주의 구조 속에 한없는 형태로 다함께 엮여있는 백 개 남짓 되는 기본 원소들에서 생겼다는 것이다.

나는 우주가 작동하는 방식을 밝혀내는 과학의 능력과 이런 발견들을 나타내는 수학의 신비한 역량에 흥분했고, 또 때로는 압도당하기도 했다.

어느 주말에 메소디의 도서관에서 스노우(C. P. Snow)의 첫 소설을 읽고 나서 나만 그런 것이 아니라는 확신이 들었다. 주인공인 아서 마일즈는 킹즈칼리지런던의 한 물리학 강사의 멘델레예프 원소 주기율표 설명을 통해서, 세계를 바라보는 자신의 방식이 완전히 바뀌었음을 이야기했다.

> 처음으로 나는 아무렇게나 뒤섞인 사실들이 질서정연하게 정리되는 것을 보았다. 혼잡과 묘안과 잡동사니로 점철된 내 소년 시절의 무기화학이 내 눈 앞에서 그 구조에 쏙 들어맞는 것처럼 보였다. 마치 우리가 정글 곁에 서 있었는데, 정글이 갑자기 저절로 화란 정원으로 변형되는 것과 같았다. '그러나 그건 사실이야'라고 나 자신에게 말했다. '그건 매우 아름다워. 아울러 그건 사실이야.'[1]

나는 스노우가 언급한 '화란 정원'(Dutch garden)이 무엇인지 몰라서 학교 도서관에서 백과사전을 찾아보고 나서, 이것이 네덜란드 왕 윌리엄 3세가 17세기에 잉글랜드에 소개한 공식적인 정돈된 정원을 가리킨다는 사실을 알게 되었다. 스노우에 따르면, 이는 한 성공적인 이론이 경험과 관찰의 혼란스러운 '정글'에 가져다준 질서와 구조를 생생하게 보여주는 실례이다. 그의 언어는, 내가 여러 달 동안 글로 표현하려 애썼으나 결국 성공하지 못한 것을 잘 포착했다. 말하자면, 과학적 이론들이 지적인 풍경을 비춰주고 또 조직화한다는 인식이었다. 그런 이론들은 적어도 실재의 표면을 가리고 있는 일부 가면들과 베일들을 벗겨내고 그 진정한 모습을 볼 수 있게 해준다.

나는 과학 이론의 장점에 대해 모호하고 흐릿한 생각을 갖고 있었는데, 스노우가 점점 더 정확하게 밝혀준 것이다. 그 직후, 나는 다윈의 『종의 기원』을 읽었다. 다윈이 자연선택론을 통해 어떤 어리둥절한 관찰 결과들(예, 수컷 포유동물들이 계속 젖꼭지를 보유하는 현상)을 더 큰 통일된 세계상(像)의 불가결한 일부로 간주하는 것이 인상적이었다. 좋은 과학 이론은 수수께끼처럼 보이는 것을 완전히 타당한 것으로, 심지어 예측 가능한 것으로 보이게 했다.

나는 비록 스노우의 언어적 탁월성이나 뛰어난 상상력에 필적할 수는 없지만, 그의 설명은 나에게 지적인 확신, 즉 내가 과학이론이 무엇에 관한 것인지를 어느 정도 파악했다는 확신을 주었다. 좋은 이론은 실재의 일관성을 볼 수 있게 해주고, 흔히 간과되기 쉬운 사물들의 근본적인 상호연결성을 (꾸며내지 않고) 밝혀준다. 그래서 정글로 보이는 것에 뚜렷한 초점을 맞추게 해주어 그것을 질서정연한 정원으로 보이게 하는 것이다. 요컨대, 만일 그 이론이 옳다면, 우리의 세계는 하나의 정원이지 정글이 아니라는 것이다. 이론은 질서와 정밀함을 드러낸다. 이론은 이런 것들을 꾸며내는 게 아니라 인간 지성에 그것들을 인지할 수 있는 틀을 제공하는 것이다.

나는 화학을 공부한 덕분에, 나 자신과 우주가 동일한 기본적인 화학 원소들로 구성되어 있음을 알게 되었다. 이런 원소들은 우리 우주의 건축용 벽돌들, 우주의 역사를 기록하고 그 본질을 밝힐 때 사용된 철자들이다. 하지만 위대한 문학 작품 역시 철자들로 기록되어 있어도, 그 작품의 위대성은 종이에 인쇄된 그 문자들에 있지 않고 그 철자들이 인간 독자들, 즉 그 의미를 파악하고 그들 자신과 세계를 보는 방식을 바꾸는 그들에게 미친 영향에 있는 것이다. 나 자신과 우주가 무엇으로 구성되어 있는지를 안다고 해서 의미와 목적에 대한 나의 깊은 의문들이 풀리는 것은 아니다.

나로서는 과학이론이 우주의 구조와 기능에 관한 이해와 관련이 있지 그 의미를 밝히는 것이 아니라는 사실을 간과할 수 없었다. 과학이론들은 도덕적으로 또 실존적으로 불가지론적이다. 이는 지당하다. 그러면 과학이 가치들과 의미를 밝힐 능력이 없다는 것은 사람들이 단지 어떤 증거의 기반도 없이 그런 개념들을 꾸며냈다는 뜻인가? 또는 저기에 정말로 존재하지만 과학이 그리는 우주 지도에는 나타나지 않는 그 무엇을 밝히는데 필요한 또 다른 접근이 요구된다는 것인가? 이른바 '의미'와 같은 개념들은 과학적 방법의 그물망을 그냥 빠져나간 것인가? 과학은 여러 도구들 중에 하나인가, 아니면 우리가 마음대로 쓸 수 있는 믿을 만한 유일한 도구인가? 과학은 더 풍성한 무언가에 이르는 관문인가, 아니면 그 자체로 완전체인가?

나는 나의 충성을 얻고자 경쟁하는 서로 다른 두 가지 사고방식으로 인해 내면의 갈등에 사로잡힌 나 자신을 발견했다. 한편에는 과학이 우리가 이해할 수 있되 의미가 없는 듯 보이는 우주를 밝혀준다는 견해가 있었다. 만일 그렇다면, 나는 이 냉혹한 통찰을 인정하고 그에 적응하는 도리밖에 없는 듯 보였다. 능력이 부족한 사람들만 인생에 대처하는 한 방식으로서 의미를 꾸며낼 필요가 있었다. 강인한 사람들은(나는 주제넘게 나 자신을 이 그룹에 포함시켰다) 대담하게 이런 의미의 부재(不在)를 기꺼이 수용하고 니체가 말한 '형이상학적 위로'가 없이 살아가고 있었다.

다른 한편, 나는 지금은 내가 '경계 경험'(liminal experiences)으로 부르는 것의 도전을 자주 받는 나 자신을 발견했다. 나는 종종 새로운 세계의 문지방에 서 있다는 느낌이 들곤 했는데, 그 세계가 아직 완전히 드러나진 않았으나 나에게 들어오라고 손짓하는 듯했다. 파스칼의 『팡세』에 나오는 한 어구가 나의 딜레마를 잘 포착하는 것 같았다. '마음(heart)은 그 나름의 이유가 있다.' 내 마음은 마치 자북(磁北)으로 끌리는 나침판 바늘처럼 나의 이성 너머에 있는 그 무엇을 향해 직관적으로 끌리는 듯 했다. 그런데 불안정한 내 마음의 이런 직관을 나는 어떻게 이해해야 할까?

내가 미지의 세계의 가장자리에 서 있는 느낌을 처음 경험한 것은 학교 방학 기간에 집에서 존 마스터즈의 소설『코로만델』(Coromandel!, 1955)의 노란 대중판을 읽고 있을 때였다. 그 소설은 어떤 신비로운 지도 때문에 주인공이 먼 이국땅으로 처음에는 부(副)를 찾기 위해 그러나 궁극적으로는 의미를 찾으려고 가는 발굴의 여정을 그리고 있다. 저자가 의도했던 안 했든 간에, 그 이야기는 나에게 내 경험의 지평 너머에 있는 세계, 그리고 내 마음의 열망을 찾는 길을 보여주는 지도를 찾을 필요성을 상기시켜주었다. 그 목표에 이르는 길이 존재한다면, 나는 그것을 찾고 싶었다.

나는 또한 별이 가득한 밤하늘의 엄숙한 정적을 관찰하면서 이런 경외심과 경이감을 느낀 적이 있고, 그 밤하늘은 내 마음을 열어 내가 잡으려고 하면 연기처럼 사라질 듯한 깊고 심오한 그 무엇을 붙잡고 싶게 만들었다. 나의 처지를 잘 보여주는 실물을 어느 목판화에서 찾았는데, 이는 어떤 중세 미술가가 만들었다는 말을 들었으나 훗날 19세기말에 만든 작품으로 드러난 것이다. 이 작품은 일상적인 경험 세계에 뿌리박은 누군가가 그 배후에 놓인 더 깊은 구조를 분별할 수 있게 되는 모습을 그리고 있다. 매우 흥미로운 판화였다. 어쩌면 자연은 더 멋진 세계로 통하는 관문이 아닐까?

카밀 플라마리온의 〈대기: 일반기상학〉
Camille Flammarion's L'Atmosphère:Météorologie Populaire (Paris, 1888): 목판화

나 역시 『산호섬』과 같은 소설을 읽을 때나 아버지가 1930년대부터 모아놓은 우표 수집 앨범을 살펴볼 때 그와 비슷한 경험을 했다. 우표들은 흥미와 신비를 발산하는 미지의 영역들(예컨대, 버뮤다, 케이맨 아일랜드, 피지 등)의 이름을 지니고 있어서 내가 아는 영역 너머 더 넓고 더 풍

2장 과학은 이해를 추구하는 학문이다   33

부한 세계로 향하는 창문이 되었다. 밤하늘을 바라보면 미지의 어떤 것의 가장자리 위에 서 있는 듯한 감질 나는 느낌이었다. 그리고 황소자리 성운에 속한 칠요성의 고요하고 엄숙한 아름다움을 경험하는 것도 그와 비슷했다. 그것은 흐릿한 창문을 통해 보는 것, 곧 저 너머에 놓인 것을 불완전하게 보는 것, 하지만 추구할 만한 무언가가 있다는 것을 알 만큼 보는 것과 같았다. 이런 경험은 내가 의미와 가치라는 더 깊은 이슈들을 수용하게 만든 만큼 나에게 중요했다. 하지만 그런 것들은 과학적 사유만큼 중요성을 부여할 수 없다고 생각했다. 과학은 객관적인데 비해 이런 경험은 분명히 주관적이기 때문이었다.

그러나 우리의 세계가 작동하는 방식에 대해 더 많이 이해할수록 그 세계는 점점 더 무의미한 것처럼 보였다. 별빛 어린 하늘이 정말 아름답게 보일지라도, 그것은 단지 우주가 무의미하고 인간이 보잘것없다는 것을 보여주는 우아한 상징에 불과했다. 나를 불안하게 하고 또 흥분시켰던 이런 생각은 특히 아일랜드의 겨울 밤하늘에 뚜렷했던, 오리온성운의 중심에 있는 세 개의 별을 바라볼 때 떠오르곤 했다. 내가 읽은 책들에 따르면, 그 세 개의 별(삼형제별)은 너무나 멀리 떨어져 있어서 그 중에 가장 먼 곳에 있는 별에서 오는 빛이 지구에 도달하는데 삼천 년 이상이 걸린다고 했다. 그래서 내가 보고 있는 그 별은 당시의 모습이 아니라 천년도 더 지난 모습이라는 것을 이해하게 되었다. 밤하늘을 관찰하는 것은 사실상 일종의 시간 여행이었다. 하지만 그 흥미진진한 통찰과 더불어, 우주의 시간 척도에 비춰보면 인간이 얼마나 보잘것없는 존재인지를 나는 받아들이기가 무척 힘들었다. 테니슨의 시 '시내'에 나오는 글귀가 이런 우주에 대한 나의 느낌을 잘 표현했다.

> 사람들은 왔다가 가지만
>   나는 영원히 움직인다네.

초기에는 내가 밤하늘을 볼 때, 그 하늘을 나에게 경외심을 불러일으키고 그 신비 속으로 들어가고픈 갈망을 품게 하는 아름답고 경이로운 것으로 여겼다. 이 경이감은, 예컨대 프레드 호일의 『우주의 본질』(Nature of the Universe, 1960)을 읽을 때처럼 우주를 이해하고픈 갈망에 이르는 관문이 되었다. 하지만 나는 우주의 의미를 도무지 알 수 없었다. 우주는 그냥 존재했을 뿐이다.

조셉 콘라드처럼, 나는 '이슬 젖고, 맑고, 별이 빛나는 밤'을 '끔찍한 외로움의 증거, 영혼 없이 반짝이는 우주의 찬란한 계시에 잃어버린 우리 지구촌의 절망적인 모호한 보잘것없음의 화려한 증거'[2]로 우리의 자존심이 짓밟히는 것으로 생각하기에 이르렀다. 그럼에도 불구하고 나는 우주의 물리적 방대함이 우리 인간의 중요성을 없애버린다는 생각에 저항했다. 특히 우리는 그 방대함을 생각하고 파악할 수 있고,

또 그것이 우리의 의미와 가치에 어떤 의미가 있는지를 성찰할 수 있는 능력이 있기 때문이었다. 만일 의미가 우주에 내재되어 있지 않고 그 의미를 창조하는 나의 결정 속에 존재한다면, 즉 우주를 특정한 방식으로 보기로 내가 선택하는 것에 달려있다면 어떻게 될까? 우주의 구조에서 출현했던 사람인 나는 우주의 복잡성에 대해 어느 정도 이해할 수 있다. 이는 의미심장한 사실이 아닌가? 적어도 나에게는?

나는 이런 의문을 해결하는데 완전히 실패한 후, 1968년 6월에 예정된 대학입시 준비과정 선발 시험(O Level exam)에 집중하는 동안 그 문제를 한쪽으로 제쳐놓기로 결심했다. 나로서는 해답을 도무지 찾을 수 없는 인생의 의미에 관한 질문보다 프랑스어의 불규칙 동사에 집중하는 편이 훨씬 더 쉬웠다.

그해 늦여름에, 어머니는 시험 결과를 보러 나를 데리고 메소디로 갔다. 그 결과는 노심초사하는 우리가 밖에서도 잘 볼 수 있도록 일층 교실의 창문에 붙어있었다. 어머니가 나를 배려해 차에서 기다리는 동안, 나는 여러 친구들과 함께 내 이름을 찾고 싶어 안달하며 명단을 샅샅이 뒤졌는데, 우리가 명단 곁에 기록된 성적을 정말로 알고 싶어 했는지는 잘 모르겠다.

나는 마음을 단단히 무장했다. 가능한 한 빨리 이 문제를 넘어가는 것이 최선이었다. 결국은 내가 영문학, 영어, 프랑스어 과목에 양호한 성적으로 합격했다는 사실을 알았다. 그러나 더 중요한 점은, 내가 이제 수학과 과학을 전공하기 위해 대학입시 준비과정에 들어갈 수 있게 되었음을 알고 굉장한 안도감을 느낀 것이었다. 다른 모든 과목에서는 최고 성적을 거두었다.

3장

회의적인 화학자

무신론이야말로 과학적 지식이 있는 사람이 자연스레 도달하는 안식처라고 나는 믿게 되었다. 자연과학은 그 지경이 많이 넓어져서, 지금은 버려지고 소멸된 하나님 관념이 한때 차지했던 지적인 공간을 가득 채웠다. 이제는 그런 구식 관념을 진지하게 여기기는커녕 아예 제안할 필요도 없었다. 나는 종교를 과학 발달에 의해 망상으로 드러난 과거의 해로운 유물로 생각했다.

1968년 9월, 나는 대학입시 준비과정 학생으로 메소디(Methody)로 되돌아갔다. 당시의 계획은 거기서 이년을 공부한 후 대학교(아마도 벨파스트의 퀸즈대학교)에 입학해서 의학이나 의학과 관련된 과목을 공부하는 것이었다. A 레벨의 수업 시간표에 유연성이 별로 없어서 선택 과목을 정하는데 제한이 많았다. 나는 자연과학에 점점 더 흥미를 느꼈기 때문에 화학과 물리학은 당연한 선택이었고, 더구나 화학은 내 분야에서는 대다수 대학교 과정을 위한 필수 과목으로 되어 있었다.

그래도 내가 물리학에 집중하기로 결정한 이유는 수학에 대한 깊은 지식이 필요할 것으로 생각했기 때문이고, 이는 일반 수학과 고급 수학 과목에서 시험을 두 번 치르는 것을 의미했다. 따라서 이 수준에서 생물학을 공부하고픈 희망을 포기해야만 해서 무척 슬펐지만 어쩔 수 없었다. 이 과목을 내 수업 시간표에 끼어 넣는 게 불가능했다. 다행히도(어쩌면 뜻밖에도) 대다수 영국 대학교의 의학 과정들은 생물학 이수를 필수 요건에 포함시키지 않았다.

따라서 나는 진지한 인문학 공부에 할애할 시간도 없게 될 터였다.

솔직히 말해, 나는 언어나 문학을 잘하는 편이 아니었고 나의 장래가 그런 방향으로 나가진 않을 것임을 알았다. 그럼에도 불구하고 이런 분야를 '즐기기는' 했다. 그 분야들은 우리의 삶을 풍요롭게 하는 중요한 영역임을 나는 볼 수 있었고, 그래서 자연과학의 좁은 분야를 전공하면 내 삶이 빈약해질 것임을 알았다. 나는 문학을 좋아했고 여전히 소설을 읽을 시간은 있었으나 학문적 차원에서 그런 것을 공부할 수는 없을 것이었다. 메소디에 철학 과목은 없었지만, 도서관에 플라톤과 아리스토텔레스의 일부 저술과 노만 켐프 스미스의 『데이드 흄의 철학』(1941)과 같은 입문서들이 있어서 잠깐 손을 댈 수는 있었다. 이 단계에서는 철학을 올바른 답변을 전달하는 특별한 사고방식으로 보기보다 올바른 질문을 던지도록 돕는 중요한 도구로 보았다.

이듬해, 내가 아직도 완전히 모르는 이유로 나는 반(反)종교적인 방향으로 확고히 또 결정적으로 움직이기 시작했다. 먼저 나는 종교를 이해할 수 없고 불필요한 것으로 보았다. 종교에 반대할 만한 이유는 없었다. 종교가 우주처럼 무의미하게 보였을 뿐이다. 하나님의 존재를 받아들인다고 나의 개인적인 세계에 무엇이 달라질지 알 수 없었다. 그것은 마치 토성의 궤도를 도는 또 다른 달이 있다는 것을 발견하는 일과 같았다. 이는 약간 흥미로울지 몰라도 지구상의 삶에 아무런 영향도 주지 않는다고 생각했다.

나는 어떤 종류이든 개인적인 신조가 필요하다고 느끼지 않았다. 중요한 것은 그저 삶을 잘 영위하는 일이었다. 하지만 소설가 포스터(E. M. Forster)처럼, 나는 다른 이들의 신조를 거부하는 것이 사실상 나 자신의 신조를 취하는 것임을 알고 있었다. 이 문제를 해결한 나의 방법은 나의 신조를 세계에 관한 사실적이고 과학적인(그래서 인식론적으로 확실한) 진술에 국한시키는 것이었다. 이런 진술만은 내가 확신할 수 있다는 것을 알았다.

무신론이야말로 과학적 지식이 있는 사람이 자연스레 도달하는 안식처라고 나는 믿게 되었다. 자연과학은 그 지경이 많이 넓어져서, 지금은 버려지고 소멸된 하나님 관념이 한때 차지했던 지적인 공간을 가득 채웠다. 이제는 그런 구식 관념을 진지하게 여기기는커녕 아예 제안할 필요도 없었다. 나는 종교를 과학 발달에 의해 망상으로 드러난 과거의 해로운 유물로 생각했다.

1961년 4월 우주로 여행한 최초의 인간 유리 가가린이 그 위에는 어떤 하나님의 흔적도 없다고 빈정거렸다는데, 그의 말이 옳았다. 어쩌면 내가 이처럼 비타협적이고 투박한 발언에 대해 의심을 품었어야 했을지 모른다. 하지만 그 말은 내가 듣고 싶어 했던 발언이었다. 실은 개인적인 편견이나 혐오와 별로 다르지 않는 것에 내 편에서 과학적 타당성을 부여했던 셈이다.

내가 종교적 무관심에서 노골적인 적대감으로 이동하는 길에 두 개의 이정표가 있었던 것이 기억난다. 첫째는 버트란트 러셀의 『서양 철학사』를 읽는 일이었다. 내가 대학입시 준비과정에 진입할 때 과학에 초점을 두면 인문학에서 단절될 것이란 위기감을 느껴 학교 도서관에서 폭넓은 독서를 결심하고 나서 1969년 초에 마주한 책이 러셀의 『서양 철학사』였다. 바로 여기서 나는 과학과 종교가 서로 싸우고 있다는 견해, 소위 '갈등' 내지는 '전쟁' 내러티브를 접하게 되었다.

러셀은 이것을 명백하고 입증된 사실로 제시하면서 그 실례로 껄끄러운 역사적 이야기들을 장황하게 늘어놓았다. 예컨대, 그는 16세기 신학자 존 칼빈이 코페르니쿠스의 태양 중심설을 웃길 정도로 단순한 성경에 호소함으로 기각시켰다고 지적했다.

> 칼빈은 성경 텍스트('세계도 견고히 서서 흔들리지 아니하는도다' 시 93:1)로 코페르니쿠스를 무너뜨린 후 이렇게 소리쳤다. '누가 감히 코페르니쿠스의 권위를 성령의 권위 위에 두겠는가?'[1]

러셀에게는 이런 충격적인 역사적 사실이 더 큰 그림을 나타내는 일종의 스냅 사진이었다. 내용인즉, 과학 발달에 대한 종교의 억압은 과학이 종교의 취약하고 얄팍한 기초를 노출시키고 불신할까봐 우려하는 교권의 심한 두려움을 반영하고 있다는 것. 그래서 과학의 발달은 종교의 억압을 받을 필요가 있거나 적어도 문화적 변두리로 밀려날 필요가 있다. 나는 그의 분노에 공감했고 그때부터 과학과 종교의 전쟁의 관점에서 생각하기 시작했다. 그리고 그 전쟁에서 과학이 장차 승자로 등장할 것이라고 믿었다.

두 번째 이정표는 1969년 8월로 거슬러 올라가는데, 당시는 이른바 '북아일랜드 사태'가 발생한 초기였다. 이 사태는 1960년대 말을 특징짓는 과거에 대한 전반적인 공격과 (구별되지만) 연결되어 있었다. 1968년 5월에 일어난 파리학생봉기의 잔물결은 퀸즈대학교의 학생들과 메소디의 대학입시 진학과정 학생들에게까지 닥쳤다. 전후 시대의 지질구조판이 영구적으로 이동해서 옛 세대의 문화적 확실성을 무너뜨리고 새로운 세대의 의한 급진적 사회 재건을 향한 갈망을 불러일으킨 것 같았다. 뉴욕 컬럼비아대학교의 학생 시위는 베트남 전쟁에 대한 폭넓은 불만과 더불어 전 세계적인 불안정, 곧 모든 것을 다시 시작하라는 프로메테우스적 충동을 암시했다.

소외된 젊은이들 편에서 느낀 무언가 새롭고 더 나은 것을 향한 지구촌의 반항적 열망이 벨파스트 특유의 그 무엇과 뒤얽히게 되었다. 바로 1969년 여름에 폭동으로 분출된 종파적 긴장을 말한다. 종파적 갈등은 더욱 심해져서 영국 군대가 평화를 지키기 위해 투입되었다. '북아일랜드 사태'는 근본적으로 종교적 동기로 발생했다고 널리 알려져 있지만, 사실은 서로 다른 두 종류의 노동자 계급의 신념들과 가치들을 반영하는 정치적이고 인종적인 갈등이었다. 나는 그 갈등의 종교적 측면이 결정적인 역할을 했다고 생각한 만큼, 종교야말로 폭력의 직접적인 원인이라는 생각을 굳히게 되었다. 그래서 종교가 없다면 종교적 폭력도 없을 것이라고 추정했다.

메소디의 맞은편에 위치한 퀸즈대학교의 급진적인 학생들은 '북아일랜드 사태'를 급진적 사회주의 렌즈로 본 나머지 '인민 민주주의' 운동을 창시했다(인민 민주주의는 몇 년 후 트로츠키주의를 둘러싼 공리공론으로 와해되었지만, 당시에 나는 이미 진도를 더 나간 상태였다). 나는 메소디 출신 일부 학생들을 포함해 그 운동에 참여한 사람들을 알게 되어 마르크스주의를 해방 이데올로기로 보고 그 이념에 헌신한 모습에 관심을 갖게 되었다. 이 운동이 나를 놀라게 한 것은 당시 펜팔로 사귀던 체코슬로바키아 친구가 나에게 생생하게 묘사해준, 1968년의 '프라하의 봄'에 소련이 난폭하게 진압한 사건 때문이었다. 그런데 내 친구들은 그런 무자비한 행위가 스탈린과 그의 후계자들이 마르크스주의를 왜곡한 결과라고 주장했다. 그리고 테오도어 아도르노(Theodore Adorno, 나에게 생경했던 이름)가 학생들이야말로 마르크스주의를 자유의 복음으로 옹호하는데 특별한 역할을 갖고 있음을 보여주었다는 말을 전해 들었다. 그 말이 매력적으로 들려서 나는 그에 관해 더 알아보기로 결심했다.

나는 학교 도서관에서 칼 마르크스의 『자본론』을 찾아 곧바로 읽기 시작했다. 끝없는 듯한 서문들을 대충 읽은 후, 서두에 나오는 '상품'의 분석을 읽기 시작했다. 너무나 지루했다. 마르크스의 둔한 산문체가 내 영혼에서 생기를 빨아 먹는 바람에 20페이지가 지난 후 이 달갑잖은 실험을 포기했고, 도대체 누가 여기서 깨달음은 고사하고 흥미를 느끼는지 도무지 이해하기가 어려웠다.

만일 내가 앞서 맨해튼 계획(제2차 세계 대전 중에 이루어진 미국의 원자탄제조계획)에 관한 연구를 읽지 않았더라면, 나의 실험은 거기서 끝날 뻔했다. 이 계획의 주모자로 알려진 로버트 오펜하이머의 죽음(1967년)을 계기로 그의 생애와 중요성에 관한 일부 평가가 보도되기에 이르렀다. 나는 오펜하이머가 어느 신문과의 인터뷰에서 한 말을 읽게 되었는데, 무언가를 소통하는 최선의 방법은 '그것을 한 사람으로 포장하는 것'이라는 어구였다. 그가 이 인상적인 어구를 무슨 뜻으로 진술했는지 나는 잘 몰랐지만 내 나름대로 이렇게 해석하기로 했다. '당신이 무언가를 이해하고 싶다면, 그에 관해 이미 잘 알고 당신에게 설명할 수 있는 사람에게 물어보라.'

이것은 내가 다른 탐구 전략을 고려해야 한다는 것을 시사했다. 마르크스의 글을 읽기보다는 마르크스주의자와 얘기해보라는 뜻이다. 만일 내가 한 저자의 중요성이나 어떤 사고방식을 파악하지 못한다면, 나는 그런 것이 의미심장하다는 것을 발견한 누군가의 말을 경청해야 한다. 이 접근을 취하면, 내가 마르크스주의의 핵심 개념과 그 호소력의 근거를 파악할 수 있을 터였다. 객관적으로, 나는 그 관념을 이해할 수 있을 테고, 주관적으로는 그 관념의 매력을 인식할 수 있을 터이며, 그 관념이 나의 삶에 어떤 영향을 미칠 수 있을지 가늠할 수 있을 것이었다.

마르크스주의에 푹 빠진 퀸즈대학교 학생들을(과거 메소디 학생들을 포함해서) 찾는 일은 어렵지 않았고, 나는 근처 대학교 카페('스모키 조의 카페'로 알려진)의 매끄러운 테이블에서 그 이론들에 대한 그들의 설명을 귀담아 들었다. 특히 나에게 흥미로웠던 것은 그들이 세상을 바꾸기 위해 세상을 바라보고 이해하는 방식으로 이 이론들을 사용했다는 사실이었다. 마르크스의 이론은 세상에 초점을 맞추되 그것을 있는 그대로 보게 해주는 렌즈와 같았다. 그리하여 세상을 바로잡는 방법을 고안하게 해주는 것이었다. 마치 멘델레예프가 화학 원소들에 이론적 질서를 가져오는 방법을 발견했듯이, 마르크스는 역사적 과정에 질서와 의미를 가져오는 이론을 개발해 그 방향을 고치기보다는 그 불가피한 목표를 향한 발걸음을 가속화시키려고 했던 것이다.

내가 파악한 바는, 마르크스주의가 세상을 이해하고 그 속에서 행동하는 장대한 일관된 방법을 얻기 위해 다수의 사상 줄기들을 다함께 엮어냈다는 것이다. 이는 내가 '큰 그림'의 개념을 처음으로 접한 경우였다. '큰 그림'이란 세상을 일련의 분리된 에피소드들이나 무관한 요소들을 모아놓은 것으로 보기보다 통합된 한 덩어리로 보게 하는 일종의 세계관을 말한다. 마르크스주의는 하나의 '거대한 내러티브', 즉 외견상 임의적이고 예측 불가능한 듯한 비틀림들을 다함께 묶어놓은 인간 역사의 대본을 제공한 것이다. 이는 1960년대 말에 일어나던 중

대한 사건들을 이해하게 해주고 (당시의 나에게는 그렇게 보였다) 도덕적 가치들을 창출하는 한편, 나에게는 더 큰 사물의 구조 속 위치와 역할을 제공해주었다.

나는 예전에 이런 사고방식을 마주친 적이 없었다. 그것은 나의 지성을 넓혀주었고, 이후에는 내가 우리 세상과 문화의 개별적인 측면만을 다루어 그것들을 통일된 덩어리로 묶어주지 못하는 더 작고 제한된 이론들에 만족하지 못하게 되었다. 그 젊음이 넘치고 열정적인 옹호자들이 나에게 묘사한 마르크스주의는 과학과 정치와 윤리를 다함께 하나의 통일된 덩어리로 묶어주는 유일한 방식이었고, 인간의 삶과 사상에 대한 거대하고 포괄적인(그래서 '권위 있는') 설명이었다.

나는 퀸즈대학교에서 그런 급진적인 사상가들과 어울리는 것을 즐겼고, 이따금 토요일에 메소디에서 슬쩍 빠져나가 그들의 정치 집회와 루이스 부뉴엘(Luis Buñuel, 20세기 스페인 영화감독—역자주)의 영화 상영에 참석할 수 있었다. 나에게는 예술과 과학을 함께 엮어주는 마르크스주의의 포괄성이 지적으로 짜릿한 느낌을 주었다. 하지만 이 이념의 주된 장점은 점차 종교에서 멀어지는 나의 입장을 지적으로 정당화해주었다는 것이다. 종교를 '민중의 아편'으로 규정한 마르크스의 설명은 종교의 사회적 기능을 이해하게 해주었고, 종교를 관용할 변칙이 아니라 정복할 적으로 묘사했다. 종교는 아편처럼 우리의 도덕의식을 둔하게 해서 우리로 세상의 불의에 둔감하고 무관심하게 만드는 일종의 진정제였다.

나는 특히 나의 무신론에 지적인 무게를 더해준, 종교의 기원에 대한 마르크스의 설명을 높이 평가했다. 한 학생 집회에서, 나는 마르크스가 종교 비판의 토대를 전위적인 독일 철학자 루트비히 포이어바흐에 두었고, 후자는 하나님을 의미에 대한 갈망을 충족시키기 위해 인간이 만들어낸 하나의 관념이라고 주장했다는 것을 배웠다. 그런즉 하나님은 발견된 존재가 아니라 인간이 특정한 욕구를 만족시키려고 '창안한' 존재였다는 것이다. 마르크스는 이 점에 대해선 포이어바흐와 동의했으나, 인간의 갈망이 그의 사회적, 경제적 맥락에 의해 형성된다는 것을 포이어바흐가 제대로 지적하지 못했다고 그를 신랄하게 비판했다.

그런즉 종교는 인간에게 인생의 불행을 대처하도록 돕는 '환상적 행복'을 주려고 발생했던 셈이다. 종교는 사람들이 인생에서 겪는 고통을 완화시키려고 만든 하나의 진정제인 동시에, 사회적 기득권층들이 사람들을 조종할 수 있도록 만든 것이다. 따라서 우리의 사회적, 경제적 상황이 더 나은 방향으로 바뀌게 되면 종교의 발생 원인이 소멸될 것이다. 나는 마르크스의 포이어바흐에 대한 비판을 동경하노록 배웠다. '철학자들은 다양한 방식으로 세상을 해석하기만 했다. 하지만 중요한 것은 세상을 실제로 바꾸는 일이다.'

만일 종교의 원인에 대한 마르크스의 주장이 옳다면, 사회주의 혁명

이 정의로운 사회를 세울 때 종교는 사라질 것이다. 따라서 종교를 제거하는 일의 핵심은 사회 변동에 있었다.

그런즉 마르크스의 종교 비판은 두 개의 핵심 요소를 갖고 있었다. 하나는, 종교의 기원이 사회적, 경제적 소외에 있음을 증명하는 일이었고, 또 다른 하나는, 사회주의 혁명이 종교의 자연스러운 소멸을 초래할 것임을 예측하는 일이었다.

나는 마르크스주의에 이성적 매력을 많이 느끼긴 했지만, 정치적으로 적극적이었던 적은 없다. 마르크스주의가 다른 이들에게 급진적인 사회 운동을 추진하도록 동기부여를 했으나 나에게는 실제적인 영향보다 지적인 영향을 더 많이 주었다. 마르크스는 나에게 종교가 왜 그토록 만연되어 있는지 그 이유를 이해하는 방식을 제공했고, 종교는 실존적인 필요 때문에 생긴 인간의 창안물에 불과함을 입증해주었으며, 종교가 (지금은 벨파스트의 문화를 지배하고 있지만) 장차 사라질 것임을 확신시켜주었다. 나는 내 주변의 그토록 많은 종교적인 사람들이 왜 그런 망상에 빠졌는지를 볼 수 있게 되었다는 일종의 우월의식, 곧 무언가를 깨달았다는 짜릿한 우월감을 경험했다. 그들 중 일부가 나보다 과학을 더 잘하는 것처럼 보이는 게 불편한 진실이긴 했지만, 그들이 결국에는 빛을 보게 되리라고 나는 확신했다.

그리하여 불과 열여섯 살의 나이에 나는 불확실성을 못 참고 복잡성을 싫어하는 내 성향에 딱 맞는 방식으로, 인생의 큰 의문들을 모두

3장 회의적인 화학자

정리했다고 생각했다. 마르크스주의는 분명코 옳았고, 그래서 무신론에 대한 나의 명백한 확신도 옳을 수밖에 없었다. 오직 이것만이, 미신이 없을 뿐더러 종교적 신화의 동화와 환상도 없는, 사유하는 사람의 유일한 세계관이었다.

이제는 한두 개의 이슈를 다루는 일만 남았다. 가령, 내가 남은 생애 동안 무엇을 해야 마땅한가 하는 것이었다. 그러나 훗날 알고 보니, 일련의 뜻밖의 양상들이 전개됨에 따라 이미 해결된 이 의문들을 재검토하고 다시 다루지 않으면 안 되었다.

THROUGH A GLASS DARKLY

4장

옥스퍼드를 꿈꾸다

1970년 1월 첫 주 어느 추운 겨울밤, 나는 집에서 옥스퍼드에 대한 꿈을 꾸었다. 나는 역사와 학문에 깊이 뿌리박은 학교에서 도서관과 강의실로 열심히 걸어가는 젊은 이들로 가득한 고요한 자갈 포장길을 천천히 걷고 있었다. 우아하고 고색창연한 건물들을 지나가고 있을 때, 혹시 누군가 너는 거기에 있을 권리가 없으니 떠나라고 말할까봐 주위를 둘러보며 초조해 하는 나 자신을 발견했다. 나는 학문의 전당에서 사기꾼으로, 침입자로 폭로될까봐 두려워했다. 나는 깜짝 놀라 일어나서 담요로 온몸을 둘러쌌다.

1969년 9월, 나는 대학 진학 전 마지막 한해를 보내려고 메소디로 돌아갔다. 이제는 내가 대학교에서 무엇을 공부하고 또 어느 대학교에 갈 것인지를 결정해야 할 시점이었다. 우리 집에서는 내가 아버지의 뒤를 좇아 퀸즈대학교에서 의학을 공부할 것이라는 기대가 있었다. 하지만 화학에 대한 나의 관심이 커지면서 이는 의문에 붙여졌다. 결국에는 내가 의학 연구에 몸담게 될지 모르지만, 적어도 처음에는 화학을 전공으로 공부하게 될 것임이 분명해지고 있었다.

나는 1969년 여름에 처음으로 A 레벨 수학 시험을 치른 결과 A 학점을 받았다. 이 최고 학점 덕분에 최고의 화학 과정을 제공하는 몇몇 대학의 입학 허가를 받기가 쉬워졌다.

내가 첫 번째로 꼽은 대학은 메소디의 동창들이 높이 추천한 유니버시티칼리지런던이었다. 11월 말, 인터뷰를 하러 오라는 통보를 받고 벨파스트의 엘더그로브 공항에서 런던 히드로 공항까지 날아가서, 공항 버스를 타고 런던 중심가로 이동하여 브룸버리에 있는 그 대학의 화학과를 찾아갔다. 면접은 형식적이고 지루한 편이었으나, 1970년 여름에 치르게 될 남은 세 과목의 A 레벨 시험에서 좋은 성적을 거둔다는 조건으로, 나는 이듬해에 입학해도 좋다는 허락을 바로 받았다.

나는 기뻐했어야 했다. 하지만 (내가 경쟁자로 여겼으나 항상 소중한 친구로 생각했던) 메소디에서 만난 동료였던 데이비드 윌슨과 몇 주 전에 나눈 대화로 인해 나의 장래 계획에 대한 약간의 변화가 생겼다.

그는 옥스퍼드가 국내에서 최고의 화학 과정을 제공한다고 결론지은 후, 거기서 공부하기로 결심했다고 했다. 그리고는 나에게 왜 자기와 같이 생각하지 않느냐고 물었다. 그는 나에게 옥스퍼드대학교 안내지를 보여줬는데, 거기에는 화학 과정의 세부사항들, 칼리지 시스템, 학생들이 즐길 풍부한 지적인 생활과 문화적인 생활이 소개되어 있었다.

화학 담당 교사인 케네스 레이드 박사에게 조언을 구했더니, 그분은 내게 간단명료한 대답을 주었다. 다음 기회에 옥스퍼드에 지원하라는 것이었다. 이는 내가 메소디에서 일 년 더 공부하는 것을 의미했다. 옥스퍼드는 이미 11월에 입학 및 장학생 시험을 치렀기 때문이었다. 나는 이성적으로 납득했고, 옥스퍼드에 가는 것이 타당했다. 그런데 과연 내가 거기서 행복할 수 있을까? 나의 마음은 과연 나의 이성이 가리키는 곳을 기꺼이 따라갈까?

12월이 되어, 데이비드는 자기가 옥스퍼드에서 화학을 공부할 수 있는 장학금을 받았다고 알려주었다. 그는 나를 자기 집에 불러 함께 차를 마시면서 면접할 때 받았던 그 도시와 대학교의 인상에 대해 말해주었다. 그것은 마치 여행객이 들려주는 옛 이야기, 내가 그때까지 알거나 경험했던 것과는 너무나 다른 이국적인 미지의 세계의 모습을 묘사하는 그런 이야기를 듣는 것만 같았다. 그때부터 나는 신기하게도 강렬한 갈망을 느끼기 시작했다. 그것은 내 경험의 한계를 훨씬 뛰어넘되 그것을 추구하면 풍성한 보상으로 만족감을 주겠다고 약속하는 그 무엇에 대한 욕구였다.

1970년 1월 첫 주 어느 추운 겨울밤, 나는 집에서 옥스퍼드에 대한 꿈을 꾸었다. 나는 역사와 학문에 깊이 뿌리박은 학교에서 도서관과 강의실로 열심히 걸어가는 젊은이들로 가득한 고요한 자갈 포장길을 천천히 걷고 있었다. 우아하고 고색창연한 건물들을 지나가고 있을 때, 혹시 누군가 너는 거기에 있을 권리가 없으니 떠나라고 말할까봐 주위를 둘러보며 초조해 하는 나 자신을 발견했다. 나는 학문의 전당에서 사기꾼으로, 침입자로 폭로될까봐 두려워했다. 나는 깜짝 놀라 일어나서 담요로 온몸을 둘러쌌다.

드물게 찾아오는 통찰의 순간에 나는 옥스퍼드가 내 마음의 소원이 되었다는 것을 깨달았다. 저 멀리 있는 그 무엇, 어쩌면 도달할 수도 없는 그 무엇을 나 자신을 변혁시킬 만한 중요한 실체로 보기에 이른 것이다. 내가 좋든 싫든 간에, 하여튼 옥스퍼드에 가고픈 희망이 나의 일부가 되었다. 어째서 내가 알지도 못한 곳에 가고 싶은 갈망이 그처럼 가슴이 터질 듯 강렬했는지 나도 이해할 수 없었다. 옥스퍼드에 가는 것이 마치 내가 제대로 알거나 이해하지 못했던 내 속의 그 무엇과 맞장구를 치는 일종의 플라톤의 이상(理想)이 되어버린 것만 같았다. 나는 거기에 속하고 싶었지만(아니, 간절히 열망했지만) 안타깝게도 내 손이 닿지 않는 곳에 있을까봐 무척 두려워했다.

혹시 이것이 종교적인 사람들이 하나님에 대해 느끼는 것이 아닐까 하는 생각이 들었다. 그들의 정신뿐만 아니라 그들의 마음과 상상력까지 붙잡은 그 무엇이 아닐까? 그리고 그들은 낙원에 들어가고 싶지만 거기에 있을 만큼 선하지 않아서 거부당할까봐 두려워하는 것이 아닐까? 내 마음의 소원을 이루고 싶은 희망을 만일 포기해야 한다면 어떻게 될까? 나는 내가 갈망하던 것으로부터 분리되었다는 느낌을 받았고, 이는 이것이 도무지 메울 수 없는 간극이 될지 모른다는 두려움과 연결되어 있었다. 나는 마침내 내가 정말로 갈망하는 것을 목격한 한편, 그 낙원이 나의 능력 밖에 있을지 모른다는 점을 마주쳐야 했다. 나는 멀리서 이 도시를 바라볼 수 있어도 그 성문이 나에게 잠겨있다는 걸 알게 될지 모른다.

그 추운 날 깊은 밤에 내가 할 일이 무엇인지를 생각해보았다. 어쨌든 나는 훗날 도달할 수 없는 목표로 판명될지도 모르는 것을 스스로 설정해서 나 자신에게 활기를 북돋운 셈이었다. 옥스퍼드를 목표로 삼으면 나의 한계가 최대한 시험받게 될 터이고, 나의 강점과 약점을 더 잘 인식해서 나 자신을 알게 될 것이었다. 나의 능력에 대한 환상을 모두 벗어버리고 나 자신을 좀 더 믿음직하게 보는 것은 옥스퍼드에 가는 것보다 낮은 목표일지 모른다. 그럼에도 불구하고 그것은 추구할 만한 가치가 있는 것으로 보였다. 그걸 시도한다고 해서 잃을 것은 하나도 없었다.

이튿날, 나는 부모님에게 옥스퍼드대학교에서 화학을 공부하기로 결심했다고 설명했다. 그러려면 옥스퍼드 입학시험을 준비하기 위해 메소디에서 네 달을 더 머물러야 했다. 그리고 만일 옥스퍼드행이 이뤄지지 않는다면, 나는 본래 계획보다 일 년 늦어질지언정 여전히 유니버시티칼리지런던에 갈 수 있을 터였다.

"그러면 너는 12월 이후에는 무엇을 할 것이니?"

아버지는 언제나 실질적이었다. 옥스퍼드나 케임브리지에 지원했던 내 친구 대다수는 그 시점에 학교를 떠나 일자리를 구하든지 유럽을 두루 여행했다는 것을 나는 알았다.

하지만 나는 이에 대해 깊이 생각한 후, 잔여기간 동안 메소디에 머물러 있고 싶다고 설명했다. 과학연구 문헌을 읽는데 유용할 언어인 독일어와 러시아어를 배우고 싶었다(이 두 언어가 마르크스, 엥겔스, 레닌의 저술을 원어로 읽는데도 유용할 것이란 말은 부모님에게 하지 않았다). 이는 또한 내가 좋아했으나 사정이 여의치 않아서 A 레벨로 공부할 수 없었던 생물학에 집중하는데도 도움이 될 것이었다.

부모님은 홍차를 타려고 부엌으로 갔는데, 오랜 시간이 걸리는 것 같았다. 그들이 마침내 차와 비스킷을 들고 돌아와서 나의 생각을 지지한다고 말했다.

나는 단 하나도 운에 맡기지 않으려고 일련의 계획을 세우기 시작했다. 1970년 여름에 치를 남은 A 레벨 시험 세 과목에서 최고 점수를 받을 필요가 있었다. 당시에 화학에는 세 분과가 있었다. 유기화학, 무기화학, 그리고 물리화학 등. 나는 셋 모두 좋아했지만 무기화학에 상당한 매력을 느끼기 시작하던 중이었다. 특히 어떤 원소들(철과 마그네슘 같은)이 혈액과 광합성 속 산소 운반과 같은 생물학적 과정에 매우 중요한 역할을 수행하는 방식에 대해 그랬다. 나는 부모님에게 내 생일 선물로 코턴과 윌킨슨이 공저한 『고급 무기화학』(Advanced Inorganic Chemistry, 1966년에 출간된 2판)을 사달라고 했다. 메소디의 화학 담당교사였던 레이드 박사는 이 분야에서 또 다른 중요한 책인 필립과 윌리엄스의 『무기화학』(1965)을 나에게 빌려주었다. 내가 읽어보니 상당히 도전적이고 매력적인 책이었다. 1970년 6월, 나는 남은 세 과목인 고급 수학, 화학, 물리학의 A 레벨 시험을 모두 치렀다. 세 과목 모두에서 A 학점을 받아 큰 안도의 숨을 쉬게 되었다. 이제 옥스퍼드에 지원할 수 있는 길이 활짝 열린 것이다.

친구인 데이비드 윌슨이 입학 과정을 내게 설명해주었다. 옥스퍼드는 칼리지 중심의 종합대학교였다. 그래서 나는 화학 전공 대학생을 받는 칼리지들 중 하나에 지원하게 되어 있었다. 이후 그 칼리지의 튜터들이 나를 면접해서 내가 그들의 기준에 잘 맞는지를 판단하게 된다. 만일 내가 경계선에 속한 사례라면, 다른 칼리지들이 나를 고려할 수 있게 된다. 데이비드는 역사가 1236년까지 거슬러 올라가는 세인트에드문드 홀에 지원했었다.

결국 나는 1610년에 창립된 웨드햄칼리지(Wadham College)에 지원하기로 결정했다. 하지만 그 대학에 대해 전혀 아는 바가 없었다. 다만 필립과 윌리엄스가 공저한 『무기화학』의 표지에서 윌리엄스(R. J. P. Williams)가 옥스퍼드의 웨드햄칼리지에 기반을 두고 있다는 사실을 알았을 뿐이었다. 그 정보로 충분했다.

나는 9월에 옥스퍼드 입학시험을 준비하려고 메소디로 되돌아갔다. 학교는 옥스퍼드와 케임브리지 입학시험을 준비하는 학생들을 위해 과학 과목들과 인문학 과목들에 걸쳐 고급 과정을 개설하고, 나에게는 수학과 물리학과 화학 등 세 분야에 각각 전문가를 붙여주었다. 나는 기숙 분과의 남학생 대표와 학교 전체의 남학생 부대표로 섬겼으나, 이런 직책을 수행하는데 많은 시간이 들지 않아서 다행히 공부하는데 별로 지장이 없었다.

12월 초에, 나는 입학시험을 치른 후 면접을 보려고 저녁 늦게 옥스퍼드 웨드햄칼리지에 도착했는데 정전이 일어난 상황이었다. 그 대학의 수위가 등불을 들고 오랜 건물들 사이로 나를 안내해 삐걱거리는 나무 계단을 지나 마침내 나에게 배정된 학생용 방으로 안내했다. 그는 나에게 한 통의 편지를 건네주면서 이튿날 아침에 있을 면접 시간과 장소에 관한 세부사항은 칼리지 입구 옆에 있는 게시판에 부착되어 있다고 일러주었다. 곧 그는 사라졌고, 나는 칠흑 같은 어둠 속에 홀로 남겨져 그 편지를 읽을 수조차 없었다.

마침내 칼리지의 전기 공급이 재개되어 받은 편지를 읽을 수 있었다. 케블칼리지 소속 화학 튜터인 데니스 미킨스 박사가 그 이튿날 오후 그의 칼리지에서 있을 면접에 나를 초대한다는 내용이었다. 다음 날 아침, 나는 칼리지 홀에서 아침식사로 제공된 온통 기름투성이의 덜 익은 튀긴 계란에도 아랑곳하지 않은 채 그 편지 내용에 대해 곰곰이 생각했다. 케블칼리지에서 온 이 요청을 어떻게 해석하면 좋을지 몰랐다. 혹시 웨드햄이 나를 원치 않아서 다른 칼리지들이 나를 고려하게 되었다는 뜻인가?

그날 오전 늦은 시간에, 나는 웨드햄에서 면접을 보기 위해 킹즈 암즈 난간 위에 있는 지정된 방 바깥에 놓인 오래된 안락의자에 앉아 있었다. 안에서 주고받는 목소리가 들려서 그들 대화의 단편을 포착할 수 있었다.

"그는 화학에서 알파 마이너스를 받았소." 그게 무슨 뜻인지 몰라도 나에게는 별로 좋은 소리로 들리지 않았다.

"그를 불러들이지요."

문이 열리자, 독수리 사냥개를 닮은 키 큰 남자가 나를 실내로 안내하면서, 자기는 유기화학을 가르치는 그 대학의 튜터인 제레미 놀스라고 소개했다.

놀스는 내가 앉을 의자를 가리킨 후, 그의 두 동료인 스티븐 심슨과 밥 윌리엄스를 향해 넌지시 손짓했다. 그 순간 '밥 윌리엄스'가 내가 맨 처음 웨드햄에 지원하도록 계기를 마련해준 그 '윌리엄스(R. J. P. Williams)'라는 것을 알았다.

"그래서 너는 화학의 어떤 면에 흥미를 느끼는 것이지?"라고 놀스가 물었다. 나는 무기화학에 매력을 느낀다고 대답했다. 놀스는 윌리엄스에게 배턴을 넘기겠다고 했다.

나는 '내장적출'(evisceration)이란 단어에 친숙한 편이었으나 그것을 사용하거나 심지어 그에 관해 생각할 만한 계기가 거의 없었다. 하지만 이 단어가 그 다음에 일어난 일을 정확히 묘사해준다. 윌리엄스는 혹독할 만큼 세세하고 또 깊게 무기화학에 관한 나의 지식을 조사했다. 내가 대답할 때마다 더 복잡한 질문이 주어졌고 마침내 우리가 '얀-텔러 효과'(Jahn-Teller effect)를 논의하는 지점까지 이르렀는데, 이는 나를 절대 한계까지 밀어붙인 순간이었다. 나는 우리의 논의가 얼마나 오랫동안 지속되었는지 모르지만 어떻게 끝났는지는 뚜렷이 기억한다. 윌리엄스가 자기 의자에 앉아 몸을 앞으로 숙이더니 전이금속 이온에 관한 질문으로 나를 압박하는 것이었다. 처음으로 나는 해답을 모른다고 시인해야 했고, 그 대신 하나의 사변적인 가설만 그에게 내놓았을 뿐이다.1) 이후 윌리엄스가 나를 응시하는 가운데 불길한 듯한 오랜 침묵이 흘렀다. 놀스가 일어서더니 나에게 나중에 연락하겠다고 말했다. 드디어 면접이 끝나는 순간이었다.

나는 풀이 죽은 채로 내 방으로 돌아가면서 옥스퍼드에 올 희망이 끝장났다고 확신했다. 실망스러울 만큼 간소한 점심을 먹은 후, 두 번째 면접을 보려고 비교적 가까운 케블칼리지로 걸어갔다. 데니스 미킨스와 두 동료들(이들의 이름은 생각나지 않는다)이 엄밀하되 친절하게 나의 화학 지식을 샅샅이 조사했고 대화의 주제를 넓혀서 철학적 이슈까지 포함시켰다. 아직 기억에 남아있는 것은 칸트의 철학이 부당하게 뉴턴의 절대공간 개념에 의존해 있는지에 관한 토론이었다. 이번 면접은 잘 보았다는 느낌을 갖고 나는 그 방을 떠나면서 이번 경우는 앞서 있었던 치열한 만남에 비해 개념적 깊이가 별로 없다는 것을 알았다. 날카로운 면접이기보다는 공손한 면접이었다.

그날 저녁 늦게 나는 엘더그로브로 되돌아갔는데, 완행버스를 타고 벨파스트에 도착한 후 추운 날씨에 그레이트 빅토리아 스트리트 정류장에서 메소디까지 긴 거리를 걸어가는 것이 두려웠다. 그런데 기쁘게도 케임브리지에서 면접을 보고 막 돌아온 한 친구를 도착 지점에서 만났다. 그의 아버지가 차를 갖고 왔으니 함께 타고 가자고 설득하는 바람에 우리는 곧바로 메소디로 향했다. 우리가 편안하고 따스한 차에 앉자마자, 그는 "어땠니?"하고 물었다.

나는 한숨을 쉬며 "잘 모르겠어"라고 대답했다. 며칠 후, 나는 크리스마스 방학을 맞아 집으로 갔다.

5장

신앙의 위기

나는 도대체 왜 무신론을 포용했던가? 그건 유행이었다. 무신론은 내가 싫어하는 사람들을 짜증나게 만들었다. 그것이 사물이 흘러가는 방식으로 보였다. 그리고 자율성을 원하는 내 욕구와 잘 들어맞았다. 내가 존재의 초월적 근거가 없기를 바란 것은 내가 좋아하는 일을 행할 수 있기 위해서였고, 거꾸로 보면 내가 선택하지 않은 더 크고 더 나은 선(善)에 부합하게 행동할 의무를 짊어지고 싶지 않아서였다.

1970년 12월 19일 금요일, 나는 어머니와 여동생과 함께 늦은 아침 식사를 하러 내 침실에서 계단을 후다닥 내려갔다. 그동안 옥스퍼드로부터 어떤 소식을 받을 수 있을지 궁금했고, 내주 초까지 무언가를 듣게 되길 기대하고 있었다. 옥스퍼드에서 면접을 본 내 친구들 중에 여태껏 소식을 들은 학생이 없었기 때문에 나도 크게 염려하지는 않았다. 스탠리 워랄은 혹시 그가 도움을 줄 수 있을지 모른다고 하면서 우리에게 소식을 듣는 즉시 그의 집으로 전화를 하라고 요청했었다.

아침식사 후, 나는 머리를 식힐겸 산책을 했다. 올드 스팀보트 퀘이에 이르는 코일 하류 쪽으로 걸은 후 강을 건너 핀브로그 길을 따라 돌아왔다. 한 시간 후에 집에 돌아오니, 어머니가 내 앞으로 크리스마스카드 한 장이 왔다고 알려주었다. 나는 부엌 식탁에 놓인 손 글씨 봉투를 집어 들었다. 크리스마스가 무척 가까워서 나도 어머니처럼 내 친구가 보낸 카드인줄 알았다. 그런데 내가 모르는 손 글씨였다. 그때 옥스퍼드라는 소인이 찍힌 것을 알아챘다.

이것은 분명 크리스마스카드가 아니었다. 나는 앉아서 망설이며 봉투를 열었다. 제레미 놀스가 손 글씨로 쓴 단 두 문장이 눈에 들어왔다. '축하하네!' 웨드햄에서 나에게 전공 장학금을 준다는 것이었다.

어머니는 그 편지를 읽고 어리둥절해 했다. "이제 네가 옥스퍼드대학교에 들어가게 되었다는 뜻이니?"라고 물었다. 나는 무슨 뜻인지 확실히 알 수 없었다. 그때 우리 교장 선생님이 그 편지를 해석할 수 있다는 생각이 떠올랐다. 십 분 후, 나는 스탠리 워랄에게 전화했다.

워랄은 더할 나위 없이 좋아했다. 그렇다. 그것은 내가 옥스퍼드에서 화학을 공부할 수 있는 자리를 얻었다는 뜻이었다. 사실 나는 자리를 확보한 것보다 더한 일을 해냈다. 장학금을 받은 것은 재정적으로 도움이 될 뿐 아니라 실력을 인정받았다는 표시이기도 했다. 이제 나는 가장 재능 있는 신입생의 한 명으로 선발되어 옥스퍼드에 가게 될 것이다. 나는 면접을 잘 보지 못했다고 느끼고 있던 터라 이를 납득하기가 어려웠다. 내가 워랄에게 이런 속마음을 털어놓자, 그는 웃으면서 자기는 그와 같은 소식을 진작에 기대하고 있었다고 설명했다. 그는 케블의 미킨스 박사로부터 전화를 받았는데, 내용인즉 웨드햄이 나를 다른 칼리지로 방출하지 않을 것인즉 케블이 나에게 장학금을 줄 수 없어 미안하다는 것이었다. 워랄은 그들이 나에게 장학금을 주고 싶었기 때문에 그랬던 것으로 이해했다. 교장 선생님은 나의 합격을 축하한 후, 이번 학기의 남은 기간 동안 메소디에서 나를 만나길 고대한다고 말했다.

비로소 나는 확신을 갖고 어머니에게 놀스의 편지가 무슨 뜻인지를 알렸다. 나는 정말로 옥스퍼드대학교에서 자리를 얻었던 것이다. 어머니는 일터에 있는 아버지에게 전화해 그 모든 과정을 설명했고, 그날 저녁 아버지가 특별 행사를 위해 간직해 온 오래된 아스티 스푸만테(이탈리아산 탄산 포도주-역자주) 한 병을 갖고 왔다. 지난 몇 년 동안 우리 가정에 크게 흥분할 만한 일이 없었던 터라, 아버지는 이번이 그 포도주를 열기에 적합한 때라고 판단했던 것이다. 그 미지근한 발포 포도주를 함께 마신 것은 다운패트릭에서의 가장 생생한 추억 중 하나로 남아있다. 그날 우리가 사용한 유리잔들을 나는 아직도 간직하고 있다. 이튿날, 나는 웨드햄칼리지의 학장인 스튜어트 햄프셔로부터 공식적으로 자연과학 분야 전공 장학금을 수여한다는 내용의 (타이프로 친) 편지를 받았다.

나는 1971년 1월에 메소디로 돌아갔다. 이제는 어떤 시험에 대한 부담도 없이 남은 여섯 달 동안 고급 생물학, 독일어와 러시아어를 공부하는데 집중하면서 학교의 뛰어난 언어 학습 시설(메소디는 아일랜드에서 러시아어를 가르치는 소수의 학교 중 하나였다)을 활용할 수 있었다. 레이드 박사가 자신이 소유하고 있던 '과학용 독일어'에 관한 교재 한 권을 나에게 선물로 줘서, 그 덕분에 나는 일상 독일어에서 좀 더 전문적인 독일어를 공부할 수 있었다. 또한 나는 학교의 전문가용 과학 도서실을 이용할 수 있을뿐더러 중앙도서관에 비치된 더 많은 자료들, 특히 내가 A 레벨 생물학 과목을 택했더라면 공부하게 되었을 자료들을 마음껏 섭렵할 수 있었다. 자연스럽게, 나는 계속 마르크스주의에 관한 문헌을 읽었고, 따라서 그 이념의 핵심 내용을 파악하고 그것이 제시하는 실재에 대한 '큰 그림'을 좀 더 알게 되었다.

하지만 이후 사태가 예상치 못한 방향으로 전환되었다. 나는 생물학 관련 서적 읽기를 끝낸 후 과학 도서실의 다른 구역을 탐색하기 시작했다. 거기에는 에딩턴의 『물리적 세계의 본질』(The Nature of the Physical World, 1928)과 제임스 진의 『신비로운 우주』(Mysterious Universe, 1930)와 같은 고전들을 포함한 중요한 소장도서들이 꽤 있었다. 이런 책들을 훑어본 후, '과학의 역사와 철학'이란 딱지가 붙은 책장과 마주쳤다. 거기에 꽂힌 책들 위에 먼지가 쌓인 것을 보니 자주 이용되지 않은 것이 분명했다. 당시에 나는 과학의 역사와 철학을 기껏해야, 자연과학에 위협을 받는다고 느낀 칼 포퍼(Karl Popper) 같은 이들이 아무것도 모르면서 자연과학의 확실성과 단순성을 비판하는 분야에 불과하다고 생각했다. 이를 훗날 리처드 도킨스(Richard Dawkins)는 '진리에 대한 야유'(truth-heckling)로 일축했다.

나는 그런 관념은 설득력이 없으며, 심지어 지지할 수 없는 것임을 발견하리라고 확신했지만, 지적인 정직성을 위해서는 그 관념들을 탐구해야 할 것처럼 보였다. 아니, (나와 같은) 진지한 경험 과학자라면, 어떻게 모든 과학 이론들이 확실한 지식이기보다 추측된 지식이라는 칼 포퍼의 주장을 진지하게 여길 수 있겠는가?

나는 내가 조사할 필요가 있는 영역의 지도를 잘 그려주는 헐(L. W. Hull)의 『과학의 역사와 철학: 입문서』(History and Philosophy of Science: An Introduction, 1959)부터 읽기 시작했다. 이어서 아서 코스틀러(Arthur Koestler)의 『기계 속의 유령』(Ghost in the Machine, 1967)을 읽었는데, 이는 좀 더 도전적인 책으로 나의 과학적 실증주의의 모든 측면에 대해 의문을 제기했다.

여기서 나는 다음과 같은 인상적인 선언을 읽었다.

'과학의 진보는, 고대의 사막 길처럼, 한때 영원한 생명을 소유한 듯 보였던 버려진 이론들의 표백된 해골들로 온통 뒤덮여있다.'[1]

이후 몇 주에 걸쳐, 과학적 실증주의자들이 왜 과학의 역사와 철학에 관여하는 것을 회피하는지 그 이유가 나에게 분명해졌다. 만일 한때 폭넓은 지지를 받았던 과학 이론들이 지금은 우월한 대안들로 대체되었다면, 이 새로운 이론들에 장차 무슨 일이 일어날지 과연 누가 예측할 수 있겠는가? 이 이론들이 과거에 밀어낸 그 이론들보다 더 '나을지' 몰라도, 이는 이 이론들이 '옳다'는 것을 의미하는가? 이것들은 최후의 안식처이기보다는 다른 무언가로 향하는 일시적인 기항지가 아닐까? 어쨌든, 20세기의 첫 십년 동안 지배했던 과학적 이론은 오늘날의 우주가 과거에 늘 존재했던 우주와 다소 동일하다는 것이었다. 그런데 한때 유행했고 믿을만하다고 여겨졌던 이 견해는 보통 '빅

뱅'으로 알려진 우주 기원론의 급부상으로 퇴색되고 말았다(내가 훗날 발견한 바에 따르면, 이런 이슈들을 리처드 도킨스가 회피한 것은 반과학적인 수다쟁이들을 다루길 거절하겠다는 원칙으로 제시되었지만, 실제로는 이런 중요한 점에서 그의 접근이 얼마나 취약한지를 드러냈다).

나는 칼 포퍼에게 시선을 돌려 그의 저술을 긍정적으로 면밀하게 읽었고, 특히 그의 에세이 '반증으로서의 과학'(Science as Falsification)과 그의 책 『과학적 발견의 논리』(The Logic of Scientific Discovery, 1959)가 인상적이었다. 만일 포퍼가 (부분적으로라도) 옳다면, 모든 과학 지식이 잠정적이고 추측적이고 가설적이라는 거북한 실재를 받아들이는 법을 나는 배워야 했다. 우리는 우리의 과학 이론들의 결정적인 증거를 결코 제시할 수 없고, 기껏해야 그 이론들을 (잠정적으로) 확증하거나 (확정적으로) 논박할 수 있을 뿐이다.

나는 지적인 눈을 뜨고 있었고, 내 눈에서 비늘이 벗겨지던 중이었다. 과학사학자들과 과학철학자들은 과학적 진보가 일어나는 장소에 불필요한 장애물을 설치해온 무지한 회의주의자들이기는 커녕 과학 지식의 신빙성과 한계에 관한 올바른 질문들을 제기했다. 그리고 그 질문들은 내가 그때까지 직면한 적이 없는 것들이었다.

나는 예수가 사도신경을 직접 쓰지 않았다는 사실을 별안간 발견한 순진한 크리스천, 혹은 지구가 편평하다고 주장하다가 우주에서 찍은 지구의 사진을 받아들이지 않을 수 없게 된 그런 사람과 비슷했다.

그것은 마치 나의 세계의 토대들이 조직적으로 해체되고 있는 듯한 경험이었다. 지극히 단순한 나의 과학관은 (크나큰 장애물 몇 개만 언급하자면) 데이터에 의해 이론이 과소평가된 것, 과학 역사에서 일어난 급진적인 이론 변화, 그리고 '결정적인 실험' 고안의 난점 등을 도무지 설명할 수 없었다. 요컨대, 내가 그동안 근본적인 수정이 필요한 충격적일 만큼 순진한 과학관을 갖고 있었다는 사실을 깨달은 것이다.

특히 빅토리아 시대 철학자 윌리엄 휴얼(William Whewell, 1794-1866)의 주장, 즉 자연세계에 관여하는 일은 무엇이든 자연에 관한 기존 이론들의 영향을 받는다는 주장이 나를 심란하게 만들었다. '이론의 가면'은 언제나 자연의 얼굴을 가리고 있다. 우리가 의식하든 하지 않든 간에 우리는 미리 품은 이론적 신념을 우리의 자연 해독(解讀)에 가져오는 법이다. 따라서 사실과 이론을 구별하는 일은 문제의 소지가 많다고 휴얼은 생각했다. 반면에 나는 그 구별을 단도직입적이고 간단하다고 생각했었다. 한 관점에서는 사실로 보이는 것이 다른 관점에서는 이론이란 뜻이다.

나는 코스틀러의 『기계 속의 유령』을 이미 읽었기에, 이번에는 그 자신이 마르크스주의에 환멸을 느끼고 그로부터 지적인 소외를 경험한 일을 묘사한 책 『보이지 않는 글쓰기』(Invisible Writing, 1954)를 읽었다. 한때 그는 마르크스의 이론들이 세계를 이해하게 해준다고 믿었다. 하지만 그 이념의 지나친 지적 야망은 어쩔 수 없이 현실을 그 이론에 맞추도록 강요하고 아울러 다른 세계관들을 억압하게 되었다. 코스틀러는 이 구체적인 '큰 그림'을 버린 만큼 이제는 세계를 그런 식으로 보는 방식, 곧 '그럴듯한 명료성'만 제공하는 그런 방식이 과연 존재하는지에 대해 회의적이 되었다. 그는 한때 우주를 하나의 '열린 책'으로 간주했지만, 이제는 우리로 하여금 기껏해야 그 복잡한 모습의 '작은 조각을 해독하게' 해주는 '보이지 않는 잉크로 기록된 텍스트'로 보게 되었다.[2]

코스틀러의 책이 나를 흔들어놓긴 했지만, 나는 그의 글을 즐겼기 때문에 계속 읽어가기로 결심했다. 그러다가 그의 소설 『정오의 어둠』(Darkness at Noon, 1940)을 발견했는데, 이는 스탈린주의를 매우 비판적으로 묘사한 작품이었다. 이 소설은 그 무렵에 학생들 사이에 흔했던 노선, 즉 스탈린이 마르크스의 순수한 가르침을 왜곡했다는 노선을 취하고 있었던 만큼, 이를 나는 마르크스주의에 대한 도전으로 보지 않았다. 그럼에도 불구하고, 코스틀러는 무신론적 이데올로기가 적어도 그것이 대체하려고 하는 기독교만큼이나 독단적일 수 있는지 여부를 묻는 의문을 제기했다. 나에게 특히 매력적으로 다가왔던 그의 말은 바로 이것이다.

'혁명 이론은 단순화되고 쉽게 이해될 수 있는 교리문답과 함께 독단적인 컬트로 꽁꽁 얼어버렸다.'[3]

나는 이것을 내가 예전에 마르크주의에 관해 토론한 적이 있는 퀸즈대학교의 한 학생에게 언급했다. 그는 코스틀러의 『정오의 어둠』을 지적으로 모자라는 책으로 일축해버렸다. 그러나 칼 포퍼의 『역사주의의 빈곤』(Poverty of Historicism, 1957)만큼 우스운 책은 아니라고 말했다. 나는 이제 그런 수정주의자의 난센스를 피해야 했다.

나와 같은 자유사상가는 누구든 그런 말을 들으면 동일한 결론에 도달할 것이다. 그런데 내 친구는 왜 내가 칼 포퍼의 『역사주의의 빈곤』을 읽기를 원치 않았을까? 그 친구가 그토록 위협을 느끼게 만든 내용은 과연 무엇일까?

나는 금서(禁書)의 매력을 즐기며, 학교 도서관에서 칼 포퍼의 책을 찾아 읽기 시작했다. 자연과학에 대한 포퍼의 접근에 기반을 둔 그 기본 논지는 마르크스주의가 스스로 과학적 이론으로 자처했으나, (사실에 대한) 왜곡의 가능성을 스스로 열어놓음으로써 자기비판적인 이론이 되는데 실패했다는 것이다. 마르크스주의가 사회주의의 역사적 불가피성을 주장할지 몰라도, 사실 이것은 아직 반증되지 않은 하나의 가설에 불과했다. 나는 내 친구가 이 저술을 그의 금서 목록에 포함시킨 이유를 알 수 있었다. 아울러 포퍼가 뚜렷한 논점을 개진했다는 것도 알 수 있었다. 바로 내 친구가 내가 알길 원치 않았던 논점들이다.

포퍼는 물론 여기서 비판에 대해 열려 있었다. 그럼에도 불구하고, 그는 내가 마르크스주의의 미몽에서 깨어나는 과정의 출발점을 장식한, 좀 더 비판적인 태도를 취하도록 나를 격려해주었다. 그리하여 나는 마르크스주의를 규범적인 '큰 그림'으로 보는 입장에서 멀어졌고, 그것을 오히려 유용한 문화 분석의 도구로, 우리의 사회적 맥락이 우리의 사고방식에 미치는 영향을 강조하는 사상으로 보기 시작했다. 그것은 따라서 현실의 (모든 측면들이 아닌) 어떤 측면들을 다루는 '지엽적인 그림'이었다. 그런데 내 마음 속에 혹시 내가 아직 발견하지 못한 대안적인 '큰 그림'이 있을지 모른다는 생각이 떠올랐다. 마르크스주의의 과도한 야망 같은 것은 없어도 나로 하여금 사물의 근본적인 통일성을 이해하고 표현하게 해주는 그런 그림이 있을까?

1971년 여름이 끝날 즈음, 나는 옥스퍼드에 갈 준비를 하고 있는 동안 지적인 혼란에 빠져 있었다. 나는 신앙의 위기를 겪었고 결국은 (지금은 내가 무엇인지 알게 된) 자연과학에 대한 가식적인 확실성이 산산조각 나는 경험을 했다. 나는 불확실성에 잘 대처하지 못하는 유형이었고, 그래서 자연과학과 마르크스주의가 명료성과 확실성을 제공한다고 믿었기 때문에 양자에 매력을 느꼈던 것이다.

하지만 나는 이제 인생에서 정말로 중요한 사안들, 어쩌면 자연과학이나 인간의 논리가 제공할 수 있는 그런 증명 너머에 있을지 모르는 그런 사안들은 불확실하다는 점을 받아들여야 한다는 걸 이해하기 시작했다. 아마 나는 불확실성에 대한 혐오에 도전하고 이런 성향을 인생의 현실에 비추어 진정시켜야 할 것이라고 생각했다.

그렇다고 해서 내가 좋아하는 것은 무엇이든 믿을 것이란 뜻은 아니었다. 단지 정말로 중요한 진리가 아니라 얄팍한 진리만 증명될 수 있을 것임을 인정하게 된 셈이다. 지혜롭지 못하게도, 나는 그동안 현실 세계가 실제로 허용하는 것보다 더 말끔하고 더 정확한, 믿음과 이성과 증명에 관한 일련의 직관적인 가정(假定)들에 의존했던 것 같았다. 내가 품었던 이상적인 세계에서는 지식과 믿음 사이에 뚜렷한 구분이 있었지만, 현실 세계는 짜증날 정도로 불분명하고 다양한 가능성을 제공하고 있었다. 확실하게 알 수 있는 것은 논리학과 수학에만 국한되는 듯 보였다. 이 두 분야는 일상생활의 논쟁과 의사결정에서 완전히 분리된 작고 추상적인 세계였다.

이런 심사숙고가 곧바로 나의 무신론을 의문시하게 만들거나 나를 종교적 믿음을 향해 움직이게 한 것은 아니다. 하지만 나로 하여금 잠시 멈추고 생각하게 만든 것은 사실이다.

나는 도대체 왜 무신론을 포용했던가? 그건 유행이었다. 무신론은 내가 싫어하는 사람들을 짜증나게 만들었다. 그것이 사물이 흘러가는 방식으로 보였다. 그리고 자율성을 원하는 내 욕구와 잘 들어맞았다. 내가 존재의 초월적 근거가 없기를 바란 것은 내가 좋아하는 일을 행할 수 있기 위해서였고, 거꾸로 보면 내가 선택하지 않은 더 크고 더 나은 선(善)에 부합하게 행동할 의무를 짊어지고 싶지 않아서였다.

그런데 이것은 달갑잖게도 프로이트의 '소원성취'의 개념과 무척 비슷하고, 이 경우에는 우리의 취향에 걸맞은 세계관을 우리가 창안하게 된다. 프로이트는 우리가 우리 자신을 위로하기 위해 하나님을 만들어낸다고 주장했다. 그러나 만일 내가 어떤 간섭도, 어떤 초월적 실체나 근거의 영향도 받지 않고 내 마음대로 행동할 수 있기 위해 무신론을 창안했다면 어떻게 될까?

그리고 내가 견지하는 무신론의 객관적인 '증거'는 무엇이었는가? 내가 종교적 신앙을 묵살한 것은 그것이 입증될 수 없기 때문이었다. 그러나 만일 종교가 실재에 관한 우리 지식의 예외가 아니라 오히려 그 전형으로 입증된다면 어떻게 될까? 중요한 것들이 증명될 수 없는데도, 모든 윤리적, 사회적, 또는 종교적 관념은 '신앙'으로 간주되었다. 사실 하나님이 존재하지 않는다는 생각조차 증명이 불가능하다. 그렇다면 나의 무신론은 사실상 내가 그 위에 서 있었지만 도무지 증명될 수 없는 하나의 신앙이었던가? 나는 어떤 외부의 권위가 아니라 나 나름의 세계관에 따라 살아가는 자유사상가임을 기뻐했다. 하지만 나의 자유사상이 곧바로 나를 혼동과 불확실성의 세계로 이끌어가는 것처럼 보였다. 파스칼은 이성의 마지막 단계가 이성 너머에 많은 것들이 존재하고 있음을 증명하는 것이라고 말하지 않았던가?

내가 러셀의 『서양철학사』에서 발견한 한 문장은 비록 내가 직면했던 불편한 질문들을 충분히 다루는 데는 실패했지만 나에게 희망을 주었다.

'확실성은 없으나 망설임으로 마비되지 않으면서도 사는 법을 가르치는 것이 아마 우리 시대에 철학이 그것을 공부하는 이들에게 아직도 해줄 수 있는 주된 역할일 것이다.'[4]

러셀에 따르면, 나는 인생의 심오한 질문들에 대한 '명명백백한 해답'을 찾는 나의 강박적인 추구에 이의를 제기할 필요가 있었다. 나는 스스로에게 마치 설교하듯이, 불확실성을 혐오하는 나의 뿌리 깊은 속성에 도전을 가할 필요가 있다고 갈파했다. 그리고 어쩌면 옥스퍼드에 가서 나의 질문들에 대해 내가 여태껏 접했던 것보다 더 나은 대답을 찾을 수 있을지도 몰랐다. 사실은 그렇게 되었다.

6장

하나님을 발견하다

그것은 깊은 깨달음을 얻는 순간이었다. 누군가가 불빛을 켜서 처음으로 나로 하여금 사물을 분명하게, 아니 밝게 볼 수 있게 해주는 그런 순간이었다. 다시금 새로운 사고방식과 생활방식의 문지방에 서 있는 듯한 느낌이 들었다. 마치 흐릿한 창문 또는 약간 초점이 안 맞는 렌즈를 통해 보는 것처럼 저 너머에 놓인 무언가를 흘끗 목격했던 것이다. 나의 상상력은 이 모습에 완전히 사로잡혀서 이제는 나의 이성이 파악하려고 애썼던 새로운 연관성과 상관관계를 볼 수 있었다. 나를 이성적으로 설득하는 것으로 충분하지 않았다. 그보다 더 강한 힘이 내 속에서 일하는 중이었고 내 지성과 내 마음을 함께 붙잡을 수 있는 듯한 그 무엇을 향해 손을 뻗치고 있었다.

1971년 10월, 드디어 나는 옥스퍼드를 향해 출발해서 얼스터 퀸 호(號)를 타고 밤새도록 아일랜드 해를 건넌 후 리버풀에서 기차로 남쪽으로 가다가 버밍엄에서 한번 갈아타고 옥스퍼드에 도착했다. 그해 여름에는 다운패트릭의 기획실에서 행정 보조로 그 지역의 새로운 도로 개설 계획을 다루는 일을 했기 때문에, 새로운 도전을 맞이할 준비가 되어 있었다.

9월 초에, 제레미 놀스가 웨드햄에서 화학 공부에 필요한 몇 가지 준비사항을 보냈는데, 이를 받고 내가 혹시 너무 많이 준비하지 않았나 하는 생각이 들었다. 첫 학기의 강의와 튜터용 주제들 중 다수는 이미 내게 친숙한 분야였다. 또한 놀스의 메모는 8주씩 세 번으로 나눈 학기의 이해할 수 없는 이름들을 나에게 소개해주었다. 미켈마스(Michaelmas, 10월부터 12월까지 가을학기), 힐러리(Hilary, 1월부터 3월까지), 그리고 트리니티(Trinity, 4월부터 6월까지 봄학기).

화학 전공 신입생들은 제한된 선택과목들 중에 하나를 선택해야 했는데, 그 가운데 한 과목이 양자 이론이었다. 이는 내가 메소디에서

6장 하나님을 발견하다　79

자세히 숙고하지 않았던 주제이자 상당히 부담스럽고도 신나는 주제로 알고 있던 것이었다. 이는 내가 꼭 알고 싶었던 네 명의 독일계 이론가들의 사상으로 들어가는 관문일 터였다. 베르너 하이젠베르크, 막스 플랑크, 에르빈 슈레딩거, 그리고 비길 데 없는 앨버트 아인슈타인. 그들은 나를 실망시키지 않았고, 나는 이날까지 그들의 사상에 대해 여전히 성찰하고 있다. 양자 이론에 관한 옥스퍼드 기본 강의는 피터 앳킨스 박사가 매우 명쾌하고 멋지게 해줬고, 이전에 내가 그 분야를 접할 때 부딪혔던 많은 장애물을 깨끗하게 정리해주었다.

그러나 내가 옥스퍼드에 온 것은 과학의 산을 오를 뿐 아니라 인생의 의미에 관한 나의 혼잡하고 일관성 없는 생각을 잘 정리하기 위해서였다. 아인슈타인의 연구를 처음으로 깊이 읽어보니, 과학이 의미와 가치에 관한 깊은 질문들을 다루려면 반드시 보완될 필요가 있음을 확고히 납득하게 되었다. 그 공부는 눈을 열어주고 지성을 넓혀주는 경험이었고, 나로서는 과학, 윤리, 그리고 아인슈타인이 '종교'라고 부른 것을 다함께 한 통일된 덩어리 속에 묶을 수 있는, 실재에 관한 '큰 그림'이 필요하다는 것을 명명백백하게 깨닫게 되었다.

아인슈타인이 품고 있던 자연세계에 대한 '열광적인 경이감'은 과학 연구의 그의 동기가 되었으며, 이와 동시에 자연에 대한 그의 믿음을 고조시켰다. 즉 자연은 '우리에게 사자의 꼬리를 보여주지만, 그 자체를 넘어 그것을 부착한 그 동물의 위엄과 숭고함을 가리킨다는 신념을 강화시켜주었다(아울러 자연은 궁극적으로 그 동물로 이끌어주었다).[1] 아인슈타인은 점점 굳어가던 나의 신념, 곧 우리 인간은 세계에 대한 순전히 과학적인 설명 이상의 것이 필요하다는 신념을 확증해주었다. 아인슈타인은 이처럼 내가 과학의 한계를 인식하는 데는 도움이 되었지만, 이 차원을 넘어 내가 어떻게 나아갈지를 파악하는 일에는 도움이 되지 않았다.

옥스퍼드에서 나는 지성적인 과학자들(대체로 화학자들과 물리학자들), 즉 다양한 정치적, 도덕적, 종교적 견해들을 견지하며 그런 것을 엄밀하게 변호할 수 있는 학자들과 친분을 쌓았다. 이 다양성이 내가 과거에 중요시했던 것보다 더 의미심장하다는 생각이 서서히 떠올랐다. 그들은 모두 과학자였으나 그들의 과학적 신념과 방법이 그들의 정치나 윤리나 신앙을 '좌우하지는' 않았다. 한편 그들은 모두 과학을 사랑했지만, 다른 한편, 도덕적 사회적 가치관은 마르크스주의부터 자유시장 자본주의에 이르기까지 무척 다양했던 것이다.

내 친구들의 종교적 견해는 헌신적인 무신론부터 신중한 원칙적인 불가지론과 여러 형태의 기독교에 이르기까지 그 폭이 넓었다. 이런 도덕적, 사회적, 종교적 관념들이 그들의 과학에 의해 '영향'을 받을지 몰라도 후자에 의해 '결정되는' 것은 분명히 아니었다. 그런 관념들은 서로 다른 지적인 방법과 기준을 통해 창출되고 유지되며 논의 중인 질문들에 맞춰졌다.

내가 옥스퍼드에서 만난 학생들 중에는 오직 과학만이 인생의 심오한 질문들에 답할 수 있다고 주장하는 이들이 있었는데, 그들 대부분은 진지한 과학도가 아니었다. 그들은 과학이 배타적인 지적 특권을 갖고 있어서 오직 과학만이 무엇이 옳은지를 증명할 수 있다고 주장했다. 그 밖의 모든 것은 단순한 의견이나 망상에 불과하다는 것이다. 그래서 나는 그들을 초대하여 그 진술을 '과학적으로' 증명해보라고 했다. 이는 비합리적인 요구가 아니었다.

그것은 완전히 정당한 요청이었다. 당신이 만일 A가 진리나 평가의 유일한 표준이라고 주장한다면, 당신이 그 표준을 선택한 것 자체는 단지 A를 기반으로 변호될 수 있을 뿐이다. 이는 논증이 그 자체의 결론을 전제로 삼는 하나의 악순환이다. 과학은 유일한 그리고 배타적인 권위를 갖고 있어서 그 자체의 권위를 확증해준다는 것이다. 그리고 만일 우리가 과학의 권위를 정당화하려고 다른 근거를 사용한다면, 우리는 묵시적으로 과학 '위의' 어떤 것의 권위를 용인하고 있는 셈이다.

이 논리와 관련해, 내가 도전한 학생들은 이런 난점을 도무지 해결할 수 없었다. 단, 그 가운데 한 명은 순진하게도 그 접근이 옳은 것이 자명하다면 그것은 '선순환'이라고 주장했다. 이처럼 한 논증의 전제와 결론 간의 구별을 희미하게 만들거나 심지어 부인하는 모습은 나에게 지적인 당혹감을 안겨주었다. 어쩌면 더 중요한 점은 나에게 실존적인 불만족을 유발했다는 사실일 것이다.

나는 과학이 우리 세계를 조사하는 매우 중요한 도구라는 점을 완전히 받아들였다. 하지만 과학은 '전체' 그림이 아니라 그림의 '일부'만 비춰줄 뿐이다. 그리고 우리가 진정한 삶과 뜻 깊은 삶, 즉 세계에 대한 객관적인 과학적 설명과 우리의 속 깊은 실존적 욕구와 갈망과 열망을 함께 엮어주는 그런 삶을 영위하고 싶다면, 우리에게 실재에 대한 장대한 관점이 필요하다. (올바로 이해하면) 자연과학은 이 우주에 대한 우리의 공부에 제약을 가하지 않는다. 이 과학들은 어떤 형태의 연구와 지식을 '과학적' 지식으로 간주할 수 있는지 파악하도록 도와주는 한편, 과학적이지 않은 다른 형태의 조사와 지식도 있다는 것을 용인한다. 그렇다고 후자가 더 열등한 것은 아니다.

비록 나는 더 이상 마르크스주의 신봉자가 아니었지만, 그 저변에 깔린 실재에 대한 장대한 관점에는 여전히 매력을 느끼고 있었다. 마치 나의 지성이 마르크스의 관점에 의해 넓어진 나머지 그 대안으로 찾는 더 작은 관점에는 반기를 드는 것만 같았다. 이보다 더 장대한 그 무엇이 필요했다.

아서 코스틀러는 마르크스주의에서 멀어진 후 그런 '큰 그림'이 있을 가능성을 포기한 듯 보였지만, 나는 여전히 대안이 될 만한 더 큰 실재관이 있을 가능성에 열려 있었다. 내가 찾고 싶었던 것은 어떤 세계상(世界像, 세계를 인지하는 일관된 방식으로 아인슈타인이 Weltbild라 부른 것), 즉 과학의 성공을 설명하는 동시에 과학의 한계도 인식하고 나로 하여금 삶의 객관적 측면과 주관적 측면을 함께 엮도록 도와주는 세계상이었다.

내가 메소디에서 보낸 마지막 몇 달은 고전철학 도서들을 읽는데 쓰기로 작정했었다. 아리스토텔레스의 『물리학』과 『형이상학』을 다 읽은 즈음에는 그 사상이 계속 나의 사유를 자극하게 될 진지한 자연 철학자를 마주쳤다는 것을 알았다. 플라톤은 그보다 덜 유능한 철학자로 보였지만 나의 상상력을 사로잡는 이미지들을 이용하는 재능은 갖고 있었다. 예컨대, 『공화국』에 나오는 동굴의 비유 같은 것이다. 여기서 플라톤은 독자들에게 어떤 인간 집단, 평생 캄캄한 지하 동굴에 갇힌 채 어떤 불이 동굴 벽에 비추는 깜빡이는 그림자의 세계만 아는 그런 사람들을 상상하도록 권한다. 사실 플라톤은 일종의 '사고-실험'을 시행하고 있는데, 이는 아인슈타인이 말한 '한 줄기의 빛을 타는 이미지'와 매우 비슷하다.

플라톤의 이미지가 지닌 상상력은 너무나 큰 나머지 그의 본래 철학 의제를 초월해 현실을 보는 새로운 방식을 활짝 열어주었다. 이 죄수들은 다른 세계를 경험한 적이 없어서 이 그림자들만이 현실을 구성한다고 생각한다. 그러나 독자는 그 동굴 너머에 발견되길 기다리는 또 다른 세계가 있다는 것을 안다(그리고 알도록 되어 있다). 그 동굴이 현실을 규정짓지 않는다. 내가 이 단락을 읽을 때 내 속의 냉철한 이성주의자는 그 한 편의 도피주의적 미신에 생색을 내며 미소를 지었다. 사물은 당신이 보는 그대로 존재하고 그밖에는 말할 것이 없다. 그러나 내 속의 조용한 작은 목소리가 의심의 말을 속삭였다. 만일 이 세계가 단지 이야기의 '일부'일 뿐이라면 어떻게 될까? 만일 이 세계가 그림자 나라일 뿐이라면 어떻게 될까? 만일 이 세계 너머 더 멋진 그 무엇이 존재한다면 어떻게 될까? 그리고 만일 그 무엇이 존재한다면 우리가 어떻게 그것에 대해 알 수 있을까? 그리고 그 속에 들어갈 희망은?

플라톤의 비유는 사물에 관한 종교적 사고방식을 가리키고 있는 듯 보였지만, 나는 이것이 나와 무슨 상관이 있는지 알 수 없었다. 하늘이 어디에 있든지 간에 하나님은 하늘에 계셨다. 반면에 나는 공간과 시간 안에 존재했다. 만일 하나님이 내 세계로부터 멀리 떨어져 계시고 또한 이 세계로부터 완전히 분리되어 계시다면, 하나님을 믿는다는 것이 나에게 무슨 영향을 미칠 수 있을까? 모든 종교적 프로젝트가 다 무의미한 듯이 보였다. 어쨌든, 하나님에 대한 기독교의 관점(이는 난센스에 불과한 삼위일체 교리에 요약되어 있다)은 모든 면에서 어쩔 수 없이 비이성적이었고, 그래서 나처럼 사유하는 사람이 선택할 만한 것이 아니었다.

그런데 내 속 깊은 곳에는 이처럼 간단하게 신앙을 묵살하는 모습에 반기를 드는 무언가가 있는 듯했다. 혹시 내가 무언가를 놓쳤다면 어떻게 될까? 다른 이들은 내가 파악하지 못한 그 무엇을 본 적이 있지 않을까? 어쨌든, 나는 한때 마르크스의 사상에 당혹감을 느꼈다가 그들의 신념을 설명하고 그 중요성을 일깨워줄 수 있는 지성적인 마르크스주의자들을 찾는 것으로 그 문제를 다룬 적이 있었다. 하지만 나는 이와 같이 종교를 설명해줄 수 있는 종교적 신자와 대화를 나눈 적이 없었다. 아마도 그런 대화가 나를 어느 곳으로 데려갈지 우려했기 때문일 것이다. 이제는 내가 크리스천들보다 그들의 신념을 더 잘 아는 것처럼 오만하게 생각하기보다는 그들의 말을 경청하는 편이 지적인 정직성에 부합하는 듯이 보였다.

옥스퍼드에서 그런 대화 상대를 찾는 일은 전혀 어렵지 않았다. 내가 곧 알게 된 바는 옥스퍼드에는 자신의 기독교 신앙을 매우 진지하게 여기고 그 신앙을 그의 전공 과학과 지적으로 연결하는 매우 지성적인 과학도가 무척 많았다. 웨드햄만 해도, 자기 신앙에 대한 정교한 설명을 개발하고 종교적 신앙과 학문 분야를 함께 붙드는 방식을 이해한 물리학자들, 화학자들, 수학자들을 나는 알고 있었다. 일부는 둘 다 똑같이 소중하지만 양자를 그들의 지적 세계의 본질상 다르고 무관한 측면들로 생각했고, 다른 이들은 양자를 진리와 의미를 찾는 원칙적인 탐구의 통합된 요소들로 간주했다.

내가 그동안 기독교에 대해 크게 오해했었다는 사실이 너무나 명백해졌다. 나는 기독교란 것을, 크리스천들이 그의 탄생일을 크리스마스로 경축하는 예수 그리스도가 권유하고 명령한 다소 따분하지만 괜찮은 도덕률 정도로 간주했었다. 하지만 나의 크리스천 친구들은 다양한 방식으로 긴독교를 설명했다.

그들은 자기네 신앙을 인생의 의미와 목적을 발견하는 견지에서 말하곤 했다. 그들에 따르면, 신앙이란 우리와 무관한 하나님의 존재를 인정하는 것이 아니라 우리 세계의 저변에 존재하는 초월적인 실체, 우리가 '알고' 또 '신뢰할' 수 있는 그 실체를 발견하고 포용하는 것이라고 했다. 이런 대화를 많이 나눈 결과 내가 그동안 풍자된 기독교를 경솔하고 무모하게 배척했었다는 사실을 깨닫기 시작했다. 하지만 아직도 기독교가 믿을만한 종교일 수 있다는 결론까지 도달하진 않았다. 하지만 기독교가 내가 예전에 생각했던 그런 종교가 아니라는 결론에는 확실히 도달했다.

나는 특히 크리스천들이 예수 그리스도를 얼마나 중요한 존재로 생각하는지에 대한 내 친구들의 설명을 듣고 큰 도전을 받았다. 그때까지 나는 그리스도를 인류의 수많은 종교적 스승의 하나로 생각했던 데 비해, 그들은 그의 중요성에 대해 '성육신'의 견지에서 얘기했다. 이 단어는 내가 들어본 적은 있었으나 그 의미심장함은 전혀 모르고 있던 터였다. 이 기독교 용어가 예수 그리스도가 바로 하나님을 '구현하는' 인물이란 핵심적인 믿음을 표현한다는 점을 나는 비로소 이해하기 시작했다. 하나님이 우리와 함께 계시되, 단지 우리 편에 계시다는 의미에서 그럴 뿐 아니라 우리와 나란히 서서 우리의 이야기를 공유하며 우리와 함께 인생여정을 걸으신다는 의미에서 그러하다.

얼마 지나지 않아, 나는 성육신이란 기독교 특유의 개념이 모든 상황을 바꿔놓는 사건이란 사실을 알게 되었다. (적어도 기독교가 말하는) 하나님은 저 머나먼 안전한 곳에서 세상의 고통을 방관하는 그런 전제군주가 아니었다. 이 하나님은 그 모든 위험부담을 안고 이 세상에 들어오기로, 세상의 고통과 슬픔을 공유하기로, 인간의 형태로 인간 역사에 들어오기로 작정하셨다. 만일 하나님에 대한 이런 관점이 옳다면(이는 물론 앞으로 탐구할 문제이다), 이는 기독교의 하나님에 대한 나의 이해를 바꿔놓을 테고, 따라서 신앙을 갖지 못하게 막는 걸림돌을 제거해줄 것이었다.

이는 또한 내가 그리스도에 대해 생각했던 방식을 근본적으로 전환시킬 것이었다. 이제는 더 이상 그리스도를 단순한 종교적 스승으로 보지 않고 역사 속에서 하나님을 구현하는 인물로, 즉 하나님을 보게 하고 알게 하는 존재로 여기게 될 것이었다. 십대 시절에 나는 어떤 흥미나 열정을 품고 성경을 읽은 적이 없었으나 요한복음의 앞부분에 나오는 무언가가 어렴풋이 생각났다. 아마 메소디에 다닐 때 크리스마스 예배에서 들어본 듯한 것임을 이제야 내가 겨우 기억한다. '말씀이 육신이 되어 우리 가운데 거하시매'(요 1:14). 별안간 나는 이를 플라톤의 동굴과 연결시켰다. 바로 그리스도가 우리 동굴 속에 들어와서 우리 앞에 놓인 모든 장애물을 제거하고 그 너머에 있는 더 나은 세상으로 우리를 인도한 인물이었다.

그것은 깊은 깨달음을 얻는 순간이었다. 누군가가 불빛을 켜서 처음으로 나로 하여금 사물을 분명하게, 아니 밝게 볼 수 있게 해주는 그런 순간이었다. 다시금 새로운 사고방식과 생활방식의 문지방에 서 있는 듯한 느낌이 들었다. 마치 흐릿한 창문 또는 약간 초점이 안 맞는 렌즈를 통해 보는 것처럼 저 너머에 놓인 무언가를 흘끗 목격했던 것이다. 나의 상상력은 이 모습에 완전히 사로잡혀서 이제는 나의 이성이 파악하려고 애썼던 새로운 연관성과 상관관계를 볼 수 있었다. 나를 이성적으로 설득하는 것으로 충분하지 않았다. 그보다 더 강한 힘이 내 속에서 일하는 중이었고 내 지성과 내 마음을 함께 붙잡을 수 있는 듯한 그 무엇을 향해 손을 뻗치고 있었다.

내가 목격했던 것으로 충분했다. 나는 비록 해결되지 않은 의문들과 약간의 불안을 여전히 안고 있었지만 어딘가에 들어가서 거기에 속하고 싶었다. 예전에 내가 마르크스주의를 갖고 놀았던 것처럼, 이번에도 또 하나의 막다른 골목일 뿐일까? 아니면 내 인생의 결정적이고 영구적인 일부가 될 무언가의 시작이 될 것인가? 이를 알아내려면 단 한 가지 방법밖에 없었다. 나는 심호흡을 한 후 그 문지방을 넘어가서 그 너머에 놓인 낯선 새로운 세계를 탐구할 준비를 갖추었다.

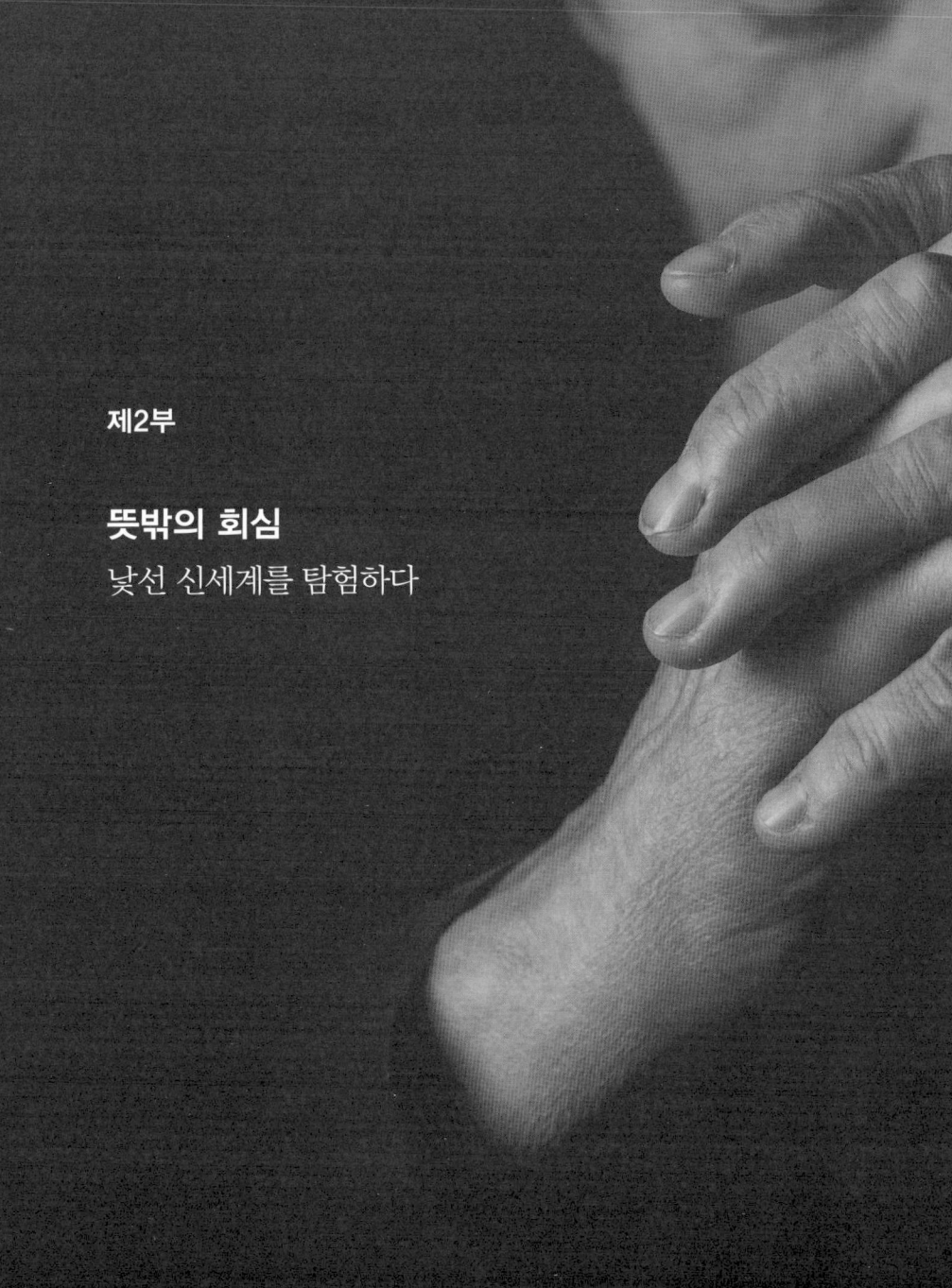

제2부

뜻밖의 회심
낯선 신세계를 탐험하다

7장

신앙의 섬에 상륙하다

나는 약간의 염려와 함께 이 새로운 미지의 세계를 탐색하는 여정을 시작했다. 기독교 신앙을 둘러싼, 도무지 침투할 수 없을 듯한 까다로운 용어의 칸막이(즉, 기독교의 신조들)를 어떻게 이해할 것인가? 따로따로 떨어진 듯한 개념들의 간결한 목록은 나의 상상력을 사로잡지 못했거나 나의 이해력을 비춰주지 못했다. 그것들은 말끔한 작은 나무상자들을 모아놓은 것 같았고, 아직 남아있던 나의 무신론적 편견들이 그것들을 죽은 과거의 관들에 비유하게 만들었다.

나는 옥스퍼드에서 첫 학기를 마친 후, 1971년 12월 초에 다운패트릭의 집으로 되돌아왔다. 리버풀에서 아일랜드 해를 통해 벨파스트로 건너오는 페리를 타고 바람이 휘몰아치는 갑판 위에서 길고도 추운 겨울밤을 보내면서 그동안 나에게 일어났던 일을 이해하려고 무척 애썼다. 옥스퍼드가 많은 사람을 변화시켰다는 얘기를 들었지만, 나도 그런 식으로 변화될 것 같다는, 아니 짧은 시간에 그렇게 될 것이란 생각은 들지 않았다. 나는 과학을 좋아했는데도, 나의 불안정한 과학적 실증주의가 근본적인 철학적 비판과 엄연한 경험적 사실 앞에서 무너지고 말았던 것이다.

나는 여전히 사회적 맥락이 관념의 형성에 영향을 미친다는 마르크스의 주장이 옳다고 생각했다. 그러나 더 이상 마르크스주의를 세계에 대한 결정적인 '큰 그림'으로 받아들이지는 않았다. 나는 '그 자체를 뛰어넘는 마르크스주의의 분에 넘치는 야망'[1]이 무척 거슬렸다. 그 이념은 부적절한 토대 위에 세워진 일종의 지적인 바벨탑이었고, 그 미래는 총체적인 붕괴 내지는 좀 더 현실적이고 제한된 그 무엇으로 축소되는 급진적인 변화밖에 없었다. 나에게는 기독교가 우리 세계에 대한 더 장대한 관점을 제공할 역량이 있는 듯 보였지만, 이는 아직 신중하게 추론된 결론이기보다는 하나의 직관이었을 뿐이다. 나는 새롭고 낯선 영역으로 발을 들여놓았고 그 영토를 탐색해야겠다는 강박감을 느꼈다.

물론 나는 기독교에 관해 조금은(내가 생각했던 것보다 훨씬 적긴 하지만) 알고 있었으나, 그 빈약한 지식조차 남을 통해 얻은 것이고 신빙성이 없다는 점을 이해하기 시작했다. 나는 마치 미국에서 출판된 『클로슈메를』(Clochemerle, 1934)이란 소설을 통해 프랑스에 관한 지식을 습득한 사람, 또는 일본 문화를 이해하려고 길버트와 설리반의 오페라 『미카도』(Mikado, 1885)에 의지한 사람과 같았다. 나는 누군가의 설명에 의존하지 말고 스스로 이 새로운 세계를 조사할 필요가 있었다.

어린 시절 나의 상상력을 사로잡은 책들 중에 하나는 발란틴(R. H. Ballantyne)의 『산호섬』(1858)으로 난파되어 사람이 살지 않는 남태평양섬에 표류된 십대 소년 세 명에 관한 이야기였다. '별이 총총한 하늘', '솔솔 바람 스치는 나무', '저 멀리 산호초에 부딪히는 파도 소리' 등 그 섬의 이색적 풍경을 묘사하는 대목을 나는 무척 좋아했다. 하지만 발란틴의 이야기가 지닌 가장 매혹적인 측면은 세 소년이 성장하는데 도움을 준 이 낯선 새 세계에 대한 탐험 이야기였다.

내가 어떻게 그런 연결점을 찾았는지 모르지만, 페리가 벨파스트로 향하던 날 아침 이른 시간에 맨섬을 지나가던 무렵 『산호섬』이 내가 현재 위치한 곳에 대해 성찰하도록 가상적인 틀을 준다는 것을 문득 알게 되었다. 나는 그동안 나의 합리주의를 '타이타닉'과 같이 침몰할 수 없는 난공불락의 배로 생각해왔다(이 배는 그 페리가 두어 시간이면 닿을 항구에서 가까운 곳에서 건조되었다).

이제 나는 뜻밖에 또 불편하게 난파를 당하는 바람에, 예전 나의 합리주의적 확실성의 파편들이 온통 바닷가에 흩어져 있었다. 그런데 나는 어디에 상륙했는가? 나는 여기서 살아남을 수 있을까? 이를 알아낼 수 있는 방법은 하나밖에 없었다. 신앙의 섬을 제대로 탐색해야 할 것이었다. 그리고 그 결론에 만족한 나는 배 속의 부서진 슬롯머신 옆에 있는 조용한 구석을 찾아 잠에 빠져들었다.

그 탐색 작업은 오래 전 젊은 시절에 아일랜드 해에서 캄캄한 밤에 상호연관성을 떠올리며 품었던 생각이었고, 거기서는 통찰이 이성적 해부를 뛰어넘었다. 그런데 그 작업을 실행하는데 40년이 걸렸고, 지금도 계속되고 있다.

발란틴의 『산호섬』은 세 소년이 그 '아름답고, 찬란하고, 푸른 태평양의 산호섬들'을 두고 떠나면서 '이상하게도 슬픔과 섞인 기쁨의 전율'을 느끼며 집으로 돌아오는 서정적인 이야기로 끝난다. 그 섬은 그들을 변화시켰으나, 그곳은 과거에나 지금이나 그들이 정말로 속한 장소가 아니었다. 나는 그 입양한 섬에 머물러 있으면서 그 풍부한 풍경과 숨겨진 보물을 발견하고 이미 거기에 정착했던 이들로부터 많은 것을 배웠다. 그리고 그 섬은 나의 집이 되었다.

나는 약간의 염려와 함께 이 새로운 미지의 세계를 탐색하는 여정을 시작했다. 기독교 신앙을 둘러싼, 도무지 침투할 수 없을 듯한 까다로운 용어의 칸막이(즉, 기독교의 신조들)를 어떻게 이해할 것인가? 따로따로 떨어진 듯한 개념들의 간결한 목록은 나의 상상력을 사로잡지 못했거나 나의 이해력을 비춰주지 못했다. 그것들은 말끔한 작은 나무상자들을 모아놓은 것 같았고, 아직 남아있던 나의 무신론적 편견들이 그것들을 죽은 과거의 관들에 비유하게 만들었다. 아니, 어떻게 그런 따분한 언어 형식(신앙 고백)이 내 크리스천 친구들에게 그토록 생기를 불어넣은 신앙의 찬란한 관점을 담고 있을 수 있을까? 나는 아일랜드 국교회의 공동기도서를 찾아서 사도신경 본문을 뚫어지게 바라보면서 그 철자들이 어떻게든 분해되어 무언가 해방감을 주고 숨을 불어넣고 생명을 주는 것으로 다시 배열되기를 바랐다. 하지만 그런 일은 벌어지지 않았다.

1972년 1월에 옥스퍼드로 되돌아온 나는 한 친구의 조언을 따라 마가복음서를 읽기로 결심했다. 나는 메소디에 입학하기 전에 이미 그리스어를 독학했다. 감리교 목사였던 종조부께서 나에게 주셨던, 1920년대까지 거슬러 올라가는 그리스 학교의 기본 교과서들을 따라 천천히 조직적으로 공부했던 것이다. 마가복음의 그리스어 본문을 읽어보니 처음에는 내가 친숙했던 아티카 그리스어에 비해 그 언어가 단순해서 놀랐다. 이후 그 이야기에서 그리스도가 말씀한 첫 마디를 놓고 시간을 보내는 나 자신을 발견했다. '때가 찼고 하나님의 나라가 가까이 왔으니 회개하고 복음을 믿으라'(막 1:15).

'회개하라'는 요구는 벨파스트에서 내가 목격했던 길거리 전도자들의 단조로운 게시판 때문에 친숙한 편이었지만, 그 어구에 대해 깊이 생각한 적이 없었다. 남이 이해할 수 없는 죄책감을 지닌 사람들을 잡아먹는 것으로 보곤 했었다. 그러나 여기에 '회개하라'로 번역된 그리스어 단어의 뜻을 곰곰이 생각하면서 그때까지 내가 포착하지 못했던 새로운 세계를 얼핏 보기 시작했다. 그리스어 용어 메타노이아(metanoia)는 '회개'로 자연스레 번역되기보다는 오히려 정신적 방향전환, 지적인 반전, 누군가 세계를 이해하고 바라보는 방식의 급진적 변화를 가리켰다.

특히 이 단어가 신약성경의 각 차원마다 되풀이되고 있음을 내가 알아챘을 때, 나의 상상력은 그 개념에 사로잡히고 말았다. '너희는 이 세대를 본받지 말고 오직 마음을 새롭게 함으로 변화를 받아'(롬 12:2).

기독교 복음은 다름 아니라 실재를 다시 상상하라는 초대, 보다 폭넓은 새로운 방식으로 생각하라는 초대, 상상력을 발휘해 새로운 형판을 채택하라는 초대, 세계의 진정한 모습을 보여주는 등 실재를 뚜렷이 보여줄 망원경을 통해 보라는 초대였다.

나는 이런 통찰을 발견하고 무척 흥분했다. 예전에 미국 소설가 헨리 밀러(Henry Miller)의 작품 몇 권을 읽었는데, 그가 인생을 묘사한 대목, 즉 인생은 혼란스럽고 파편화된 여행으로서 '우리의 목적지가 하나의 장소가 아니라 사물을 보는 새로운 방식'[2]이라는 대목을 좋아했다. 밀러는 이국적인 방랑자로서 제2차 세계대전 전날 밤에 그리스를 여행한 것을 횡설수설하되 연상적인 작품인 『마루시의 거상』(Colossus of Maroussi, 1941)에 자세히 묘사하면서, 이를 계기로 그는 '눈을 뜨게' 되었고 '그의 존재 전체가 넓어지게' 되었다고 한다. 인생 여정을 밟아가는 중요한 취지는 세계를 새로운 방식으로 보는 것이다.

신조들이 저기에 존재하는 것은 나의 눈을 열어주고 나의 안목을 넓혀주고, 또 나에게 무엇을 찾아야 할지 일러주어 나의 신앙을 탐구하도록 돕는데 있었다. 신조들은 스스로 이 계시를 담고 있는 게 아니라 그것을 중재했다. 마치 '무엇을 발견해야 하는지를 보라!'고 말하듯이 손가락질을 했다는 뜻이다.

나는 처음으로 내가 어떻게 신조들을 이해할 수 있는지(그리고 더 중요한 점은 사용할 수 있는지)를 알게 되었다. 신조들은 기독교 신앙을 탐구하라는 초대장이고, 내가 그 과정을 통해 무엇을 발견할 수 있을지에 대한 간략한 묘사이다. 신조들은 새로운 세계에 들어가는 일종의 관문이었다. 그것들은 무엇이 믿을만하고 또 깨달음을 주는 것으로 밝혀졌는지에 관한 증언, 조명과 지혜를 담은 유산이었다. 신조들은 탐구와 발견의 여정에서 마주치고 식별하게 될 지표들을 밝혀주는, 신앙의 풍경을 담은 언어 지도와 같았다. 신조들의 점검표는 우리로 이 새로운 풍경을 완전히, 하나도 빠짐없이 조사할 수 있게 해줄 것이었다.

하지만 나에게는 (어쩌면 더 중요한) 또 하나의 염려거리가 있었다. 나는 과학을, 그 절차와 결과를 모두 좋아했다. 그런데 나는 그동안 과학이 종교적 믿음과 양립할 수 없다고 주장하는 지적인 하부문화에 푹 젖어 있었다. 그래서 문화적인 편견과 조롱에 가로막혀 대안적인 사고방식을 보지 못했다. 내가 예전에 수용했던 무신론을 둘러싸고 있던 것은 틀림없는 확실성들로 가득 찬 보호망이었고, 그 가운데 하나는 과학과 신앙 간의 불가피하고 필연적인 전쟁이었다. 이 합리주의적 마법은 부분적으로 내가 종교적 신념을 가진 옥스퍼드 과학도들과 나눈 많은 대화에 의해 깨졌다. 이들은 이미 과학과 신앙을 조화시키는 유용한 방법을 발견한 학생들이기 때문이었다. 그러나 나는 그들이 제공한 대책에 완전히 만족하지는 못했다. 그 대책은 지적인 해결책이기보다 지적인 차선책으로 보였기 때문이다. 그보다 좀 더 엄밀성과 일관성을 갖춘 해결책을 나는 원했다.

몇 달이 지난 후, 나는 웨드햄칼리지 채플에서 찰스 쿨슨(Charles Coulson, 옥스퍼드 최초의 이론화학 정교수이자 웨드햄칼리지의 펠로우)의 설교를 듣다가 한 일관성 있는 답변의 시초를 발견했다. 쿨슨은 저명한 감리교 평신도 설교자이자 『과학과 기독교 신앙』(Science and Christian Belief, 1955)이란 책의 저자였다. 나는 이 책을 읽은 적이 없었다. 실은 쿨슨이 자연과학과 기독교 신앙의 근본적인 일관성에 관해 설교할 때 그런 책이 있는지조차 몰랐다. 그것은 마치 그 주일 저녁에 내 머릿속 구석구석에 불빛이 켜지는 것과 같았고, 이를 계기로 과학과 신앙의 관계를 새로운 방식으로 볼 수 있게 되었다.

쿨슨의 기본 논점은 과학과 종교적 신앙은 제각기 그 나름의 독특한 접근법을 반영하면서 우리 세계를 이해하는데 필요한 서로 다른 통찰들을 제공한다는 것이었다. 과학, 신앙, 그리고 시(詩)는 어느 단일한 접근에서 찾아낸 통찰로 국한되거나 축소될 수 없는, 복합적인 실재에 대한 독특한 관점들을 제각기 제공했다. 그것은 마치 (웨드햄 출신인 크리스토퍼 렌이 설계한) 성 바오로 성당과 같은 복합적인 건물을 묘사하려고 애쓰는 일과 같았다. 그 건물을 총체적으로 묘사하려면 여러 관점들을 모으고 통합할 필요가 있었다. 그 성당의 훌륭한 둥근 천장, 성단소, 지하실은 각각 그 자체로 감상할 수 있으나, 각각은 더 큰 무언가의 불가결한 일부였다. 어느 한 관점이 그 성당의 장엄함을 총체적으로 묘사하기에는 부적합했다.

나중에, 나는 쿨슨을 만나 그의 설교에 관해 얘기할 수 있었다. 우리가 예배당 전실에 있는 피아노 옆에 함께 앉아 있는 동안 나의 염려거리를 이야기했다. 쿨슨은 자기도 1930년대에 케임브리지에서 물리학과 수학을 공부하는 동안 비슷한 질문들을 갖고 있었다고 했다. 쿨슨은 특히 신앙의 합리성에 관해 얘기하면서, 그가 전자(電子)를 믿는 것은 직접 그것들을 관찰했기 때문이 아니라 그 존재를 전제하면 서로 무관한 듯한 많은 현상을 이해할 수 있기 때문이라고 설명했다.

쿨슨은 나의 새로운 신앙이 과학에 대한 사랑을 버리라고 요구하는 게 아니라 과학을 새로운 방식으로 보도록 요구한다는 것을 보여주었다. 따라서 나는 과학을 사랑할 만한 또 하나의 동기를 얻은 셈이었다. 굳이 내 신앙을 과학과 상충되는 것으로 볼 필요가 없었고 오히려 과학이 주요 부분을 차지하는(그러나 어디까지나 일부에 불과한) '큰 그림'의 세부항목을 메우는 것으로 보는 게 필요했다. 과학은 우주가 어떻게 돌아가는지를 이해하도록 우리를 돕는 면에서는 탁월한 능력을 갖고 있지만, 우주의 의미를 밝혀줄 수는 없었다. 그 시점 이후에는 과학과 신앙의 관계에 대한 나의 지적인 탐구 작업이 줄곧 이 단순한 초기 통찰에 바탕을 두게 되었다.

내가 쿨슨과 나눈 대화는 또 다른 면에서 중요했다. 그는 기독교가 인생에 대한 장대한 관점을 제공하는 것으로 본다는 점을 분명히 했다. 그의 도움을 받아 기독교가 과학자에게 주는 지적인 매력이 '신'을 이른바 설명상의 간격에 놓을 수 있다는 데 있지 않음을 나는 알 수 있었다. 오히려 기독교는 하나님이 주신 지성이 이해할 만한, 질서정연한 세계에 대한 더 큰 풍부하고 명료한 관점을 명확히 제공했다. 그뿐만 아니라, 과학이 도무지 대답할 수 없으면서도 제기한 질문들을 내가 다룰 수 있도록 더 큰 이야기를 제시하기도 했다. 즉시 나는 연결점을 찾았다. 기독교가 실재에 대한 '큰 그림'을 제공했다고.

쿨슨은 우리의 대화에서 이 논지를 발전시키진 않았지만, 이는 내가 양자 이론을 연구할 때 읽었던 1960년의 한 유명한 글과 잘 통했다. 이론 물리학자인 유진 위그너(Eugene Wigner)는 이 글에서 과학은 끊임없이 '궁극적 진리'를 찾고 있다고 지적하면서, '궁극적 진리'를 '자연의 다양한 측면들에 관해 형성된 작은 그림들을 일관되게 단일한 단위 속으로 융합시키는 한 그림'으로 정의했다.[3] '작은 그림들'을 통합시키는 '큰 그림'이란 개념이 나의 주목을 끌었다. 이는 숲과 강, 길과 마을 등의 스냅사진들을 다함께 묶어줄 수 있는, 어떤 풍경에 대한 파노라마식 관점과 비슷했다. 이 개별적인 구성요소들은 다함께 더 큰 통일된 관점 안에 속했던 것이다.

'궁극적 진리'에 대한 위그너의 접근은 문제점이 있었지만 나에게 매력적으로 다가왔다. 여기서 문제점이란 실재에 대한 총체적 설명을 발견했다는 주장을 수반하는 듯한 독단주의를 말한다. 나는 독단주의를 굉장히 싫어했고, 그래서 예전에 퀸즈대학교의 마르크주의자들에게서 주워들은 루이스 부뉴엘의 말을 무척 좋아했다.

'나는 진리를 찾고 있는 사람을 위해 내 목숨을 주겠다. 그러나 나는 자기가 진리를 발견했다고 생각하는 사람은 기꺼이 죽이겠다.'

만일 내가 이 진리를 찾았다고 생각한다면, 나는 편협하고 독단적인 인물이 되고 나의 성찰과 논의는 끝장나고 말 것일까? 이는 무익한 두려움이 아니었다. 전체주의적 세계관들(마르크스주의와 일부 기독교 근본주의와 같은)은 대안적인 세계관들을 볼 때 환영하며 관계를 맺을 대화의 상대로 보기보다는 저항하고 조롱할 적과 위협거리로 간주하는 충격적인 성향을 보였다. 내가 훗날 발견한 바에 따르면, 이는 리처드 도킨스와 크리스토퍼 히친스의 저술에 나타나는 독단적인 무신론에도 해당한다.

물론 배타주의와 승리주의가 지닌 위험을 무시할 수는 없지만, 실재에 대한 '큰 그림'이 반드시 지적인 제국주의가 될 필요는 없다. 기독교가 인생의 어떤 측면들에 대해서는 뚜렷한 설명을 제공하면서도 다른 측면들은 다른 조사방법을 통해 구체화되도록 충분한 여지를 남겨놓는 것을 나는 볼 수 있었다. 기독교가 인생의 의미에 관한 질문을 다루는 데는 좋을지 몰라도, 기독교는 나에게 태양까지의 평균 거리 또는 제1차 세계대전의 원인들에 대해 말해 줄 테니 그 말을 의지해도 좋다고 시사한 적은 없었다. '큰 그림'은 인간 사유의 주요 영역들을 그 나름의 틀 속에 위치시킬 수 있는 한편(적절한 곳에서는 통찰을 제공하면서), 그런 영역들을 자율적인 조사 영역들로 취급할 수도 있다. 그러나 나는 이 야심찬 프로젝트가 어떻게 전개될 수 있을지는 거의 모르는 상태였다. 앞으로 나갈 수 없었던 만큼 진퇴양난의 상태에 빠지고 말았다.

그러는 동안, 나는 크리스천 친구들에게 삼위일체 교리와 같은 신학적인 문제들에 관해 끝없는 질문들을 퍼부어 그들을 계속 괴롭혔다. 마침내 그들 중 한 명이 나의 끊임없는 탐사에 지친 나머지 나에게 좋은 답변을 찾으려면 C. S. 루이스의 글을 읽을 필요가 있다고 일러주었다.

나는 루이스가 사자(lions)와 관련이 있는 어떤 책을 썼다는 막연한 생각만 갖고 있었지, 그 이름에 대해서는 거의 모르고 있었다. 하지만 그것은 내가 존경하던 누군가가 제안한 건설적인 대책이었다.

1974년 2월 중순, 나는 웨드햄 근처에 있는 블랙웰 서점에 들어가서 어느 친척이 내 생일 선물로 몇 주 전에 보낸 도서 상품권으로 루이스의 책 한 권을 샀다. 이 단순한 발걸음이 어떤 결과를 낳을지는 전혀 알 수 없었다.

THROUGH A GLASS DARKLY

8장

여행의 동반자: C. S. 루이스

나의 무신론은 내가 구축했던 자기 위주의, 자기 지시적인 지적 세계의 한 요소일 뿐이었고, 이 세계는 신약성경의 가르침, 즉 자기 중심적인 옛 본성을 버리고 새로운 존재로 변화되고, 더 큰 실재들에 대해 살아있고 깨어있는 사람이 되라는 가르침(엡 4:22-24)에 의해 완전히 무너졌다. 그런 생각들이 나의 메소디 시절에 내 머리를 스치고 지나갔지만, 나는 그런 것들을 명료하게 표현하거나 더 넓은 맥락 속에 둘 수 있는 능력이 없었다. 마침내 루이스에게서 나는 그 시점까지 갈망했으나 찾지 못했던, 기독교에 대한 지성적이고 매력적인 설명을 찾았던 것이다.

지금 뒤돌아보면, 내가 왜 C. S. 루이스를 더 일찍 발견하지 못했는지 무척 의아하다. 어쨌든, 우리 둘 다 벨파스트에서 태어나서 십대 시절에 무신론에 매혹되었다가 옥스퍼드에서 기독교를 발견하지 않았는가! 루이스의 팬들과 비판자들 모두 그의 대표작으로 꼽은 책은 『순전한 기독교』(1952)와 『예기치 못한 기쁨』(1955)이었다. 내가 1974년 2월 그 운명의 날에 블랙웰 서점을 방문해서 이리저리 돌아보다가 책을 높이 쌓아놓은 지하의 노링턴실(거기에 루이스의 저술 칸이 있었다)에 내려갔을 때만 해도 루이스에 관해 아무것도 알지 못했다. 아무런 정보도 없이 무심코 그의 에세이 모음집인 『그들은 논문을 요구했다』(1962)를 집어 들었다. 나는 그 책을 큰 승리의 트로피인양 웨드햄으로 가져와서 웨드햄칼리지 도서관 내 나의 개인 공간에 제리 마치의 『고급 유기화학』과 나란히 비치했다.

『그들은 논문을 요구했다』란 책을 펴서 첫 번째 에세이를 읽어보니 루이스가 케임브리지대학교의 중세 및 르네상스 영문학 교수로 취임할 때 행한 강연이었다. 그 에세이는 시사하는 바가 많고 대단히 잘 쓴 글이었으나 기독교에 관해서는 거의 다루지 않고 내가 씨름하던 신학적 문제도 거론하지 않았다. 나는 실망해서 그 책을 제쳐놓고 마치의 책에 메모하는 일로 되돌아갔다.

며칠 후, 나는 시간의 여유가 있어서 『그들은 논문을 요구했다』로 되돌아왔다. 그때 햄릿과 '내 집단'과 같은 주제에 관한 루이스의 성찰에 시간을 쓰지 않고 그런 것을 건너뛰기로 결심하고 곧바로 '신학은 시(詩)인가?'라는 흥미로운 제목이 붙은 아홉 번째 에세이로 이동했다. 나는 한동안 진도를 더 나가지 못했다. 특히 그 에세이의 마지막 두 페이지에 정신없이 메모를 잔뜩 적은 후, 나는 비로소 여행 동반자를 찾았다는 것을 알았다. 그는 나의 추론방식과 잘 통하는 사람이지만 개념적 이해력은 나를 훨씬 능가했고, 그 문체는 내가 도무지 필적할 수 없는 우아함과 정교함을 보여주는 그런 인물이었다.

나는 그 놀라운 에세이의 마지막 문장에 밑줄을 두 번이나 쳤다.

'나는 해가 떴다는 것을 믿듯이 기독교를 믿는다. 그것을 눈으로 보기 때문만이 아니라 그것에 의해 다른 모든 것을 보기 때문이다.'[1]

그것은 눈이 열리는 순간, 깨달음을 얻는 순간이었다. 내가 단지 얼핏 보았던 것을 다른 누군가가 명백하게 보고 그것을 잊을 수 없는 간결한 글로 표현한 것이다. 나는 더 이상 혼자가 아니었다. 나의 탐구 여행에 함께하는 여행 동반자를 발견한 것이었다.

그러면 나는 그 에세이에서 무엇을 찾았고 그것이 왜 그토록 중요했던가? 지금 돌이켜보면 내가 문제로 인식했던 것은, 나의 친구 과학도들 대다수가 과학과 신앙을 연관 짓기 위해 '어떻게든 그것들을 함께 결합하자'는 모델을 이용했다는 점이었다. 이에 대해 내가 반대할 만한 이유는 없었으나, 나는 과학과 신앙이 서로 모순되지 않는다고 믿을 만한 단순한 이유들보다는 양자의 상관관계에 대한 적극적 기반을 제공해줄 좀 더 심오한 어떤 것을 찾고 있었다. 루이스는 나에게 기독교 신앙에 대한 '큰 그림'식 설명을 제공했고, 이는 개별 과학들의 특수한 이슈들에 대해서는 모호했지만 그 신앙을 세계에 대한 통일된 정신적 지도 내에 의미 있고, 또 개연성 있게 잘 배치했다. 기독교 신학의 지적인 포용력은 상당히 커서 과학, 예술, 도덕, 그리고 그 밖의 종교적 시스템들을 모두 '수용'할 수 있었다.

만일 루이스가 옳다면, 우리 존재의 다수의 실들이 단 하나의 바늘귀를 통과하고, 우리로 하여금 그 상호연관성을 파악하며 그것들을 의미 있고 풍성한 대화로 이끌 수 있게 해준다. 어떤 이들은 삶이란 것을 따로 분리된 존재 및 성찰의 영역들(과학, 윤리, 종교, 예술 등)을 누덕누덕 기워놓은 누비이불로 보았지만, 루이스는 모든 영역이 다함께 엮어져서 좀 더 복합적인 천이 되었고 이는 각각의 독특한 정체성을 존중하고 유지하되 그것들이 실재에 대한 더 큰 관점의 일부가 되는 것을 보여준다고 주장했다. 이는 문화적 권위와 지적인 지상권에 대한 제국주의적 주장(이는 내가 이미 내버렸던 마르크스주의 이데올로기의 불쾌한 측면들 중 하나이다)을 대변하는 게 아니고, 오히려 복잡하되 궁극적으로 통일된 세계 안에서 의미 있게 살 수 있는 가능성을 확신시켜주는 도구였다.

과학과 신앙이 실재에 대한 서로 다른 관점들을 제공한다는 찰스 쿨슨의 통찰은 루이스의 더 큰 구조 속에 잘 들어맞은 한편, 이 틀 내에서 자연과학의 정확한 위치에 관해 더욱 구체적으로 밝혀주었다. 쿨슨은 나에게 어떤 식으로든 나의 정신을 여러 구획으로 나눠놓고 살 수는 없다고 했는데, 그의 말이 옳았다. 말하자면, 밀폐된 한 영역은 과학에 할애하고, 빈틈없는 다른 한 구획은 나의 기독교 신앙에 할애하는 식으로 나눠놓고 살 수는 없다는 뜻이었다. 과학과 신앙을 서로에게서 떼어놓고 싶은 유혹이 있었지만, 이는 결국 내가 조만간 직면할 정당한 도전을 회피하는 것에 해당한다는 생각이 들었다. 지적인 정직성은 나에게 이런 요구를 했다. 과학에 대한 나의 사랑과 나의 신앙이 상호작용을 할 수 있는 길을, 그리고 이것이 당연히 제기하는 지적인 질문들을 직면할 수 있는 길을 찾으라고. 이것을 가능케 하는데 필요한 틀을 루이스가 나에게 제공했다.

'신학은 시(詩)인가?'라는 에세이 한 편이 기독교에 대한 나의 이해를 바꿔놓았다. 예전에는 기독교를 본질상 따로 분리된 개념들을 느슨하게 묶어놓은 집합체(당시에는 신조를 이렇게 이해했다)로 생각했다가 이제는 여러 실들을 다함께 엮어서 하나의 패턴을 드러내는, 실재에 대한 일관된 관점으로 생각하게 된 것이다. 우리의 경험이 때로는 아무리 파편화된 것처럼 보일지 몰라도, 루이스는 사물들이 상호연결된 것으로 보이게 하는 '큰 그림'이 존재한다고 주장한다. 이 주제는 신약성경에 명확히 표현되어 있다. 만물이 그리스도 안에서 '다함께 묶여있다'고 또는 '다함께 엮여있다'고 말하는 구절(골 1:7)이 그것이다. 하지만 기독교는 추상적이고 비인격적인 패턴의 종교가 아니라 이 패턴을 한 인격을 통해 드러내는 종교이며, 우리의 역사를 이해하는 일과 그 역사 속에 나타난 변혁적이고 계몽적인 순간('말씀이 육신이 되어 우리 가운데 거하신' 순간: 요 1:14) 사이에 확고한 개념적 연결고리를 제공해준다.

그 에세이 모음집의 마지막 네 편의 글에는 내가 발견할 만한 것이 더 있었다. 사실 루이스는 최상급 포도주를 마지막이 될 때까지 남겨 놓았다.[2] 그의 에세이 '끈질긴 믿음'(Obstinacy in Belief)은 내가 왜 십대 시절에 무신론에 그토록 매력을 느꼈는지를 이해하도록 도와주었다. '감춰진 바람(wish)의 교리'에 관한 루이스의 논의는 내가 하나님에 대한 믿음에 저항했던 부분적인 이유가 '하나님이 존재하지 않기를 바라는 보편적인 압력' 때문이었음을 보도록 도움을 주었다.

루이스에 따르면, 무신론이란 것은 '우리가 억압하고 있는 가장 강력한 바람의 하나를 감탄스럽게 만족시키는 것'으로 간주해야 한다. 이는 바로 완전한 자율성을 향한 욕망, 그리고 우리에게만 걸맞은 것을 추구할 자유를 향한 욕망을 말한다.[3] 루이스가 말하듯이, 나는 과연 과거에 나의 욕망들 때문에 무신론으로 끌렸었고, 그래서 그런 욕망들을 합리화하려고 '나중에 이런저런 논증'을 만들었던가?

만일 루이스가 옳다면, 예전에 자유사상가가 되고 싶었던 나의 욕망은 나 자신보다 높은 어떤 권위라도 얄팍하게 또 무비판적으로 거부하는 성향과 뒤얽혀 있었던 것이다. 이런 열망은 윌리엄 에른스트 헨리의 시 '인빅터스'(Invictus, 1875)에 잘 표현되어 있다.

> 나는 내 운명의 주인이고,
>
>   나는 내 영혼의 선장이다.

나의 무신론은 내가 구축했던 자기 위주의, 자기 지시적인 지적 세계의 한 요소일 뿐이었고, 이 세계는 신약성경의 가르침, 즉 자기 중심적인 옛 본성을 버리고 새로운 존재로 변화되고, 더 큰 실재들에 대해 살아있고 깨어있는 사람이 되라는 가르침(엡 4:22-24)에 의해 완전히 무너졌다. 그런 생각들이 나의 메소디 시절에 내 머리를 스치고 지나갔지만, 나는 그런 것들을 명료하게 표현하거나 더 넓은 맥락 속에 둘 수 있는 능력이 없었다.

마침내 루이스에게서 나는 그 시점까지 갈망했으나 찾지 못했던, 기독교에 대한 지성적이고 매력적인 설명을 찾았던 것이다. 그런데 기독교에 대해 루이스가 정립한 명료하고 포괄적인 관점은 내가 마주친

적이 없던 사상의 깊은 전통에 푹 빠져서 형성된 것이고 또 그 전통에 기반을 두고 있었다. 만일 내가 장차 과학과 신앙의 접경지대에 거주하며 그곳을 학문적으로 탐험하는데 필요한 지적인 도구들을 갖고 싶다면, 내가 기독교 신학을 상세히 공부해야 할 것이라고 루이스는 그의 주장의 내용과 질(質)을 통해 나를 설득했다. 이를 실행할 수 있는 유일한 방법은 옥스퍼드에서 신학 학위를 받는 것뿐이었다. 그래야 이 분야의 대표적인 권위자들에게 직접 배울 수 있을 것이기 때문이었다. 하지만 나는 이런 모습을 마음속에 그릴 수 없었다. 당시에 나에게 없을뿐더러 감히 바랄 수도 없는 시간과 기금이 필요하기 때문이었다. 그런데도 루이스는 도무지 성취될 희망이 없는 듯한 끈질긴 열망을 내 속에 심어주었다.

나는 신학 공부를 꿈꾸는 동안에도 여전히 화학을 공부하는 중이었고, 현실 세계에서 정리할 일들이 있었다. 제레미 놀스는 1974년 힐러리 학기의 마지막 주에 나를 불러서 화학 학위의 네 번째 해와 마지막 해에 무엇을 할 것인지 의논하자고 했다. 당시에 옥스퍼드의 화학 과정은 두 부분으로 구성되어 있었다. 삼년 간 강의를 듣고 끝날 무렵에 종합시험을 치른 후 옥스퍼드 실험실에서 일 년 동안 연구 작업을 마치면서 짧은 논문을 작성하는 것이었다. 나는 이미 이 문제에 대해 어느 정도 생각하며 잠정적으로 여러 대안들을 숙고했었다. 나는 여전히 양자 이론에 큰 매력을 느끼고 한때 하이젠베르크의 '불확정성

이론'을 연구할 생각까지 했으나, 갈수록 더 복잡한 생물학적 시스템에 관심을 품고 그 화학적 측면들 중에 일부를 연구하고 싶었다.

옥스퍼드는 당시만 해도 스페인산 백포도주를 마시는 전통이 있었고, 놀스는 우리의 논의를 자극하려고 꽤 큰 유리잔에 포도주를 부었다. 그는 나에게 화학의 어떤 측면에 가장 흥미를 느끼는지 묻기 시작했다. 나는 생물학적 시스템의 화학작용에 대한 관심이 점점 더 커지고 있다고 말하면서, 특히 최근에 개발된 생물학적 세포막의 유동 플로이드 모델에 흥미를 느낀다고 했다. 나는 그런 생물학적 구조의 연구에 화학적 관점을 도입할 수 있는 방법을 알 수 있었다. 이것이 과연 제2부 프로젝트가 될 수 있을까?

놀스는 몇 분 동안 두 손을 맞대고 천장을 쳐다본 후, 나에게 조지 라다(George Radda)라는 교수, 즉 헝가리가 1956년 소련의 침략을 받은 후 고국을 떠났던 헝가리인 생화학자를 만난 적이 있는지 물었다. 라다는 영국에 와서 영어를 독학하고 옥스퍼드에서 화학을 공부했다. 라다와 놀스는 1960년대 초에 리처드 노만 경의 옥스퍼드 실험실에서 함께 박사과정 연구를 했던 동료들이었다. 라다는 현재 생화학과에서 큰 연구 그룹을 지도하며 최근에는 생물학적 시스템(특히 생물학적 세포막)을 조사할 때 물리화학적 방법을 사용하는데 점점 더 흥미를 느끼고 있었다. 놀스가 보기에 그것은 더할 나위 없는 안성맞춤이었다. 우리는 나의 제2부 연구를 위해 즉시 라다의 실험실에 지원하는 게 좋겠다는 데 합의했다. 그리고 내가 나중에 박사과정 연구를 할 수 있도록 1974년 여름에 1등급 우등 학위를 받아야 한다는 데도 동의했다.

이 문제를 해결한 후, 놀스는 나에게 화학 과정에 대해 어떻게 생각하는지 물었다. 그 과정이 나의 기대에 부응했는가? 그 시점에서 나는 E1cB 제거 반응 메커니즘에 관한 최근 연구 문헌을 많이 읽었던 만큼 유기화학(놀스의 전문 분야)이 특히 흥미롭다고 대답할 수 있었다. 이 반응 메커니즘의 세부사항은 여기서 논의할 필요가 없으니 제쳐놓겠다. 나는 그 연구 문헌에서 알아챈 이상(異狀)을 이해하는 방법을 알 수 있을 것 같다고 말했다. 놀스는 귀를 쫑긋 세우더니, "무척 흥미롭군. 그걸 글로 써보게!"라고 응답했다.

그리고 이후, 나는 학문적 방향을 바꾸는 미묘한 주제를 끄집어냈다. 나는 거의 변증적인 말투로 신학에 관심을 갖게 되었고(이 과목은 웨드햄에 없다), 이를 자세히 공부하기 위해 화학을 포기할 생각을 품고 있다고 설명했다. 먼저 내가 화학을 얼마나 좋아하는지를 강조한 다음, 이를 더 넓은 맥락 안에 두고 싶은 마음이 생기기 시작했다고 말했다. 놀스는 과거에 이와 같은 길을 갔던 사람들을 알고 있다고 했는데, 그의 어조는 그런 이들이 탈선한 것으로 여기는 듯이 들렸다. 내가 이 문제를 제대로 깊이 생각했던가? 나는 세세하게 숙고하지는 않았다고 시인했다. 그건 하나의 가능성일 뿐이었고, 그래서 내가 그의 조언을 부탁하고 있었던 것이다.

놀스는 얼굴을 찡그리며 잠시 침묵한 뒤에, 나에게 "내 속에 있는 지적인 불을 지펴야 한다"고 일러주며 그 자신도 남모르는 모차르트에 대한 열정을 비롯해 학제(學際, 여러 학문 분야가 관련된)적인 관심이 있다고 말했다. 그리고는 그 자신이 근본적이고 정당한 염려거리로 생각하는 바를 표현했다. 즉, 내가 두 가지 일을 하려고 하면 둘 다 엉성하게 하게 될 것이라고 했다. 그리스 시인 아르킬로코스의 고슴도치와 여우의 비유('여우는 많은 것을 알고 있지만 고슴도치는 한 가지 큰 것을 알고 있다'-역자주)를 자유롭게 이용해서 놀스는 그 자신을 고슴도치로 본다고 설명했다. 말하자면, 지적인 풍경의 작은 영역에 대한 깊은 지식을 탐구한 사람이란 뜻이었다. 그의 염려는 내가 여우가 되어 지적 영토의 넓은 영역을 섭렵하지만 상당히 피상적으로 그럴 수 있다는 것이었다.

놀스에 따르면, 내가 과학과 신학 간의 대화에 참여하는 진지한 인물이란 평판(이를 나의 목표로 생각했다)을 얻으려면 두 분야 모두 깊이 알아야 했다. 이는 내가 먼저 자연과학 분야에서 박사학위를 받고, 둘째로 이 분야에서 어느 정도 연구성과를 거두어야 한다는 뜻이었다.

내가 정말로 신학 연구에 뛰어들기 원한다면, 그 두 가지 목표를 달성할 때까지 과학 분야에 몸담고 있기를 바란다고 했다. 그리고 신학 분야에서도 그와 똑같은 일을 할 필요가 있을 것이라고 그는 생각했다. 그리고 놀스는 나에게 그해 여름 최종 시험에서 얼마나 좋은 성적이 나오는지를 분명히 확인할 때까지 그런 파격적인 결정을 연기하도록 요구했다.

그 대화는 무척 유익했고, 나는 그 결과에 만족했다. 나는 놀스의 제안대로 라다에게 편지를 보냈고 그의 응답을 기다렸다. 그동안 웨드햄칼리지는 학부생을 대상으로 에세이 대회를 발표하면서, 칼리지 에세이 상(賞)을 걸고 어떤 분야를 막론하고 독창적인 연구결과를 제출하도록 격려했다. 소정의 상금을 세 명까지 준다는 것이었다.

나는 그 발표문을 흥미롭게 읽었다. 이를 위해 E1cB 제거 반응 메커니즘에 관한 내 생각을 글로 쓰면 되지 않을까? 설사 수포로 돌아가더라도 내 생각을 분명히 정리하는데 도움이 되리라. 나는 곧바로 논문을 써서 제출한 후 그만 잊어버렸다.

5월 마지막 주에, 나는 웨드햄의 수위실에서 내 앞으로 온 편지 두 통을 받았다. 하나는 스튜어트 햄프셔가 나의 에세이 당선을 축하하며 소정의 상금을 받게 되었다고 알려주는 편지였다. 다른 하나는 조지 라다가 나에게 9월에 생화학과의 그의 연구 그룹에 합류하는 것을 환영한다는 편지였다. 나는 하루의 남은 시간 동안 시험을 대비해 복습하러 도서관에 돌아가기 전에 학생 휴게실에서 자축용 차 한 잔을 마실 자격이 있다고 느꼈다.

그 직후, 하이 스트리트에 있는 시험치는 장소에서 최종 시험이 며칠에 걸쳐 시행되었다. 나는 옥스퍼드 대학생의 예복(sub fusc, 시험을 볼 때 입는 공식 복장)을 입고 이백 명이 넘는 화학과 동료 학생들과 함께 웨드햄에서 시험치는 곳까지 걸어갔는데, 그 예복 덕분에 정신을 바짝 차리고 시험에 임했고 또 시험 스트레스에도 잘 대처할 수 있었다. 그 최종 시험과 관련해 기억나는 바는 오후 시험이 끝나고 웨드햄으로 돌아갈 때, 천둥을 동반한 폭풍우가 엄청나게 쏟아졌다는 것이다.

그리하여 나는 여름 방학을 맞이해 다운패트릭으로 되돌아갔다. 앞으로 생화학과에서 조지 라다와 함께 일할 것을 대비해, 내가 집에서 할 일은 전혀 없었다. 나는 최종 시험을 얼마나 잘 치렀는지 알기 위해 기다려야 했고, 나의 성적이 박사과정에 들어가서 라다와 함께 일할 허락을 받을 수 있을 만큼 잘 나오기만을 바랐다. 이 시간은 내가 소정의 상금으로 구입한 C. S. 루이스의 책들을 아무런 거리낌이 없이 메모를 해가며 읽을 수 있는 시간이었다.

끝으로, 7월 중순에 놀스가 보낸 편지가 도착했다. 나는 그의 손 글씨를 알아봤기에, 그 편지가 나의 시험 결과에 관한 소식과 어쩌면 나의 가능성에 대한 그의 평가를 알리는 편지임에 틀림없었다. 놀스는 간략하게 요점만 적었다. 나의 시험 결과는 일등급의 중간에 해당했다. 그래서 나의 제2부 논문이 적어도 필기시험 성적만큼 좋아야 한다는 것을 확실히 할 필요가 있었다. 만일 그렇게 된다면, 나는 1975년 여름에 1등급 우등 학위를 받게 될 것이었다. 그는 나의 장래가 잘 되길 바란다고 했다(그는 그 단어 뒤에 감탄 부호를 괄호 속에 표기했다).

놀스의 편지를 받고 나는 안도감을 느꼈지만, 동시에 약간 슬프기도

했다. 놀스가 그 다음 달에 옥스퍼드를 떠나 하버드대학교 화학과 정교수로 부임할 것이기 때문이었다. 그는 나에게 일종의 멘토였고, 나는 그의 조언 중 일부를 내 마음에 두었는데, 그 무엇보다도 깊이 공부할 필요가 있다고 역설한 점이었다. 그 편지의 마지막 문장에 놀스가 다시 만나길 희망한다고 쓴 것이 나에게 위안을 주었다. 나는 가족과 함께 8월을 지내고 내 인생의 다음 단계를 시작하기 위해 발걸음을 옥스퍼드로 향했다.

9장

첫 번째 산: 과학

이제 나의 연구는 방향이 전환되었다. 나는 내 작업의 모든 느슨한 끝을 자극상태 양성자이동을 중심으로 단단히 묶고, 그것을 제2부 논문으로 작성했다. 크리스 모르간과 나는 우리가 어떻게 광이화합체화에 관한 연구를 발전시키고 확장시킬 수 있을지에 대한 세부적인 연구계획을 짜기 시작했다. 당시에, 나는 새로운 연구 프로젝트들을 개발하느라 너무 바빠서 그해 여름에는 집에서 단 두 주 밖에 보내지 못했다. 내가 집에 머물던 7월 중순에, 제레미 놀스의 후임자로서 웨드햄의 유기화학 튜터로 부임한 존 브라운이 보낸 편지가 도착했는데, 내용인즉 내가 화학 분야에서 1등급 우등 학위를 받았다는 소식이었다.

1974년 9월말 초가을 분위기가 완연한 어느 멋진 날, 아침 일찍 나는 조지 라다(George Radda)를 처음 만나기 위해 옥스퍼드대학교의 생화학과로 발길을 옮겼다. 당시에 한창 잘 나가던 분주한 생화학과는 인접한 건물 두 채에 자리잡고 있었다. 하나는 1920년대로 거슬러 올라가는 2층짜리 루돌프 피터스 빌딩이었고, 다른 하나는 1964년에 건립된 8층짜리 대규모 건물인 한스 크렙스 빌딩이었다(이는 당시에 옥스퍼드에서 가장 높은, 그리고 가장 꼴사나운 빌딩이었다). 친절한 접수 담당자가 나를 피터스 빌딩 일층에 있는 라다의 교수실로 안내했다. 라다는 책상 위에 잔뜩 쌓인 연구 논문들, 타이프로 친 문서들, 과학 저널들 등 잘 정리된 혼돈의 장면 한복판에 앉은 온화하고 밝은 인물이었다. 나는 금방 그를 좋아했다.

그는 나를 환영한 후, 최근 저널에 실린 자극상태 양성자이동 현상(phenomenon of excited state proton transfer)에 관한 글의 복사본을 집어들었다. 기본 아이디어는, 어떤 분자들(안트라센의 파생물과 같은)이 자외선의 자극을 받으면 그 산도 특성을 바꾼다는 것이라고 그가 설명했다. 이런 변화들은 형광분석법을 이용해 연구할 수 있고, 중요한 생물학적 과정들을 탐구하는데 사용될 수 있는 화학적 탐침을 개발할 잠재성을 지니고 있다고 했다[형광은 어떤 분자들이 고주파 자외선을 흡수하고 그것을 저주파에서 재방출하는 (보통 파란색으로 나타나는) 현상이다].

라다는 자기가 또 다른 연구 프로젝트를 위해 획득한 정교한 테크놀로지를 이용해 내가 이 접근을 확장하기를 원했고, 이는 그런 분자들의 변화된 특성을 나노초(10억분의 1초)로 측정되는 매우 짧은 시간에 걸쳐 연구하게 해줄 것이었다. 일단 내가 그 논문을 읽고 소화한 뒤에 그날 오후 늦게 다시 그에게 오라고 했다.

웨드햄칼리지는 실험실에서 도보로 불과 5분 거리에 있었다. 나는 중앙휴게실에서 안락의자를 찾아 커피 한 컵을 들고 그 논문을 읽으며 메모를 하려고 자리를 잡았다. 한 시간쯤 흐른 후, 라다가 나에게 훌륭한 프로젝트를 주었다는 것을 알 수 있었다. 그것은 그 자체로 연구할 만하고 감당할 만한 프로젝트이되 일정한 조사노선이 잘 작동하면 확장시킬 수도 있는 것이었다. 내가 할 일은 내가 사용하게 될 테크놀로지에 익숙해지고, 몇 가지 실험을 고안하고, 결과 해석에 필요한 몇 가지 수학 모델을 개발하는 것이 전부였다.

그날 오후, 나는 라다를 다시 만나러 가서 놀랄 만큼 흥미로운 프로젝트로 보이는 것을 고안해줘서 고맙다고 인사했다. 그는 밝게 미소를 지었다.

"나는 네가 그걸 좋아할 줄 알았어!"

라다는 피터스 빌딩에 있는 그의 교수실 옆 실험실에서 일하는 사람들을 나에게 소개한 다음, 내가 주로 일할 크렙스 빌딩 3층에 있는 실험실로 나를 데려갔다. 방은 작은데 중앙에 큰 실험용 벤치가 놓여 있었다. 그 벤치의 절반이 나에게 할당되었고, 나머지 절반은 그 주 후반에 도착하게 될 또 다른 제2부 화학도가 차지할 예정이었다.

라다는 전자 기구가 가득한 방의 반쪽은 그의 포스트 박사과정 학생들 중 한 명이 일할 장소라고 설명했다. 라다와 나는 그의 교수실로 돌아갔고, 그는 연구생 중 한 명을 불러 이튿날 아침 내가 연구생활을 시작하도록 도와주라고 부탁했다. 나는 기구 예약의 절차, 화학물질 주문, 유일한 실험실 컴퓨터(1킬로바이트 메모리를 갖춘 디지털 이큅먼트 회사의 PDP-11) 프로그램 짜기 등을 배울 필요가 있었다.

나는 곧 규칙적인 일과에 적응해서 아침 9시 경에 실험실에 도착해 저녁 약속이 있는 날은 오후 6시까지, 없는 날은 오후 10시까지 일했다. 첫 학기에는 주말에 일하지 않고, 토요일에는 친구들과 어울리고 일요일에는 교회에 가곤 했다. 나는 주일 저녁에는 웨드햄칼리지 채플에 참석하고 주일 아침에는 보통 도심지에 있는 큰 교회(세인트 에브 교회 또는 세인트 알데이트 교회)에 다녔다. 그들의 설교는 대체로 실제적이고 신앙적이라서 내가 탐구하고픈 지적인 이슈들을 다룬 적이 거의 없었다. 나는 이따금 푸시 하우스에 참석하기 시작했는데, 그곳의 설교는 훨씬 더 지성적이고 종종 내가 더욱 탐구하길 바라는 주제들을 거론하곤 했기 때문이었다.

라다는 그의 연구 그룹의 훌륭한 지도교수이자 매우 유능한 리더였다. 그는 다수의 기술(핵자기공명과 전자스핀공명 같은)을 가진 연구생 그룹의 조성이 중요하다는 것을 알았고, 그 그룹 내에서 이런 풍부한 기술 기반을 활용하는 일에 새로운 주도권을 쥐도록 격려했다. 라다는 그룹 내에서 집단적 정체성과 연대성을 증진하기 위해 많은 노력을 기울였다. 우리는 아침마다 모여서 커피를 마셨고, 매주 한 번씩 그룹이 떠맡은 작업의 진도를 보고하고 세미나를 열곤 했으며, 이따금 오후 늦게 성공사례를 축하하는 시간을 가졌다. 이를테면, 연구 기금이나 상을 받은 것, 새로운 교수직을 얻은 것, 또는 박사과정을 완수한 것 등이었다. 실험실의 한쪽 벽의 꼭대기 책장에는 빈 샴페인 병들이 즐비하게 놓였는데, 각 병에는 그룹에게 그 공적을 상기시키는 간략한 글귀가 붙어있었다. 라다의 그룹은 매우 성공적이었고, 그런 사례들을 기념하는 많은 병이 그런 실적을 입증하고 있었다.

내 연구가 놀랍도록 잘 진행된 것은 주로 자극상태 양성자이동의 중요성을 기민하게 인식했던 라다의 통찰력 덕분이었다. 1974년 미켈마스 학기가 끝날 무렵, 나는 이미 이론적으로 의미심장한 것으로 입증된 실험 결과의 탄탄한 기반을 갖게 되었다. 나는 생물학적 시스템과의 확실한 연계성을 입증하기 위해 좀 더 노력할 필요가 있었으나 그렇게 하는 방법은 알 수 있었다. 이제 나는 앞으로 두 학기에 걸쳐 나에게 주어질 수많은 시간에 무엇을 해야 할지 생각하기 시작했다.

먼저 나는 내가 도착한지 몇 주 후 어느 날 오후 늦게 포스트 박사과정을 하고 있는 크리스 모르간을 만났는데, 당시에 그는 실험실에 들어와서 담배를 피우며 실험용 접시(petri dish)를 재떨이로 사용하고 있었다. 나는 돌아서 벤치의 그쪽에 가서 나 자신을 소개하고 내가 작업하는 프로젝트에 관해 약간 얘기했다. 그는 내 프로젝트를 좋아했고 그 자신이 작업하는 형광분석기 개발에 관해 말해주었는데, 이는 생체막 속 형광탐침에서 방출되는 편광의 실시간 분석을 가능케 해준다고 했다. 편광의 범위는 곧 형광 분자가 가진 순환의 자유를 측정하는 것이고, 따라서 다양한 조건 아래서 세포막의 유동성을 결정하는 도구를 제공했다. 그런데 그 접근에 여러 문제가 있었고, 모르간은 이런 형광탐침들이 어떻게 좀 더 정교한 방식으로 이용될 수 있는지를 연구하고 있었다. 이는 내 연구 분야와 중첩되는 부분이 있어서 우리는 자연스럽게 의견과 정보를 교환했다.

1974년 12월 말에, 모르간과 나는 어떤 아이디어를 떠올리게 되었다. 이에 대해 가능한 한 간단하게 설명해보겠다. 모르간이 그의 실험을 위해 사용하던 형광탐침은 안트라센의 파생물에 기반을 두고 있었다.[1] 화학도인 나는 안드라센이 고강도 자외선 광에 노출되면 신기한 반응을 보인다는 것을 알았다. 말하자면, 안드라센의 두 분자들이 합쳐져서 단일한 분자, 곧 디안드라센으로 알려진 '이합체'를 형성한다는 뜻이다. 그런즉 모르간의 형광탐침은 과연 이와 동일한 반응을 보일까? 만일 그렇다면, 우리는 생체막 속의 유동성을 측정하기 위해 이 '광이화합체화' 과정의 속도를 이용할 수 있을까?

우리는 곧바로 작업에 착수하여 모르간의 형광탐침에 사용된 안드라센의 파생물이 고강도 자외선 광에 노출될 때, 정말로 이합체화 반응을 보인다는 사실을 금방 발견했다. 거기서 나온 이합체는 형광체가 아니었으므로, 우리가 탐침의 방출된 빛의 줄어드는 강도를 그 이합체화 반응의 범위를 측정하는데 이용할 수 있었다.

크리스마스 방학이 끝난 후 1975년 1월 초에, 우리는 다양한 용제 안에서 탐침의 이합체화 반응의 속도를 탐지했고, 이것과 용제의 점성과의 직접적인 상관관계를 도출할 수 있었다. 이후 우리가 이 형광탐침을 생체막의 여러 모델에 주입시킨 결과 똑같은 광이화합체화 과정이 그 맥락에서도 발생한다는 사실을 발견했다. 끝으로, 우리는 라다의 연구 그룹의 다른 멤버들로부터 살아있는 생체막을 빌려서 실험한 결과 그와 똑같은 패턴을 관찰하게 되었다. 우리는 우리가 생체막의 유동성을 측정하는 새로운 방법, 다른 접근들의 결과와도 상관성이 있는 방법을 갖게 되었음을 깨달았다. 하지만 이는 또한 이런 탐침들이 조사 대상인 시스템 전체에 획일적으로 분포되어 있기보다는 덩어리로 존재하는 것 같다는 사실도 밝혀냈다. 이는 이런 탐침들에 기초한 이전의 결과들을 해석하는데도 중요한 함의가 있었다.

1월 말경에, 우리는 라다에게 가서 이 새로운 접근이 왜 그런 잠재력을 갖고 있는지 설명했다. 라다가 우리 실험실로 올라왔고 우리는 생체막에서 생기는 효과를 실시간 입증하는 등 실험 과정을 모두 그에게 얘기했다. 라다는 우리에게 대표적인 저널(Biochimica et Biophysica Acta)에 싣도록 상세한 글을 써보라고 했다. 저널 측은 지질점성도 계산공식과 관련된 약간의 수정만 거쳐 저널에 발표하기로 했다. 나는 이제 대학생 시절에 연구 논문을 중요한 저널에 발표하게 된 보기 드문 입장에 처한 셈이었다.[2]

2월 중순에, 라다가 내 실험실에 들어오더니 자극상태 양성자이동에 관한 제2부 연구작업이 어느 정도 진척되었는지 설명해달라고 했다. 나는 그때까지 이룬 것을 설명하면서, 그 프로젝트는 거의 완수되었다고 말했다. 그리고 라다에게 제2부 논문에다 광이합체화에 관한 새로운 연구를 어떻게 포함시킬지에 대해 물어보았다. 후자는 전자에 잘 들어맞지 않은 것처럼 보였고, 그래서 시험관들이 그 논문이 개념적으로 일관성이 없다고 생각할까봐 염려했기 때문이었다.

그러나 라다는 내가 당시의 상황을 잘 파악하지 못했다고 지적했다. 자극상태 양성자이동에 관한 내 작업은, 그 이전의 나의 양호한 성적을 감안하면, 이미 그해 여름 화학 분야에서 1등급 우등 학위를 받기에 충분했다. 광이합체화에 관한 연구는 제2부 논문에 포함되지 않을 것이고, 오히려 나의 박사 논문의 기반이 될 것이었다(옥스퍼드는 당시에나 지금이나 우리에게 보다 익숙한 약자 'PhD'보다 'DPhil'을 사용한다). 사실 나는 뜻밖에도 정상적인 시기보다 8개월 먼저 박사학위를 위한 연구를 시작했던 셈이다.

이후 라다는 리너커칼리지(옥스퍼드의 소수의 대학원 칼리지 중 하나)가 생물학, 의학, 화학 분야의 연구를 위해 특별 장학생(E.P. Abraham Cephalosporin Studentship)을 모집한다고 광고했다며, 그 장학금이 적어도 2년, 아마도 3년 동안 박사과정의 모든 학비와 생활비를 충당할 것이라고 했다. 내가 이 장학생에 지원할 것인가? 마감은 3월 1일이었다. 나는 즉시 지원서를 보내면서 (라다의 제안대로) 광이화합체화에 관한 최근 연구를 첨부시켰다. 그리고 5월 중순에 리너커칼리지에 면접을 보러 오라는 통보를 받았고, 그 직후 그 칼리지의 학장인 렌포드 밤브로우가 내가 장학생으로 선발되었다는 소식을 알려주었다. 단 내가 1등급 또는 2등급 우등 학위를 받는다는 조건이었다. 곧 우리 실험실의 책장에는 또 하나의 기념품이 더해졌다.

이제 나의 연구는 방향이 전환되었다. 나는 내 작업의 모든 느슨한 끝을 자극상태 양성자이동을 중심으로 단단히 묶고, 그것을 제2부 논문으로 작성했다. 크리스 모르간과 나는 우리가 어떻게 광이화합체화에 관한 연구를 발전시키고 확장시킬 수 있을지에 대한 세부적인 연구계획을 짜기 시작했다. 당시에, 나는 새로운 연구 프로젝트들을 개발하느라 너무 바빠서 그해 여름에는 집에서 단 두 주 밖에 보내지 못했다. 내가 집에 머물던 7월 중순에, 제레미 놀스의 후임자로서 웨드햄의 유기화학 튜터로 부임한 존 브라운이 보낸 편지가 도착했는데, 내용인즉 내가 화학 분야에서 1등급 우등 학위를 받았다는 소식이었다. 이어서 스튜어트 햄프셔로부터 나를 축하하며 앞으로 잘 되길 바란다는 손 글씨 편지를 받았다.

그리하여 1975년 9월, 나는 웨드햄을 떠나 리너커칼리지의 대학원생이 되었다. 그 칼리지는 세인트 알데이트 거리에 있는 옥스퍼드 소방서 옆에 자리 잡고 있었다. 나는 마스턴에 있던 학생 방에서 생화학과로부터 걸어갈 수 있는 원보로우의 숙소로 옮겼다. 당시에는 실험실에서 연구하느라 너무 바빠서 칼리지 행사에 참여할 시간을 낼 수 없었다. 크리스와 나는 신틸레이션의 응축상 현상을 생물학적 시스템에 적용하는 것을 포함해 중요한 프로젝트들을 더욱 개발하는 일에 서로 협력했고, (우리가 알기로는) 양전자 방출을 생체막에 최초로 적용하는 작업도 수행했다.

1975년 미킬마스 학기에는 연구의 짐이 너무 무거워서 신학 독서에 할애할 시간이 거의 없었다. 나는 때를 기다렸다. 그리고 이제는 C. S. 루이스의 대표작인 『순전한 기독교』와 『예기치 못한 기쁨』까지 진도를 나간 만큼 그로부터 많은 유익을 얻었고, 장차 나의 신앙을 더욱 정밀하게 탐구할 날을 바라보며 기꺼이 기다릴 수 있었다. 리너커칼리지에는 채플도 없고 교목도 없었기 때문에 나는 계속 웨드햄칼리지 채플에 참석했고, 예전에 잉글랜드의 리즈에서 교구목사로 일했던 새로운 교목인 팀 고린지와 친구관계를 맺게 되었다. 고린지는 스위스 신학자 칼 바르트에 관심이 많았으며 나의 소중한 대화 상대가 되었고, 당시만 해도 비록 먼 훗날의 가능성이었겠지만 내가 신학 공부를 갈망하게 만들어준 인물이었다. 나에게 바르트의 문체는 C. S. 루이스보다 덜 매력적으로 다가왔으나 신학의 본질과 과업에 대한 그의 설명은 지적인 매력을 풍기는 듯했다.

1975년 12월 첫째 주에 라다가 '학보'를 들고 다시 우리 실험실로 들어오더니 자기가 굵은 펜으로 동그라미를 친 '임명'란을 열었다. 머튼칼리지는 주제를 막론하고 연구를 뒷받침할 상급 장학금 셋을 내놓고 있었고, 크라이스트처치도 주제와 상관없이 상급 장학금 하나를 제공하겠다고 했다. 이것들은 명성이 자자한 매우 실속 있는 장학금이라고 라다가 일러주었다. 경쟁이 매우 심하겠지만, 나도 하나를 받을 만한 위치에 있으니 나에게 둘 다 지원해보라고 격려했다.

마감일이 1월 중순이었기에 준비할 시간이 넉넉했다. 장학금의 자세한 항목을 읽어보니 둘 다 모든 학비와 기숙사 비용을 제공할뿐더러 주빈석에서 몇 차례 식사할 수 있는 기회까지 준다는 것이었다. 어려운 결정이 아니었다. 나는 지원했고 둘 다 선발 후보자 명단에 올랐다.

첫 번째 면접은 2월 25일 수요일 1264년에 설립된 머튼칼리지에서 있었다. 그 칼리지는 방문한 적이 없어서 일부러 일찍 도착해 신경을 안정시키고 또 그 분위기를 파악하기로 했다. 나는 아름다운 정원을 둘러보고, 크라이스트처치의 넓은 목초지 너머 남쪽으로 향하는 전망에 감탄하고, 중세 채플도 살펴보았다. 내 마음 속 무언가가 이곳이 나에게 딱 맞는 장소라고 말하는 것 같았다. 하지만 머튼칼리지는 나의 견해와 다를 수 있다는 것을 알았다.

면접은 오후 4시 40분에 교수 휴게실에서 열렸던 것으로 기억한다. 나는 아홉 달 전에 리너커 장학생 선발 면접에서 그랬던 것처럼 이번에도 작은 패널이 있을 것으로 예상했었다. 그런데 그 방은 교수들로 가득 차 있었다. 그들은 나를 마구 공격하고 날카로운 통찰력으로 나의 연구에 대해 정밀조사를 벌였는데, 내가 1970년 12월에 윌리엄스 교수와 면접했을 때가 생각났다. 그들은 나를 갈기갈기 찢어놓은 후 면접에 와서 고맙다고 인사한 다음 나중에 연락하겠다고 말했다. 나는 칼리지를 떠나면서 내가 다시 그곳을 볼 수 있을지 모르겠다는 생각이 들었다. 그곳은 역사와 학문의 전통이 깊은 멋진 장소로 보였다. 나는 이에 대해 지나치게 생각하지 않으려고 애쓰면서 데이비드 윌슨과 저녁식사를 하러 갔다. 데이비드는 당시에 가까운 하웰 마을에 있는 원자력연구소에서 일하고 있었다. 그는 위험한 방사성 폐기물 처리에 관한 그의 일에 관해 얘기해줘서 나를 현실로 돌아오게 해주었다.

나의 크라이스트처치 면접은 2월 28일 토요일 오후 3시 15분에 그 칼리지의 교수 휴게실 식당에서 열리게 되어 있었다. 나는 머튼 면접을 통해 무언가를 배웠다고 생각했기 때문에 이 두 번째 면접은 이전보다 잘 준비되어 있다고 확신했다. 그러나 이 면접은 물 건너 가버렸다.

2월 26일 목요일 오후 늦은 시간에, 내가 생화학과 행정실을 지나가고 있을 때, 한 직원이 나를 보더니 달려와서 머튼칼리지가 긴급한 일로 나와 통화하길 원한다고 알려주었다. 나는 행정실로 들어가서 전화를 받았다. 내가 누구와 통화했는지는 기억나지 않지만 그 통화 내용은 결코 잊지 못할 것이다. 만일 머튼칼리지가 나에게 상급 장학금을 준다면 그것을 받을 것인가? 나는 심호흡을 한 후 그러겠다고 말했다. 그리고 이튿날 공식적인 편지를 받게 될 것이라고 했다.

나는 무척 노심초사하는 바람에 하루가 너무나 길게 느껴졌다. 점심 직후에 마침내 나에게 상급 장학금을 준다면서 내가 그것을 수락한다는 답장을 즉시 보내달라는 공식 편지를 받았다. 나는 머튼에 장학금 수락 편지를 보냈고, 이후 크라이스트처치의 학장 헨리 초드윅에게 사과의 편지를 썼는데, 내용인즉 내가 그에 비견되는 다른 장학금을 받게 되어 토요일에 예정된 면접을 취소하겠다는 해명이었다. 두 편지를 작성한 후 나는 서로 가까운 거리에 있는 두 칼리지에 걸어가서 직접 편지를 전달했다.

라다는 이 소식을 듣고 무척 기뻐했고 약간 안도하기도 했다. 그는 그 세 개의 상급 장학금에 지원한 학생이 삼백 명이 넘었지만, 자기는 내가 받을지도 모르겠다는 생각이 들었다고 했다. 그는 대학 시절을 머튼에서 보냈고 나중에 그 칼리지의 펠로우가 되었던 고로 그 학교가 나의 훌륭한 연구 기반이 될 것으로 확신하고 있었다. 그는 또한 제레미 놀스가 1950년대에 머튼의 선임 학자였다고 내가 몰랐던 사실도 이야기해 주었다. 나는 라다가 놀스와 계속 연락하고 있다는 것을 알았고, 한 주 후 놀스가 하버드에서 내게 보낸 축하 편지를 받고 가슴이 뭉클했다. 거기에는 '너무 많이 출판하지 말라!'는 충고 한 마디도 들어 있었다.

며칠 후 또 하나의 성공사례가 있었는데, 하이델베르크에 있는 유럽분자생물학회가 나에게 그해 여름 네덜란드의 위트레흐트대학교에서 연구할 수 있는 장학금을 수여한다는 통보였다. 이는 라다가 나를 추천한 장학금이었고, 그 목적은 내가 위트레흐트의 대표적인 생물리학 연구 그룹에서 동료들과 함께 시간을 보내며 당시에 내가 탐구하던 일부 문제들에 대한 그들의 접근에서 무언가를 배우게 하려는 것이었다. 그리하여 우리 실험실의 책장에는 기념품들이 계속 늘어나게 되었다.

그래서 나는 1976년 덥고 건조한 긴 여름을 위트레흐트에서 지내면서 세포 생물리학에 대한 새로운 접근을 배운 후, 옥스퍼드의 머튼으로 되돌아왔다. 머튼은 나에게 홀리웰 스트리트에 있는 큰 서재와 침실과 부엌이 딸린 방들을 제공했다. 대학생 시절에는 그런 근사한 숙소가 있는지조차 몰랐다. 내 숙소는 생화학과에서 도보로 5분 거리에 있어서 저녁 늦게까지 일하기 좋았다. 하지만 머튼의 상급 장학금이 즉시 내 마음의 소원을 이루게 해줄지 전혀 예상하지 못했다. 마음의 소원이란 신학을 제대로 공부하는 것이었다.

THROUGH A GLASS DARKLY

10장

두 번째 산: 신학

내가 신학을 공부해보니 즐거운 배움이긴 했지만 무척 버겁고 힘겨운 공부임을 알게 되었다. 그 어려움은 매주 개별 지도를 받기 위해 에세이 두 편(보통 2,500단어)을 써야 하는 것이 아니었다. 나는 이미 과학 연구를 통해 다른 사람들의 주장을 요약하고 그들의 내적 일관성과 근거를 평가하는 일은 잘할 수 있었다. 나에게 부족했던 것은 그 분야에 대한 전반적인 개관이었다. 즉, 신학 풍경의 개략적인 지도가 있어야 사상가들과 사상들의 위치를 파악하고 또 모든 것이 어떻게 들어맞는지를 알 수 있는데, 이것이 내게 부족했다는 말이다.

나는 머튼에서 금방 자리를 잡았다. 나와 두 명의 새로운 선임 학자가 마이클 던닐 박사의 친절한 지도를 받았다. 이 교수의 역할은 우리가 머튼에서 연구생활을 최대한 즐기고 또 보람 있게 보내게 하는 것이었다.

새 학기가 시작될 무렵, 그는 나와 함께 점심을 먹으면서 머튼 상급 장학금이 이제 주로 박사학위용 연구를 위해 수여되지만, 본래의 의도는 학생들이 또 하나의 학사 학위를 밟도록 지원하는 것이라고 설명했다. 달리 말해, 이미 (예컨대) 고전학 학사 학위를 받은 사람이 수학 분야의 학사 학위도 밟을 수 있도록 밀어준다는 뜻이었다.

이 말을 듣고, 신학 공부의 관문이 열릴 수도 있겠다는 생각이 즉시 떠올랐다. 나는 내 방에 가서 던닐에게 보내는 편지를 신중하게 쓰면서, 우리가 상급 장학금을 이용해 조지 라다 아래서 박사학위용 연구를 계속하는 동시에 또 하나의 학사 학위를 위해 신학을 공부할 수 있는지 물어보았다. 나는 화학 학위의 제2부 과정에서 박사학위용 연구가 상당히 진전된 단계에 있다는 사실을 조심스레 설명했다. 만일 칼리지가 동의한다면, 나는 머튼에서 첫 해에 분자 생물학 박사과정을 완수하는 한편, 그와 동시에 옥스퍼드 신학 대학(Final Honour School of Theology)에서 공부를 시작한 후 두 번째와 마지막 해에는 신학 공부에만 전념할 수 있을 것이라고 했다. 옥스퍼드는 '상급' 학생들(달리 말해, 이미 첫 번째 학사 학위를 받은 이들)이 두 번째 학위를 3년이 아닌 2년에 마칠 수 있도록 해주는 정책이 있었다.

던닐은 10월 중순에 이 문제를 상세히 의논하자고 나를 불러 나의 제안에 온갖 반론을 다 제기했다. 나는 그 모든 반론을 다 받아넘길 수 있었다.

"이 문제는 칼리지의 이사회까지 올라가야 할 거야"라고 그가 말했다. 이사회란 정책과 관련된 중요한 이슈들에 대해 의사결정을 내리는 칼리지 펠로우들의 주간 회의를 말한다.

"싸움이 벌어지겠지만 나는 너를 지원하마."

한 주가 흐른 후, 그가 다시 나를 불렀다. 나의 제안이 11월 3일 수요일에 이사회에서 논의될 것이라고 했다. 그는 그 전망에 대해 이전보다 훨씬 더 낙관하는 듯했다.

"너는 조지 라다에게 얘기할 필요가 있을 거야. 만일 그가 너를 지지한다면, 이 사안은 통과될 것 같아."

나는 라다의 일정에 맞춰 그를 만나 내가 무엇을 하고 싶은지 설명하면서, 그동안 그와 함께 일하는 것을 얼마나 즐겼는지를 강조했고,

내 연구의 빠른 진보는 대체로 그의 덕분이었음을 분명히 밝혔다. 라다는 무슨 일이 닥칠지를 알고 있는 것 같았다. 라다와 제레미 놀스는 오랜 친구였고, 그래서 놀스가 그에게 신학에 대한 내 관심을 얘기했을지도 모른다는 생각이 들었다. 라다는 그의 입장을 명확히 밝혔다. 먼저 내가 연구를 완수하고 반드시 박사학위를 받아야 한다는 것이었다. 그때까지의 진전을 기초로 삼아, 나는 학년말까지 양호한 박사 논문을 쓰는데 필요한 충분한 재료를 갖게 될 것이다. 만일 내가 그때까지 연구를 끝내고 그 다음 학년이 시작되기 전에 논문을 제출할 것을 확실히 약속한다면, 그가 기쁘게 나를 지지할 것이라고 했다. 그것이 바로 나의 계획이었기에 나로서는 쉬운 약속이었다.

이제 나는 노심초사하며 이사회의 결과를 기다려야 했다. 던닐은 11월 4일 목요일에 나에게 편지를 보내, 그의 동료들이 내가 1978년 트리니티 학기에 있을 종합시험을 치르기 위해 신학 대학에 입학하는 것과 머튼이 나의 신학 공부에 필요한 학비를 제공하는 것에 동의했다고 알려주었다. 나중에 그 이사회 모임에 대해 좀 더 자세히 얘기하면서, 단 한 명만 나의 제안에 반대를 표명했고 다른 모든 사람은 내 편을 들었다고 알려주었다. 당시는 미켈마스 학기(영국의 가을 학기)가 거의 절반이 지난 시점이었지만, 머튼의 선임 튜터는 나에게 당장 신학 개별지도(tutorial)를 받기 시작해야 한다고 말했다. 머튼은 대학생에게 신학 공부를 허락하지 않았기 때문에, 나는 트리니티칼리지의 교목

10장 두 번째 산: 신학 139

트레버 윌리엄스의 수업 일정에 의존하게 될 것이었다.

이틀 후, 나는 트리니티에 가서 윌리엄스를 만났다. 그는 나의 제안을 듣고 흥미로워했고, 이미 첫해 나의 신학공부를 위해 여러 튜터들을 접촉해서 줄을 세워놓은 상황이었다. 나는 가을 학기의 남은 주간들 동안 여덟 번의 개별지도를 계획할 수 있었는데, 이는 매주 두 번의 개별지도를 기꺼이 받고 방학까지 계속한다는 생각으로 짠 것이었다. 이후 그 다음 네 학기 동안에 매주 두세 번의 개별지도를 받은 다음, 1978년 트리니티 학기에 있을 종합시험을 치르기 위해 복습을 시작하게 될 것이었다. 필수과목인 신약성경 번역 리포트를 쓰려면 그리스어가 필요했기에 윌리엄스가 나에게 그리스어를 읽을 수 있는지 물었다. 내가 이미 신약성경을 그리스어로 읽고 있다고 말하자, 그는 안심하는 빛이 역력했다.

그리하여 나는 무척 버거운 새로운 생활방식을 시작하게 되었다. 낮에는 실험실에서 열심히 일하는 한편, 저녁 시간과 주말을 이용해 머튼의 내 방에서 개별지도에 필요한 신학 에세이를 쓰곤 했다. 그리고 때때로 재량껏 실험실에서 빠져나와 신학 지도를 받는 것은 그리 어려운 일이 아니었다. 윌리엄스는 내가 옥스퍼드의 떠오르는 별들과 함께 최고의 학자들에게 가르침을 받을 수 있도록 주선해주었다. 로버트 모간(신약), 존 바튼(구약), 폴 피데스(조직신학), 그리고 앤드류 라우스(초기 기독교 사상) 등이었다.

옥스퍼드의 개별지도 시스템은 19세기에 정립되기 시작한 것으로 여태껏 고안된 가장 훌륭한 수업 도구 중 하나이다. 나는 배우는 과목마다 여덟 개의 에세이 제목과 더불어 필독 도서와 선택용 도서의 목록을 받는다. 그것을 다 읽은 후에 해당 주제에 관한 나의 견해를 종합하고, 내가 읽은 저자들에 비추어 나의 결론을 제시하고 또 변호하게 된다. 나의 튜터는 내가 나의 리포트를 읽은 것을 들은 후 나머지 시간 동안 그 주제에 관해 토론하며 내가 미처 이해하지 못한 것을 알려주고 오해한 것을 바로잡아준다. 이런 집중적인 상호작용이 없었다면 나는 그 재료나 사상을 도무지 섭렵할 수 없었을 것이다. 내가 예전에 미처 몰랐던 것을 이해하기 시작하고 이전에 보지 못했던 연관성을 보게 된 것은 참으로 순전한 지적 기쁨이었다.

신학 공부에 대한 염려는 불과 몇 주 만에 사라져버렸다. 로버트 모간과 함께 신약성경을 공부한 첫 여덟 번의 수업은 순전한 기쁨 그 자체였다. 이 개별 지도는 1976년 가을 학기 중간쯤 웰링턴 스퀘어에 있는 모간의 교수실에서 시작되어, 크리스마스 방학 기간에는 그의 집에서 점심까지 먹으면서 계속되었고, 나중에는 위담 숲을 함께 산책하며 루돌프 불트만의 접근의 장점을 논의하는 즐거운 시간이었다.

내가 신학을 공부해보니 즐거운 배움이긴 했지만 무척 버겁고 힘겨운 공부임을 알게 되었다. 그 어려움은 매주 개별 지도를 받기 위해 에세이 두 편(보통 2,500단어)을 써야 하는 것이 아니었다. 나는 이미 과학 연구를 통해 다른 사람들의 주장을 요약하고 그들의 내적 일관성과 근거를 평가하는 일은 잘할 수 있었다. 나에게 부족했던 것은 그 분야에 대한 전반적인 개관이었다. 즉, 신학 풍경의 개략적인 지도가 있어야 사상가들과 사상들의 위치를 파악하고 또 모든 것이 어떻게 들어맞는지를 알 수 있는데, 이것이 내게 부족했다는 말이다.

내가 화학 분야에서 친숙했던 뛰어난 입문서들에 비견될 만한 그런 좋은 교재들이 신학에는 없는 것 같아서 욕구불만을 느꼈다. 마치의 『고급 유기화학』에 상당하는 신학 서적은 무엇인가? 또는 커튼과 윌긴슨의 『고급 무기화학』에 상당하는 신학 교재는? 화학이 그토록 만족스러운 과목이었던 이유 중 하나는 노련한 전문가들이 쓴 훌륭한 입문서들 때문이었다. 나는 그와 같은 신학 책들을 찾을 수 없어서 모든 것을 혼자서 배워야만 했다. 어느 날, 나는 나처럼 그 분야에 대한 사전 지식이 없는 이들을 위해 그런 입문서들을 꼭 써야겠다고 다짐했다.

다른 어려움들도 있었다. 신학은 아무도 명확히 표현할 수 없는 듯 보이는 일련의 규칙에 의해 작동하는 것처럼 보였다. 무엇이 '신학적 방법'을 구성하는지에 대한 합의가 없었다.

나는 과학적 추론에 대한 증거 중심적 접근에 익숙해 있었다. 이는 해결할 문제를 파악하고, 문제를 해결할지 모르는 실험을 개발하고,

이 실험들의 결과를 해석하는 일을 포함한다. 이 접근은 역사적인 질문에도 타당하게 잘 적용될 수 있다. 예컨대, '히포의 아우구스티누스가 말한 원죄의 뜻은 무엇이었는가?'와 같은 질문이다. 나는 다양한 학자들이 어떻게 생각했는지를 정리한 후 이를 1차 자료에 대비시켜 검토할 수 있었다. 하지만 이 접근이 순전히 관념적인 질문(예컨대, '하나님은 고통을 느끼시는가?')에는 잘 통하지 않았다. 이런 유형의 질문에 관한 답변을 평가하는 기준에 대해서는 신학자마다 의견이 달랐다.

나는 이런 난점과 씨름하면서 이것을 맥락에 비추어 보기 시작했다. 연구 도구들은 그것들이 조사하는 주제에 맞춰지게 된다는 개념에 나는 이미 친숙해져 있었다. 베르너 하이젠베르크는 내가 옥스퍼드 시절 첫 해에 상세히 공부했던 대표적인 양자 이론가로서, 우리는 우리의 연구 방법을 통해 실재를 보는 대로 실재를 안다고 주장했던 인물이다. 신학은 철학, 역사, 원문 등 복수의 연구 도구들을 사용하는 듯했다. 그런즉 신학자들 사이에 이런 도구들을 어떻게 사용할지에 대해, 또는 이런 도구들에 어떤 우선순위를 둬야 할지에 대해 의견이 다르다고 해서 내가 놀랄 필요가 있을까? 이제야 나는 개별 신학자들이 이런 방법들을 어떻게 다함께 엮어내는 것이 최선일지에 대해 그 나름대로 정리하는 등 그들의 주제에 대해 제각기 독특한 접근법을 고안했다는 사실을 보기 시작했다. 이제부터 수동적으로 다른 사람의 접근을 지지하기보다는 내 나름대로 신학을 연구하는 최선의 방법을 능동적으로 찾아내겠다고 나는 결심했다.

  1976년부터 1977년 학년도 내내 나는 이중생활을 영위했다. 한편으로, 그해 말까지 박사 논문을 마쳐서 조지 라다에게 한 약속을 지키기 위해 생화학과에서 연구 작업을 계속했고, 다른 한편으로는 신학 분야에서 개별 지도를 받기 위해 매주 두 편의 에세이를 썼던 것이다.

  크리스 모르간과 나는 그해 동안 두 편의 논문을 더 썼다. 하나는 독창적인 연구의 단편을 발표하는 것이었고, 다른 하나는 우리 연구에 비추어 생체막을 어떻게 이해할 것인가 하는 핵심 이슈들에 대한 성찰을 담은 것이었다.[1] 나는 15분 정도의 '자투리 시간'을 효과적으로 이용하는 법을 터득했다. 그래야 두 분야를 동시에 공부하는데서 오는 지극히 빡빡한 일정을 최대한 선용할 수 있었기 때문이다.

  머튼은 1977-78 학년도를 위해 나에게 칼리지 앞마당에 자리 잡은 새로운 방들을 제공했다. 이사는 하루밖에 안 걸렸지만, 이사하다가 오래된 타이프기가 망가져서 새로운 것으로 교체해야 하는 바람에 논문 작업에 차질이 생겼다. 그해 여름, 나는 박사 논문을 완성할 수 있었고 라다의 허락을 받아 시험용으로 제출할 수 있게 되었다. 그래서 10월 초에 논문을 제출함으로써 연구 과학자의 단계가 막을 내렸다. 드디어 12월에, 나는 박사학위 구두시험을 위해 정복을 차려 입었고, 어떤 수정사항도 없이 그 시험을 무사히 통과했다. 조지 라다가 나에게 축하 편지를 보내며 앞으로 잘되길 기원한다고 했다.

그 무렵, 나는 머튼에서 지내는 시기가 끝나면 무엇을 할지 곰곰이 생각해봤다. 많은 친구들과 동료들은 나에게 영국 국교회에서 안수받을 가능성을 살펴보고 또 장래 사역에서 학문과 목회를 통합하는 방법을 찾아보라고 권유했다. 반면에 일부는 그렇게 하지 말라고 경고하며, 영국 국교회가 신학적 이슈들과 그 폭넓은 의미에 대한 진지한 공적 토론을 멀리하는 조짐을 보인다고 지적했다.

이들에 따르면, 내가 큰 교구 교회의 행정업무를 감당하느라 끙끙거리다 사유하고 글 쓰는 시간을 낼 수 없어 욕구불만에 빠진 학자가 될 수 있다는 것이었다.

나는 이 가능성을 타진하려고 케네스 울콤을 만났다. 울콤은 몸소 옥스퍼드와 뉴욕에서 신학을 가르쳤던 경험이 있는 옥스퍼드 주교였다. 그는 나의 입장에 매우 공감하고 지지를 표명하면서, 내가 학문적 연구와 목회 사역을 묶는 길을 찾을 수 있을 것이라고 나를 설득했다. 그는 그 자신을 그런 통합의 역할 모델로 제시하며 이것이 신학을 하는 최선의 길이라고 주장했다. 울콤은 어떻게 그림스비에서 부목사로 섬김으로써 목회 경험을 쌓고 또 영국 국교회의 문화에 정착할 수 있었는지, 이후 영혼과 지성 모두를 대상으로 사역할 수 있는 위치에서 일할 수 있었는지를 설명했다. 울콤은 나에게 머튼에서 신학 학위를 마친 후, 옥스퍼드를 떠나 그 자신이 훈련받았던 연수원인 케임브리지의 웨스트콧 하우스에서 사역을 준비해야 한다고 권했다. 나는 그동안 옥스퍼드에 너무 오랫동안 머물러 있어서 나의 지평을 넓힐 필요가 있었다. 그래서 그의 생각이 옳다고 인정하며 아무런 이의도 제기하지 않았다. 웨스트콧 하우스에 대해서는 아무것도 몰랐으나 그의 충고를 받아들을 준비가 되어 있었다.

이후 울콤은 교회사역 자문위원회(ACCM)가 선택한 선임 성직자들과 교육자들이 참석하는 '선발 집회'를 열도록 주선했고, 그들이 내가 안수에 적합한 인물인지 판단하고 내 장래를 위해 그에게 추천하는 역할을 할 수 있도록 친절을 베풀어주었다. 나는 이 소식을 듣고 무척 기뻐했다. 나로서는 이 길이 과연 올바른 선택인지를 확신하지 못해 외부의 평가와 지도가 꼭 필요했기 때문이다. 만일 이 길이 적합하지 않다면, 나는 다른 진로를 모색할 수 있었다. 예컨대, 내 형편이 좋을 때는 학문적 의학 연구(이에 대한 부모님의 희망이 사라지는 중이었다)와 신학적 관심사의 탐구를 다시 연결시키는 길을 찾는 것이었다.

선발 집회는 내가 접했던 옥스퍼드의 학문적 면접의 엄밀성과 비판적 성격은 결여되어 있었으나 내 인생의 가능한 진로를 탐색하는 면에서는 도움이 되었다. 나는 선발 위원들이 나에 대해 어떻게 생각했는지 전혀 모른 채 떠났지만, 내가 선택할 만한 대안들을 놓고 대화를 나눈 것은 좋았다. 나중에 알게 된 바는, 나에게 영국 국교회에서 섬길 진정한 소명이 있다고 생각해서 옥스퍼드 주교에게 나의 연수를 추천했다는 사실이었다. 그리하여 나는 웨스트콧 하우스를 방문했고, 마침내 1978년 9월부터 거기서 공부할 기회를 얻었다.

1977년 10월, 나는 머튼에서 신학 공부를 재개했고 교과과정을 모두 마치기 위해 매주 두 번(때로는 세 번)의 개별 지도를 받게 되었다. 일정이 매우 버거웠던 부분적인 이유는 내가 이듬해 여름에 시험을 치르겠다고 현명치 못한 결정을 내렸기 때문이었을 것이다. 옥스퍼드 신학 과정은 학생들에게 일련의 주제들 중에 한 주제를 택하여 시험을 치르게 했다. 그 주제들 중 하나는 과학과 종교였고, 이는 내가 최근에 씨름하고 있던 과학과 신앙에 관한 질문들을 좀 더 깊이 탐구할 수 있게 해줄 것이었다.

과학과 종교란 주제의 튜터는 레이디 마가레트 홀의 교목인 피터 바이드였다. 얼마 지나지 않아 바이드는 1957년에 옥스퍼드의 한 병원에서 C. S. 루이스와 조이 그레샴의 결혼식을 주례한 사제였다는 것을 알게 되었다. 그때부터 바이드와 나는 친구관계를 맺어 매주 만날 때마다 과학과 종교에 관한 논의만큼 루이스에 대해서도 얘기를 나눴다. 본래 한 시간 동안 만나게 되어 있었으나 둘 다 그 시간이 넘도록 대화를 즐겼다.

그런데 선택할 주제의 목록에는 또 다른 흥미로운 주제가 포함되어 있었다. 바로 스콜라 신학이었다. 이 주제를 택하면 캔터베리의 안셀무스, 토마스 아퀴나스, 보나벤투라, 던즈 스코투스, 오컴의 윌리엄

등 신학적 문제들에 관한 최근 논의에서 널리 인용되는 저자들의 사상을 공부할 수 있을 터였다. 옥스퍼드는 이 분야에 풍부한 자원을 갖고 있었다. 나는 이 기회를 놓치고 싶지 않아서, 머튼에 두 주제를 공부할 수 있는지 물어보기로 했다.

머튼칼리지는 이제 나의 엉뚱한 발상에 익숙해져서 이 문제를 무난히 해결하고 나에게 허락했다. 나는 유능한 가톨릭 학자들인 에드워드 야놀드(예수회), 퍼거스 커(도미니크회), 카시안 릴(프란체스코회) 등에게 배웠다. 그들은 내가 굉장히 흥미로운 연구 분야에 몰두하도록 도와주었을 뿐 아니라 교단의 벽을 넘어 친구관계를 맺을 수 있다는 것도 알게 했다. 스콜라 신학의 대중적 이미지는 얼마나 많은 천사들이 바늘 끝에서 춤출 수 있는지에 관한 쓸데없는 논쟁을 일삼는 모습이다. 이 기괴한 논쟁은 물론 결코 일어난 적이 없는 하나의 신화일 뿐이다. 그러나 내가 실제로 접한 것은 신학 언어의 본질에 관한 날카롭고 풍부한 논의, 성경 해석의 복잡성, 하나님의 은총과 인간의 책임 간의 미묘한 상호작용 등이었다.

그리고 내가 받을 자격이 없는데도 관대하게 도움을 준 다른 이들도 있었다. N. T. 라이트는 내가 머튼에 있는 동안 그곳의 하급 연구원으로서 나로 하여금 바울 서신들을 열심히 공부하게 해주었다. 퍼시하우스의 학장인 체슬린 존스는 내가 요한복음의 깊은 구조를 파악하도록 도와주었다. 웨드햄칼리지의 교목인 팀 고린지는 칼 바르트가 품었던 '신학 과학'의 비전의 지적인 정합성, 특히 과거와의 신학적 대화를 유지해야 한다는 그의 주장을 내가 이해하도록 도움을 주었다. 그것은 정말로 신나는 지적인 경험이었다.

이후 장래에 대한 나의 열망은 청천벽력을 맞아 위태로운 처지에 놓였다. 옥스퍼드대학교의 행정실에서 일하던 직원이 나에게 '우등 학위를 받을 기간이 초과했다'고 뒤늦게 통보했다. 내가 옥스퍼드 학생으로 너무 오랫동안 있었기 때문에 신학 분야의 우등 학위를 받을 수 없다는 것이었다. 나는 그냥 학위를 받는 것으로 만족해야 할 형편이었다. 머튼의 상급 튜터는 시험 규정이 이 사안에 대해 매우 명확해서 나로서는 어쩔 수 없을 것이라고 했다. 단, 머튼칼리지가 부총장이 주관하는 대학교의 최고 위원회에 호소해서 나를 이 요건에서 면제시켜 주는 일이 생기지 않는다면 말이다. 그는 몇 가지를 문의한 끝에 매우 드문 사례지만, 칼리지의 전적인 지지를 받을 만한 설득력 있는 제의를 할 수 있겠다고 자신했다.

그 튜터가 옳았다. 1977년 12월 1일, 학보는 그 위원회가 주간 회의에서 특별한 법령을 통과시켰다고 공포했다. 학문적 정책의 주요한 사안들과 관련된 일련의 결정사항 중 끝부분에 오직 나와만 관련이 있는 짧은 공고가 있었다.

1971년 미켈마스 학기에 머튼칼리지에 입학한 A. E. 맥그라스는 제4장

1부 C 1항 3절의 규정에도 불구하고 1978년 트리니티 학기에 신학 대학의 우등 학위 후보로 들어가도록 허락되었다.

이제 문제점이 제거되었다. 사실상 그 법령은 내가 기존 규정 아래서는 기술적으로 우등 학위를 받을 자격이 없지만, 대학교 당국이 나의 경우에 기꺼이 이 규정을 무시하기로 결정했다는 것이다.

다른 한편, 옥스퍼드에서 나를 가르친 선생님들은 나의 장래 계획에 대해 의문을 제기하고 있었다. 내가 과연 영국 국교회에서 일하는 것을 기뻐할까? 나의 학문적인 경력에 대해 생각해야 마땅하지 않을까? 웨스트콧 하우스에 2년 동안 훈련받는 것은 지적으로 지루할 수 있었다. 그래서 이 훈련과 진지한 학문 연구를 묶어야 하지 않을까? 나는 이것이 타당한 주장일 수 있음을 알았고, 또 개인적으로 잠재적인 문제임을 인식했지만 나로서는 할 수 있는 일이 전혀 없었다. 어쨌든, 그것이 이 단계에서 추구할 만한 올바른 선택처럼 보였지만, 앞으로도 계속 추진할 만한 올바른 길인지는 확신할 수 없었기에 나에게 사제의 소명이 있는지 테스트하는 것이라고 생각했다.

그런데 부활절 직후, 한 동료가 나에게 케임브리지의 세인트존스칼리지가 신학 분야에서 나낸 장학생을 선발하길 원한다는 정보를 알려 주었다. 이는 18세기에 세운, 1년짜리 연구생 자리로서 작은 장학금과 몇 번의 주빈석 식사 기회, 그리고 케임브리지대학교의 훌륭한 도서관을 이용할 수 있는 특권 등을 제공했다. 면접은 없었으나 내가 쓴 에세이 샘플을 제출해야 했다. 이 장학금은 다른 자리나 책임과 병행될 수 있었다. 나는 잃을 게 없어서 신청서와 더불어 던즈 스코투스의 인식론에 관한 에세이를 보냈다.

세인트존스칼리지의 학장이자 역사학 교수인 니콜라스 맨서가 6월 중순에 나에게 장학금을 수여한다는 편지를 보내면서, 내가 신학 분야에서 2등급 우등 학위를 받는 것을 조건으로 달았다. 나는 그 제의를 받아들였다. 누구나 그 칼리지를 칭찬했기 때문에 케임브리지에 학문적 기반을 두는 것도 좋겠다는 생각이 들었다.

끝으로, 나는 몇 주 동안 열심히 복습한 후 다시 한 번 정복을 입고 60명의 학생들과 함께 신학 분야 종합시험을 치렀다. 여러 주가 흐른 후 그 결과가 게시되었다.

나는 시험관들이 선발한 1등급 우등 학위를 받은 여섯 명 중에 하나가 되었다. 그래서 즉시 세인트존스의 맨서에게 편지로 그 결과를 알려주었고, 그 덕분에 그 칼리지 위원회가 나를 무조건 나덴 장학생으로 선발했다. 이틀 후 나는 시험관들 중에 한 명을 만났더니 나의 '놀라운 성취'를 축하한다고 했다.

나는 그런 결과가 무척 흐뭇하다고 말했다. 그는 놀란 듯이 나를 쳐다보더니 "그들이 아직 너에게 알려주지 않았단 말인가?"라고 응답했다. 내가 어리둥절한 표정을 짓자, 그는 내가 그해 신학 대학에서 최고 성적을 받아 데니어 & 존슨 상을 받게 되었다고 설명했다. 나중에 알고 보니 무척 풍성한 상이라서 그 상금을 즉시 칼 바르트의 『교회교의학』 전집을 사는데 사용했다.

이후 나는 옥스퍼드대학 출판사의 선임 편집인으로부터 점심 식사 초대를 받았다. 옥스퍼드는 좁은 곳이라서 소문이 금방 퍼지는 편이다. 그 출판사가 나의 '흥미로운 경력'에 대한 소문을 들어서 똑같이 흥미로운 작업에 관해 나와 의논하기로 했다고 설명했다. 리처드 도킨스의 『이기적 유전자』(1976)가 굉장한 흥미를 불러일으켰다. 이제 내가 기독교적 관점에서 그 책에 대해 평가하고 응답하는 글을 쓰고 싶지 않은가? 나는 한참 숙고한 후 그에게 점심을 대접해줘서 고맙다고 인사한 다음, 나는 아직 그런 책을 쓸 준비가 되어 있지 않다고 내 입장을 설명하는 편지를 보냈다.

내가 보기에는 나보다 자격을 더 갖춘 사람들이 많았다. 예컨대, 생물학자이자 신학자인 아더 피코크와 같은 이들이었다. 다른 누군가가 도킨스의 사상에 대한 신학적 반응을 책으로 집필하는 것은 시간문제인 듯이 보였다.

9월이 되어, 나는 짐을 꾸리고 케임브리지행 장거리 버스를 탈 준비를 갖췄다. 내가 옥스퍼드 학생으로 지낸 기간이 무려 7년이었다. 옥스퍼드는 나를 사상가로 성장시켜주었다. 버스가 옥스퍼드의 중심부를 지나서 막달린 다리를 건너 동쪽으로 향할 때, 나는 과연 언젠가 매튜 아놀드가 '꿈꾸는 첨탑의 도시'라는 별명을 붙인 이곳으로 돌아올 날이 있을지 궁금했다. 다음에 무슨 일이 일어날지 나는 전혀 몰랐다.

11장

방황하는 시절: 소명을 찾아서

나는 신학자가 되고 싶은 희망을 포기하지 않았고, 이런 희망은 노팅햄에서 겪은 경험에 의해 오히려 더 강렬해졌다. 나 자신을 교회의 삶에서 단절시키고 싶었기 때문이 아니라, 신학이 교회의 삶을 풍요롭게 하기 위해 그 삶과의 접촉을 유지하고, 교회가 주변의 문화적 변동에 잘 대처하도록 돕는 일이 필요하다고 생각했기 때문이다. 나의 노팅햄 사역은 순전히 학문적인 신학은 도무지 생각할 수 없는 것임을 가르쳐주었다. 모든 위대한 교회 신학자가 목사이자 설교자였던 만큼 나는 그들의 발자취를 따라가기로 결심했다.

'옥스퍼드를 떠나 케임브리지로 옮기는 것은 좋은 일이야.' 1978년 9월 나의 인생에서 그토록 중요하고 아마 결정적인 영향을 미친 그 도시와 대학교를 뒤로 하고 잉글랜드를 가로질러 구불구불한 길을 천천히 운행하는 버스 안에서 스스로 되뇌었던 말이다.

나는 이미 그해 여름에 케임브리지를 두 차례 방문했었고, 내가 세인트존스칼리지에서 학문적인 연구를 계속할 수 있을 터임을 안 것은 한 차례였다. 본래 나의 관심사는 과학과 종교 분야에서 연구 프로젝트를 시작하는 것이었다. 먼저 케임브리지의 클레어스칼리지 학장인 아더 피코크 박사를 만나 그와 함께 일할 가능성을 타진했다. 그런데 피코크와 대화를 나눠본즉 다소 실망스러워서 더 이상 추진하지 않기로 결심했다.

피코크와 얘기를 나눈 결과, 내가 먼저 기독교 신학을 훨씬 더 철저히 섭렵하지 않으면 과학과 신앙의 관계에 대한 사유에 큰 진전이 없을 것임이 분명해졌다. 나는 이제 겨우 신학의 산을 등반하기 시작해서 내가 예상했던 것보다 훨씬 더 높다는 것을 발견했을 따름이었다.

11장 방황하는 시절: 소명을 찾아서

폴 피데스의 열정 덕분에, 나는 옥스퍼드에서 두 명의 대표적인 독일 신학자인 위르겐 몰트만과 볼프하르트 판넨베르크의 저작을 몇 권 읽고 신학 전통에 대한 그들의 심오한 지식에 큰 감명을 받은 적이 있었다. 둘 다 신학 역사상의 어떤 특정한 에피소드를 상세히 연구하면서 그들의 경력을 쌓기 시작했었다는 사실을 나는 발견했다. 몰트만은 17세기의 한 프랑스 위그노 신학자의 사상을 연구했었고, 판넨베르크는 중세의 저자 던즈 스코투스의 저술에 초점을 두었었다. 그런즉 중요한 역사적 에피소드 하나를 깊이 고찰함으로써 내가 생각하는 과학과 신학 간의 대화를 위한 기초를 쌓으면 어떨까?

적절한 사례 연구를 찾는 일은 어렵지 않았다. 니콜라스 코페르니쿠스의 과학 사상의 발달과정을 연구하되 그 사상이 마르틴 루터 또는 존 칼빈을 포함한 16세기 신학적 논쟁과 어떤 연관성이 있는지를 탐구하는 것이 좋을 듯했다. 나는 이 문제를 더 의논하려고 케임브리지로 돌아갔다. 이번에는 고든 럽과 의논했는데, 그는 최근에 케임브리지대학교 교회사 분야의 딕시 교수로 은퇴한 상태였고, 당시에 마르틴 루터에 관한 잉글랜드의 대표적인 권위자였기 때문이었다. 임마누엘칼리지는 럽에게 은퇴 후 2년 동안 교수실에 더 머물도록 허락했었다. 우리가 임마누엘에서 만난 자리에서 럽은 내가 무의미한 프로젝트를 구상했다는 것을 설득하려고 애썼다. 오히려 마르틴 루터의 신학의 어떤 측면에 초점을 맞추고 이를 이용해 나의 역사적이고 분석적인 기술을 개발시키는 편이 훨씬 나을 것이라고 했다. 나는 라틴어와 독일어를 웬만큼 읽을 수 있었다. 그러니 상당한 학문적 연구가 더 필요한 루터의 칭의 교리의 발달과정에 초점을 맞추는 것이 어떨까? 럽은 그런 프로젝트를 기꺼이 지도할 터이고, 더구나 내가 그것을 좋아할 것이라고 확신하고 있어서 그런 제안을 했다.

처음에는 럽의 제안이 과학과 신앙의 관계와 아무런 관련이 없는 것처럼 보였다. 하지만 이 상호관계에 대한 탐구는 상당한 시간이 지나야만 가능할 것임을 나는 깨닫기 시작했다. 나는 이에 관한 토론에 무언가를 기여를 할 수 있을 만큼 아직 신학 지식이 충분치 않다는 것을 알았기 때문이었다. 피상적이 될 수 있는 위험, 즉 몇 년 전에 제레미 놀스가 지적인 여우가 되는 이미지를 사용해 지적했던 문제가 나에게 크게 다가왔다. 그 초기 단계에서도 과학과 종교의 분야가 타협의 길로 들어선 것은 대화 상대들 중 일부가 신학 지식이 부족했기 때문이었다는 생각이 떠올랐다. 나는 스콜라 신학에 관한 옥스퍼드 과목을 좋아했고, 그 과목이 특히 은혜와 칭의의 신학과 관련된 중요한 질문들을 펼쳐준 것을 즐겼던 일이 생각났다. 바로 인간들이 어떻게 하나님과 올바른 관계를 맺을 수 있는지에 관한 문제였다.

나는 1978년 늦여름에 이 제안에 대해 옥스퍼드에서 에드워드 야놀드를 비롯한 여러 사람과 의논한 끝에, 비록 과학과 종교의 분야와 직접적인 관련은 없어도 신학에 대한 나의 이해를 심화시켜줄 만한 장대한 연구 프로젝트가 될 수 있음을 알아채기 시작했다. 나는 이런 계획을 세웠다. 로든 럽의 제안을 받아들여서 루터의 칭의 교리의 발달과정을 연구하되 그것을 중세 말의 지적인 맥락에 두는 것이다. 이 작업을 끝낸 다음에는 그 프로젝트를 두 가지 방향으로 확대할 수 있을 것이었다. 첫째, 기독교 역사 전체에 걸쳐 칭의 교리의 발달과정을 탐구할 수 있을 것이었다. 둘째, 중세 말과 르네상스를 중심으로 유럽 종교개혁 신학의 지적인 기원이란 문제를 연구할 수 있을 것이었다. 럽은 루터에 정통한 탁월한 안내자였고 나의 연구가 멋진 출발을 하도록 이끌어주었다.[1]

나는 중요한 연구 프로젝트를 시작하는 동시에 옥스퍼드의 주교 케네스 울콤의 제안으로(이는 사실상 지시였다) 웨스트콧 하우스에서 영국 국교회의 사역을 위한 훈련을 받고 있었다. 울콤과 나는 교회 사역에서의 신학의 역할에 대해 비슷한 생각을 갖고 있었던 만큼, 그는 나에게 자기를 친구이자 멘토로 여기라고 격려해줬었다. 그런데 울콤의 아내가 암으로 일찍 죽는 바람에, 울콤은 18개월 만에 뜻밖에도 옥스퍼드의 주교직을 사임하고 말았다. 따라서 나는 아직 영국 국교회의 규율과 관습을 제대로 모르는데도 나의 멘토를 잃고 만 것이었다. 더구나 영국 국교회의 사역을 준비하는 훈련을 받기 시작하며 내가 경험한 바가 그리 달갑지 않았기 때문에 이는 상당한 문제였다.

내가 망설인 것은 특히 설교를 통해 사역하는 소명 의식과 관련이 없었다는 점을 이해할 필요가 있다. 오히려 내가 성공회식 배타주의라고 부르는 것과 더 관련이 있었다. 이는 내가 (전부가 아닌) 일부 성공회 집단들에서 자주 접했던 것으로서 다른 교단들이 영국 국교회보다 열등하다는 의식이었다. 나는 이미 C. S. 루이스의 글을 많이 읽어서 모든 형태의 교단 제국주의나 부족주의에 빠질 수 없었다.

루이스가 『순전한 기독교』의 첫 대목에서 말한 유명한 이미지는 합의된 공동의 기독교를 가리키되, 이것이 여러 방식으로 연출될 수 있다는 것을 인식했다. 루이스의 경우, 이 공동의 공유된 신앙(이는 루이스가 청교도 저자 리처드 백스터에게서 한 어구를 빌려와서 '순전한 기독교'로 부른 것이다)은 여러 방으로 갈라지는 하나의 홀과 같았다. 우리는 홀 안에서 살지 않고 그로부터 갈라지는 방들 속에서 사는데, 거기에는 '화로와 의자와 음식이 있다.'[2] 그리스도인이 된다는 것은 당신 자신을 한 교단과 제휴하는 것이되, 정말로 중요한 것은 모든 기독교 집단들의 저변에 있는 공유되고 합의된 비전이지 우리가 문화적, 역사적, 또는 개인적인 이유로 특별히 매력을 느끼는, 그 비전의 어느 구체적인 실행양상이 아니다.

나는 옥스퍼드에서 많은 성공회 학자들과 신학자들의 지혜로부터 유익을 얻었고, 영국 국교회의 폭넓은 지적 전통과 문화적 전통에 편안함을 느꼈다. 그리고 존 던, 조지 허버트, 토마스 트래헌의 신학에 흠뻑 젖은 시를 사랑했고, 이안 램지와 같은 학자 겸 주교들을 무척 흠모했다. 이안 램지는 옥스퍼드대학교 기독교 철학 분야의 놀로스 교수로 일하다가 1966년에 더함의 주교가 된 인물이었다. 나는 또한 성공회의 일부였던 아일랜드 국교회에서 세례를 받기도 했다. 그러나 나는 나 자신을 일차적으로 서약한 '성공회 교인'으로 보기보다는 '크리스천'으로 보곤 한다. 영국 국교회는 분명한 강점들을 갖고 있지만, 나는 이 교단이 다른 교단들보다 우월하다고 생각한 적이 없었다. 하지만 이는 내가 편안함을 느낀 교단이고, 나 자신을 그 핵심적인 기독교 신념들의 정통교리와 제휴할 수 있는 교단이며, 나 자신을 그 폭넓은 기독교 비전의 실행양상 속에 둘 수 있는 교단이다.

2년에 걸친 신학훈련을 받은 후, 나는 영국 국교회의 전문 사역을 시작할 준비가 된 것으로 간주되었다. 목사안수 후보자(사역을 위해 훈련받고 있는 이들)는 보통 그들을 후원한 관구로 되돌아갔다. 나는 옥스퍼드 시(市)와 옥스퍼드대학교를 잘 알고 사랑했지만, 옥스퍼드 주교로 임명된 울콤의 후계자와 연줄이 없었기에 거기로 되돌아가는 것이 무의미했다. 나의 아내가 될 사람(옥스퍼드에서 만난 조안나)은 당시에 사우스웰 관구에 있는 주요 도시인 노팅햄에서 일하고 있었다. 그런데 사우스웰이 배치할 교구 훈련생의 수를 잘못 계산한 것으로 드러나서 부목사직 네 자리를 채울 수 없었다. 세인트 레오나드의 교구인 월라톤(노팅햄대학교에서 가까운 노팅햄의 교외)은 부목사가 시급히 필요했다. 나는 이 분주한 14세기 교회를 방문하고 그 교구 목사와 의논한 후 내가 월라톤에서 부목사로 섬기기로 서로 합의했다. 조안나와 나는 7월에 머튼칼리지 채플에서 결혼했다. 이후 나는 1980년 9월에 노팅햄의 세인트 메리 교회에서 사우스웰의 주교에게 안수를 받았다.

안수식은, 약간 얼떨떨한 나비가 꽃으로 뒤덮인 초장 주변에서 퍼드덕거리는 모습처럼 정처 없이 표류하는 듯 우왕좌왕하는 설교가 조금 실망스러웠지만 참으로 훌륭한 전례와 축하가 곁들인 행사였다. 내가 비록 그 설교는 간과했을지언정(아마 대다수 참석자가 한 시간 내에 설교 내용을 잊어버렸을 것이다) 그것은 훌륭하고 고무적인 예식이었다. 어쩌면 영국 국교회를 위해 일하는 것이 옥스퍼드 친구들 중 일부가 시사했던 만큼 욕구불만을 유발하지 않을지도 몰랐다.

그날 내가 받은 위안은 거의 한 달 동안 지속되었다. 이후 다른 염려거리들이 나타나기 시작했다. 내가 그것들을 억누르려고 노력해도 소용이 없었다. 내가 안수 받은 후, 첫 번째로 참석한 주요 행사는 사우스웰 관구의 성직자를 대상으로 그들의 사역에 활기를 북돋워주기 위한 수련회였다. 그 소식을 듣고 나는 가슴이 설레어 상당한 기대감을 품은 채 손꼽아 기다리고 있었다.

어떤 워크숍은 묵상과 관상에 대해 다룬다는 것을 알고 무척 흥분했다. 나는 최근에 14세기의 토마스 아 캠피스와 같은 기독교 전통에 속한 주요 영성 작가들을 이해하기 시작했고, 관상에 대한 그들의 접근이 교회생활은 물론 나의 영적 성장에도 얼마나 중요한지를 인식하고 있었기 때문이다. 이 주제에 관한 전문가의 강의를 들으면 무척 유익할 것 같았다. 그래서 풍성하게 나눠질 지혜를 하나도 빠짐없이 노트에 기록하겠다고 결심했다.

나는 장차 나에게 닥칠 실망을 어떻게 수습할지는 생각해본 적이 없었다. 수련회 장소에 도착해보니 무척 유용하고 흥미로운 워크숍이 추가로 개설되었다는 사실을 알게 되었다. 교구 행정을 위해 컴퓨터를 사용하는 법에 관한 워크숍이었다. 우리는 등록 장소에서 개설된 강의마다 참석자들이 줄줄이 서 있는 모습을 자세히 살펴본 후, 특히 이 추가 워크숍에 서명하려고 사람들이 쇄도한 꼴사나운 장면을 목격하게 되었다. 잠시 후 이 워크숍에 배당된 다섯 자리를 이미 주교들과 선임 성직자들이 차지했다는 사실이 분명해졌다.

내가 그토록 고대했던 묵상에 관한 전문가 워크숍은 매우 의아하게 시작되었다. 리더가 열두어 명의 참석자들을 낮은 탁자 둘레에 원형으로 앉히고 몇 분 간 어색한 침묵 시간을 가진 후, 그가 발을 비닐봉지 속에 밀어 넣자 거기서 이끼 낀 벽돌이 나왔다. 그것은 멋진 벽돌이 아니라 폐허가 된 건물에서 주운 것처럼 보였다. 이후 우리는 한동안 그 벽돌을 관찰한 뒤에 우리의 통찰을 서로 나누라는 지시를 받았다.

우리는 몇 분 동안 어리벙벙하고 차분한 분위기에서 침묵을 지키며 서로를 바라볼 엄두를 내지 못했다. 이웃 교구의 부목사로 추정되는 사람이 용감하게 그것은 아무도 많이 사랑하지 않는 '슬픈' 벽돌이라는 의견을 불쑥 내놓았다. 바로 이 순간이 우리 관상 시간의 지적인 최고점으로 드러났다. 사람들이 기침을 하거나 무언가를 말하려고 목소리를 가다듬는 어색한 순간이 몇 번 더 있었다. 시간이 조금 흐른 후에야 그 벽돌에 대해 다시 생각하게 된 모양이었다. 나 자신은 내 앞에 있는 큰 벽시계를 쳐다보며 그 분침이 더 빨리 움직여서 이 무의미한 시간이 빨리 끝나기만 바라고 있었다.

나는 이 사건의 중요성을 과장하고 싶지는 않다. 성직자들은 하나같이 관구 수련회가 예측 불가능한 것으로 악명이 높고, 지루하고 산만하고 실망스럽지만, 이따금 보화가 발견되기도 한다고 말한다. 하지만 그 수련회에서는 보화가 부족했던 것은 확실하다.

나는 노팅햄에서 많은 것을 배웠다. 한편으로는 나 자신의 약점과 실패에 관해, 다른 한편, 평신도의 지성과 지혜에 관해 배우는 기회였다. 내 설교의 문제점들, 주로 명료성이 결여된 점과 크리스천이 직면하는 일상적인 문제들을 공감하지 못하는 무능력을 지적한 사람들은 바로 평신도들이었다. 나로서는 나를 비판하는 이들에게, 이것이 바로 내가 웨스트콧 하우스에서 배운 설교 방법이라면서 나 자신을 변호할 수도 있었지만 그렇게 하지 않았다. 오히려 내가 섬기게 된 평신도들의 말을 경청하고 그들로부터 배웠다. 그리고 설교에 관한 그들의 견해가 내가 케임브리지에서 배운 것보다 더 타당하다는 점을 알게 되어 그들의 견해를 내 것으로 삼기로 했다. 한편, 내가 인도하던 교구 성경공부를 좋아하게 되었고, 이를 통해 교인들이 성경 텍스트와 그들의 삶을 연결시키며 신앙이 자라는 모습을 목격했다. 그리고 담당목사가 몸이 아파서 상당한 기간 동안 쉬어야 할 때 나 홀로 분주한 교구를 운영하는 바람에 생기는 스트레스에 대처하는 법을 배웠다.

나는 노팅햄에서 사역한 덕분에 성직자와 회중 모두 존경하게 되었다. 그들은 서로서로 돌보려고 최선을 다하는 한편, 그들의 재정 후원에 대한 보답이 별로 없는 교회의 요구사항들과 인생의 고통과 고난에 대처하려고 애쓰는 사랑과 연민이 풍성한 사람들임을 보기에 이르렀다. 더 중요한 점은, 내가 교회와 그 주변 상황 간의 괴리가 더 커지고 있는 현상을 인식하게 된 것이다. 교구 교회의 언어 및 문화와 그 주변의 세속 문화 간의 단절이 커지고 있어서 과연 영국 국교회의 앞날이 어떻게 될지 고민하지 않을 수 없었다. 다른 많은 이들처럼, 나 역시 혹시 내가 더 이상 존재하지 않는 교회의 사역을 위해 훈련받은 것은 아닌가 하는 의구심이 들었다.

나는 신학자가 되고 싶은 희망을 포기하지 않았고, 이런 희망은 노팅햄에서 겪은 경험에 의해 오히려 더 강렬해졌다. 나 자신을 교회의 삶에서 단절시키고 싶었기 때문이 아니라, 신학이 교회의 삶을 풍요롭게 하기 위해 그 삶과의 접촉을 유지하고, 교회가 주변의 문화적 변동에 잘 대처하도록 돕는 일이 필요하다고 생각했기 때문이다. 나의 노팅햄 사역은 순전히 학문적인 신학은 도무지 생각할 수 없는 것임을 가르쳐주었다. 모든 위대한 교회 신학자가 목사이자 설교자였던 만큼 나는 그들의 발자취를 따라가기로 결심했다. 설교자의 역할은 기독교 신앙의 풍성한 자산에 깊이 뿌리박고 회중의 구체적인 상황과 연결시킬 수 있는 사람이 되는 것이었다.

나는 설교자를 해석자로, 즉 성경과 성경 본문에 관한 성찰의 풍부한 전통을 모두 알되 이 지혜를 전하고 적용할 대상인 한 공동체에 기반을 둔 사람으로 생각하기 시작했다. 나는 교인 심방을 가장 중요하게 생각해서 사실상 오후에는 으레 월라톤(Wallaton) 거리를 두루 돌아다니곤 했다. 그것은 교인을 격려하고 돌보기 위해서일 뿐 아니라 그들과의 대화를 통해 그 다음 주일에 설교할 주제를 찾기 위해서이기도 했다. 교인들은 무슨 질문을 했는가? 그들은 어떤 어려움을 직면하고 있는가? 나는 두 세계에 몸담고 있는 사람(풍부한 기독교 신학의 전통과 교인의 일상 세계)과 같아서 전자를 후자에게 해석해주려고 노력했다. 이 양자는 내가 설교를 통해 연결시키려고 애쓴 '두 지평'이었다.

당시 나의 기독교 지성 개발에 많은 도움을 준 사람은 더글러스 데이비스와 리처드 매키니였다. 둘 다 노팅햄대학교의 신학 강사였고 월라톤 교회와 연결되어 있었다. 그들은 격려와 분별의 생명줄이 되었고 내가 신학자의 소명을 정립하도록 도와주었다. 1983년 4월 우리 집 둘째 아이가 태어난 후, 나는 진로에 대해 고민하기 시작했다. 나는 3년 임기로 임명을 받았던 만큼 세인트 레오나드 교구인 월라톤 사역은 이제 1983년 여름이면 끝날 예정이었다. 나는 루터와 칼빈 같은 저자들에게 매우 중요한 주제였던 소명의 개념을 굳게 믿고 있었다. 토마스 아 캠피스(내가 여러 면에서 존경했던 인물이다)와 같은 많은 중세의 영성 작가들은 소명을 세상을 떠나 수도원이나 수녀원에 들어가는 견지에서 보았는데 비해, 루터와 칼빈은 신자들이 세상 속에서 하나님을 섬기되 한편으로는 그들의 은사를 활용하고 다른 한편으로는 공동체의 필요를 채우는 방식으로 섬기도록 부름을 받았다고 보았다.

하지만 칼빈은 소명을 예정된 사회적 역할을 찾는 견지에서 보는 경향이 있는데, 내가 신약성경을 읽은 바에 따르면 소명을 어느 역할의 '구성'으로 보는 편이 나은 것 같았다. 나는 결국 내가 받은 소명의 일부에 해당하는 역할을 수행하는 것으로 끝날지 몰라도, 이 역할을 확대해서 나머지 부분을 이루게 되는 방법을 찾는 일은 나에게 달려 있다고 생각했다. 앞으로 나의 과업은 내 사역의 좋은 기반을 찾는 한편, 학문 연구를 계속해 이 작업을 어떻게 현명하고 창의적으로 증진시킬 수 있는지를 탐구하는 일이라고 보았다.

하지만 이런 생각을 한다고 나의 진로 문제가 해결된 것은 아니었다. 그때 '처치 타임즈'에 실린 한 광고를 보게 되었다. 옥스퍼드의 위클리프 홀이 기독교 교리와 윤리를 가르칠 튜터를 찾고 있다는 광고였다. 나는 예전부터 위클리프 홀을 알고 있었고 그 선임 튜터인 피터 사우스웰의 탁월한 성경 강해를 경청한 적이 있었다. 위클리프는 1877년에 설립된 신학 대학으로서 영국 국교회에서 성직자로 섬길 옥스퍼드 졸업생들에게 신학교육을 제공하는 학교였고, 높은 학문적 기준과 더불어 성경과 사역을 연결하려는 관심사로 인해 명망이 높았다. 나는 그런 관심사에 공감했고 지금도 공감하고 있다. 위클리프는 옥스퍼드대학교의 공식구조 바깥에 있었지만, 상당한 기간 동안 그 대학교의 신학교수진과 좋은 관계를 맺고 있었다. 위클리프가 과연 나의 진로일까?

나는 그 자리에 지원했다. 훗날 알게 된 바는 위클리프가 예전에는 그들의 네트워크를 통해 가능한 후보자들을 물색했었는데 이번에 처음으로 공개적인 광고를 했다는 사실이었다. 나는 학장인 지오프리 쇼 및 그의 간사들과 그 직책에 관해 광범위한 토론을 했고, 거기서 신학의 목적과 위치에 대한 나의 이해가 뚜렷이 드러났다. 이후 나는 노팅햄으로 돌아갔다. 이제 신학을 가르치는 법을 배울 수 있고 또 신학을 설교라는 중요한 사역과 연결시키는 법도 배운다고 생각하니 가슴이 뛰었다. 나는 그때까지 신학을 가르친 경험이 없었으나 소 세네카(Seneca the Younger)의 명언으로 알려진 '우리는 남을 가르칠 때 배운다'는 말에서 위안을 얻었다.

노팅햄으로 돌아간 지 하루 만에, 지오프리 쇼가 전화를 걸어 나를 위클리프 홀의 강사로 초빙한다고 했다. 계약에 임기는 없을 것이었다. 그래서 1983년 여름 조안나와 나는 어린 두 자녀를 데리고 옥스퍼드로 되돌아갔다. 일종의 귀향이었다.

12장

옥스퍼드: 소명을 찾다

나의 출판물이 계속 늘어나면서 나는 북미의 대표적인 대학교와 신학교들로부터 신학 교수로 초빙한다는 초대장을 받기 시작했다. 하지만 앞으로도 영국에서 사역을 계속해야겠다는 확신이 있었으나 미국과 캐나다의 동료들을 불쾌하게 만들고 싶지 않았다. 그래서 이런 직책에 대한 의논을 거절하기에 적당한 이유를 꾸며내지 않을 수 없었다. 그러다가 마침내 1999년에 옥스퍼드대학교가 나의 국제적인 명성을 공식적으로 인정한다는 의미로 나를 지명해 '역사신학의 정교수' 호칭을 수여하는 바람에 안도의 숨을 내쉬었다. 나는 이제 옥스퍼드 정교수의 모든 특권을 누리게 되었다. 물론 봉급만 제외하고.

1983년 9월 위클리프 홀의 새 학기에는 나를 포함해 3명의 새로운 강사가 배정되었다. 나와 신약학자 데이비드 웬함, 그리고 부학장으로 임명된 노련한 목사 존 웬트. 나는 엑서터대학교로 옮긴 유능한 신학자 버논 화이트의 후임이었다. 화이트는 친절하게도 자기가 가르쳤던 모든 과목의 강의록을 나에게 주었다. 첫 해에는 대체로 이 강의록에 의지하면서 나 나름의 접근을 개발하는데 필요한 여유를 얻었고, 이를 이듬해부터 사용하기로 계획했다.

나는 애초에 위클리프에서 교리와 윤리 담당 튜터로 임명되었다. 하지만 옥스퍼드는 강사진이 풍부했고, 데이비드 앗킨슨(라티머 하우스의 사서를 거쳐 코퍼스크리스티칼리지의 교목이 된 사람)이 합류하자, 윤리 과목에 그의 경험을 십분 활용하게 되었다. 그래서 나의 직책이 교리 과목의 튜터로 조정되었고, 나는 예비 사역자들을 위해 기독교 신학의 입문 과정을 개발하는 일과 옥스퍼드대학교의 신학 대학에 입학하려는 위클리프 학생들을 위해 발전된 개별지도 과정에 초점을 맞추게 되었다. 내가 옥스퍼드에서 신학을 공부할 때 처음 직면했던 어려움이 이제는 그 과목에 대한 나의 접근을 정립하는데 도움이 되었다.

나는 비록 옥스퍼드대학교에 고용된 사람이 아니었지만, 1984년 초에 신학교수진의 일원으로 선발되었고, 따라서 나의 위클리프 강의 중 일부를 더 넓은 옥스퍼드 공동체에도 개설할 수 있었다. 지오프리 쇼는 나에게 종교개혁 신학에 관한 강의를 개설하도록 격려했다.

이 강의는 위클리프 외부 수강생들도 듣는 과목이 되어 이 과목에서 신학교수진이 제공하는 핵심 요소가 되었다. 내가 이 영역에서 출판한 글이 점점 늘어나자, 1980년대 말과 1990년대 초에 여러 대학교의 초빙을 받게 되었고, 그 중에는 제네바대학교의 종교개혁사(史) 연구소의 소장직도 포함되어 있었다. 나는 그 가운데 몇 곳을 고려해보았으나 위클리프가 내 인생의 현 시점에서 내가 원하는 모든 것을 제공하고 있다는 점이 분명해졌다.

당시에 위클리프가 그토록 만족스러운 장소인 까닭은 무엇이었는가? 지오프리 쇼가 지도하는 위클리프는 학문적 탁월성에 대한 헌신과 목회 사역에 대한 헌신을 겸비한 행복한 곳이었다. 나는 이것을 당연시하게 되었다. 하지만 나와 비슷한 환경에서 일하는 친구들과 얘기해본즉, 이런 경우는 비교적 드물다고 했다. 나는 내가 존경하는 동료들과 함께 일하는 한편, 더 넓은 옥스퍼드 학문공동체와 업무상의 연결망을 만들도록 격려를 받았다. 또한 칼리지 내에서 설교 사역과 목회 사역을 수행할 수 있었다. 아울러 어쩌면 가장 중요한 점일 텐

데, 나에게는 매우 의욕적이고 뛰어난 학생들이 있었고, 그들 중 다수가 장차 의미심장한 사역을 할 것이 분명했다. 1989년에 쇼의 뒤를 이은 R. T. (딕) 프랜스는 훌륭한 신약학자로 널리 존경받을 뿐 아니라 온유하고 배려 깊고 통찰력 있는 목사이자 선생이었다. 프랜스는 위클리프 역사상 어려운 기간을 거치면서 인내와 탁월함으로 그 기관을 잘 이끌었다.

위클리프 학생 대다수는 영국 국교회에서 안수를 받기 위해 공부했고, 신학 공부에 몰두한 것은 장차 설교하는데 도움을 받기 위해서였다. 아마 그들이 목회 사역에 관심이 많았기 때문에, 나의 강의 초창기 2년 동안 나에게 격려와 함께 유익한 피드백도 주었던 것 같다. 매우 이른 시기에 내가 터득한 것은 여러 면에서 나의 가르침을 바꿀 필요가 있다는 점이었다. 이를테면, 신학과 설교 간의 보다 명시적인 연결을 짓고, 어떤 신학적 통찰을 어떻게 설명하고 또 적용할 수 있는지를 보여주는 일이었다. 학생들은 또한 내가 청중이 지닌 사전의 신학 지식을 과대평가하고 있다고 말했다. 그래서 나는 한걸음 뒤로 물러나서 그들이 이미 알고 있다고 생각했던 내용을 친절하게 소개할 필요가 있었다. 나는 학생들이 옳다고 인정하면서 이런 도전에 부응하려고 애썼다.

1985년에, 나는 옥스퍼드 관구로부터 파트타임 과정인 기독론 강의를 해달라는 부탁을 받았다. 크리스천은 예수 그리스도의 정체성과 중요성을 어떻게 이해하는지에 관한 강의였다. 나는 한 강의에서 기독론을 잘 이해하는 것이 어떻게 설교의 좋은 기반이 될 수 있는지를 설명했고, 내가 보기에 가능한 여러 대안들을 제시해주었다. 이틀 후 나는 옥스퍼드에서 가장 큰 교회들 중 하나인 세인트 알데이트 교회의 담임목사인 마이클 그린으로부터 손 글씨 편지를 받았다. 그린은 본인이 나를 만난 적은 없으나 그 강의를 경청하는 대중 사이에 있었고, 청중이 강의 후에 흥분해서 '와글거렸다'고 설명했다. 그리고 내가 몇 가지 중요한 논점을 청중의 주목을 끌면서 효과적으로 쉽게 잘 소통했다고 했다. 그리고는 나에게 이런 방식으로 계속 강연하고 또 글을 쓰면 좋겠다고 말했다.

나를 칭찬하는 그린의 편지를 계기로, 우리는 친구관계를 맺기 시작해 2019년에 그가 죽기까지 계속되었다. 그린은 내가 나 자신을 이해하는 방식을 바꿔놓았다. 그때까지만 해도, 나는 스스로를 엄밀한 학문을 통해 교회와 학계를 섬기려고 애쓰는 한갓 학문적인 저자로밖에 생각한 적이 없었다. 그린의 편지는 나에게 더 넓은 독자층을 위해 쉽게 또 성실하게 글 쓰는 일의 중요성을 일깨워주었다. 아울러 이런 소통을 개발하도록 나를 격려해주기도 했다. 이는 그린 자신이 통달한 기술이었기에 나도 그렇게 되도록 기꺼이 돕고 싶어 했다.

나는 일반 청중을 대상으로 한 최초의 책을 1986년에 출판했고, 이 출판 사역은 지금까지 계속 나의 글쓰기와 강연 사역의 중요한 측면이 되어왔다.

1990년에 이르러, 나는 기독교 신학의 기본진리에 관한 실행 가능한 과정을 개발했는데, 이는 사전 지식이 없는 이들을 대상으로 그 분야를 소개하는 입문 코스였다. 위클리프 홀에서 행한 16번의 강의는 많은 학생을 불러들였고, 옥스퍼드에 기반을 둔 블랙웰 출판사의 관심을 끌어서 이 강의를 출판할 수 있을지 의논하자는 요청을 받았다. 내가 출판 가능성에 관심을 보이자, 그들은 내가 어떤 접근을 취해야 할지 제안해달라고 미국과 영국의 유명한 신학자들 몇 명에게 요청했다. 그런데 아쉽게도, 제각기 근본적으로 다른 답변들을 보냈고, 그 가운데 어느 것도 교육학적으로 실행에 옮길 수 없었다.

마침내 출판사와 나는 우호적인 합의에 도달했다. '전문가들'의 견해는 한쪽으로 제쳐놓기로 했다. 나는 특정한 '형태'의 기독교 신학이 아니라 그야말로 '기독교' 신학에 대한 입문서를 쓰기로 했다. 이 저서는 신학에 대한 프로테스탄트, 가톨릭, 정교회, 복음주의의 접근에 대한 논의를 포함하되 모든 접근을 존중하며 올바로 소개하게 될 것이었다. 그러나 이 가운데 어느 하나를 권유하거나 채택하지는 않을 것이었다. 이는 규범적인 책이 아니라 서술하는 책이 되고, 독자들에게 어떻게 생각할지를 일러주기보다 이제껏 개발된 사상을 이해하도록 도와주게 될 터였다. 이는 그들을 미리 결정된 결론으로 유도하기보다는 핵심적인 신학 질문들에 대해 그들의 입장을 스스로 결정하도록 해줄 것이었다. 그리고 무엇보다도, 이 책은 사용자들이 기독교 신학에 대한 사적 지식이 없는 것으로 가정할 터였다. 그래서 모든 것을 소개하고 또 설명할 예정이었다. 우리는 책의 분량을 이런 수준의 설명에 적합하게 맞추기로 합의했고, 그 분량은 내가 자유롭게 정하기로 했다.

그리하여 나는 기쁘게 작업을 착수하여 옥스퍼드 신학코스의 핵심 강의들을 그 책의 열여섯 장의 기초로 삼았다. 문체와 수준의 일관성을 확보하기 위해 모든 것을 다시 손질해야 했다. 본문은 영어를 외국어로 사용하는 독자들을 배려해 구어체나 기발한 표현을 일체 피하고 단순한 영어 산문으로 썼다. 나는 어떤 이슈들을 다루어야 할지, 그리고 그 이슈들을 어떻게 설명해야 할지를 신중하게 생각한 나머지 학생들을 대상으로 확인하고 또 그들에게 초안을 읽고 평가해달라고 요청했다. 개정 과정은 느리고 힘들었을지 몰라도 외부의 도움 없이도 이해할 수 있는 수준으로 확실히 다듬었다. 각 장은 사용자가 그 내용을 제대로 이해했는지를 점검하도록 몇 개의 성찰 질문을 포함하게 될 것이었다.

블랙웰 출판사는 그 책이 약 200페이지가 되기를 바랐는데, 알고 보니 그 분량이 거의 세 배나 되었다. 그것은 지난 1976년에 내가 신학 공부를 시작했을 때 아쉬워했던 바로 그 신학교재였다. 그러나 너무 많은 분야를 다루고 독자들에게 너무 많은 도움을 제공하려 해서 그토록 길어진 것이었다. 그러면 그처럼 비싼 책을 소화할 만한 시장이 있는 것일까? 이를 알아내는 방법은 단 하나뿐이었다.

그 교재는 1993년에 『신학이란 무엇인가: 기독교 신학 입문』(Christian Theology: An Introduction)이란 제목으로 출판되었는데, 이는 말 그대로 기독교 신학에 대한 진정한 입문서로서 특히 그 분야에 생소한 이들을 겨냥한 책이었다. 그 책은 금방 블랙웰 출판사의 베스트셀러가 되었고 그 분야에서 명료한 표현과 믿을 만한 설명을 겸비한 새로운 표준을 설정했다. 이어서 15개 언어로 번역되었고, 유럽의 많은 신학교와 대학교들은 예전에 사용했던 독일어 교재에 비해 읽기 쉽다는 이유로 이 책을 그냥 채택했다. 우리는 그 교재를 사용한 학자들로부터 폭넓은 피드백을 받아서 그로부터 3년 후에 출판된 제2판에 수많은 수정과 추가와 개정 작업을 시행했다. 그 책이 대단한 성공을 거두는 바람에, 나는 여러 교재를 더 집필하게 되었다. 현재 그 저서는 제6판까지 출간되어 계속해서 세계에서 가장 널리 사용되는 신학 교재 중 하나로 자리 잡고 있다.

1995년에 R. T. 프랜스가 영국 국교회의 교구 사역으로 되돌아가기로 결정함에 따라 내가 위클리프 홀의 학장이 되었다. 나는 목사안수를 받게 될 성직자들을 어떻게 가장 잘 훈련할 수 있을지, 그리고 교회가 그 사회적 역할과 기본 신념의 지적 정합성과 관련해 많은 도전을 받는 만큼 그들이 교회를 격려하고 자원을 제공할 수 있도록 그들을 어떻게 신학적으로 구비시킬지에 초점을 맞추었다. 내가 취한 첫 번째 조치는 위클리프 홀과 옥스퍼드대학교의 관계를 강화하는 일이었다. 이를 통해 위클리프는 옥스퍼드대학교의 영구적인 사립 기관으로 인정받았고, 위클리프 학생들이 대학교의 자원을 더욱 많이 사용할 수 있게 해주고 또 위클리프가 다른 칼리지들의 제도적 지혜로부터 유익을 얻게 해주었다.

나의 계약서에는 학장의 임기에 대한 언급이 없었으나, 나는 그것을 10년짜리 직책으로 생각했다. 내가 이와 비슷한 직책을 맡은 적이 있는 사람들과 대화를 나눴더니 그런 직책을 오래 맡을수록 탈진에 빠질 수밖에 없다고 했다. 지오프리 쇼는 10년 간 일한 뒤에 은퇴했고, 딕 프랜스는 6년 후에 물러났다. 나는 기독교 신학 분야의 핵심 과정 하나를 가르치는 일을 계속했는데, 이 과정은 학생들을 교회의 리더십 자리에 앉도록 준비시키고 그들의 설교에 자원을 제공하는 일에 필수불가결하다고 생각했기 때문이었다.

나의 출판물이 계속 늘어나면서 나는 북미의 대표적인 대학교와 신학교들로부터 신학 교수로 초빙한다는 초대장을 받기 시작했다. 하지만 앞으로도 영국에서 사역을 계속해야겠다는 확신이 있었으나 미국과 캐나다의 동료들을 불쾌하게 만들고 싶지 않았다. 그래서 이런 직책에 대한 의논을 거절하기에 적당한 이유를 꾸며내지 않을 수 없었다. 그러다가 마침내 1999년에 옥스퍼드대학교가 나의 국제적인 명성을 공식적으로 인정한다는 의미로 나를 지명해 '역사신학의 정교수' 호칭을 수여하는 바람에 안도의 숨을 내쉬었다. 나는 이제 옥스퍼드 정교수의 모든 특권을 누리게 되었다. 물론 봉급만 제외하고.

이 신학 석좌교수직 덕분에, 나는 이제 영국을 떠나도록 유혹하는 손길에 저항할 수 있었다. 나는 옥스퍼드에 머물러 있으면서 학계와 교회를 모두 섬기고 싶었다. 더구나, 이 상급은 하나의 획기적인 사건, 즉 옥스퍼드의 동료들이 나를 인정해줄 뿐만 아니라 내가 신학의 산을 등반했다는 것을 공인받는 큰 지표이기도 했다.

이제 나는 과학과 신학 두 분야에서 신뢰를 확보한 이상 둘 사이의 관계를 지적으로 탐구할 수 있게 되었다. 그리하여 마침내 제레미 놀스가 25년 전에 제기했던 이슈가 해결되었다고 느꼈다.

그동안 나는 옥스퍼드에서 여러 가지 일을 계속했다. 칼리지를 운영하는 것, 신학 과목을 강의하는 것, 대학원생들을 지도하는 것, 출판하는 것, 그리고 공개 강연을 통해 위클리프의 프로필을 개발하는 것 등이었다. 예컨대, 2000년에는 캔터베리와 요크의 대주교들이 나에게, 엘리자베스 여왕의 참석 하에 웨스트민스터 사원에서 열리는 영국 국교회 총회의 개회 설교를 맡아달라고 부탁했다. 그날 오늘날의 문화 풍조를 수동적으로 받아들이지 말고 문화 참여를 긍정하고 환영할 필요성에 관해 설교했다.[1]

2000년에 이르러, 나는 비로소 변증의 중요성을 깨닫게 되었다. 이는 종교적 신념에 대한 일반 문화의 관심사와 의문점을 다루는 것, 기독교는 이해할 수 있는 종교이고 인간 경험의 실체를 다룰 능력이 있음을 보여주는 것, 세속적인 문화적 대안들에 대해 의문을 제기하는 것, 기독교 신앙의 어휘를 세속 문화에 소통할 수 있는 용어로 번역하는 것 등을 추진하는 영역이다. 그 무렵, 나는 신앙의 합리성에 관한 몇 몇 옥스퍼드 토론에 참여하게 되었는데, 그 중에는 발리올칼리지에서 저명한 옥스퍼드 무신론자이자 과학자인 피터 앗킨스와 리처드 도킨스와 더불어 이 주제에 관한 삼자 간의 사적인 논쟁에 참여한 것도 들어있다. 나는 비록 선지자는 아니었으나 다음 십 년 동안 그들의 과학적 무신론이 기독교에 대한 주된 도전이 될 것임을 내다볼 수 있었다.

그때 1978년 여름에 옥스퍼드대학 출판사의 편집인과 점심을 먹으며 나눴던 대화, 나에게 도킨스의 『이기적 유전자』에 대한 신학적 견해를 글로 써보라고 권했던 그 대화가 문득 생각났다. 내가 거절했던 것은 나보다 더 나은 자격을 갖춘 사람들이 있는 게 분명해 보였기 때문이었다. 그런데 놀랍게도 여태껏 아무도 이 도전을 떠맡지 않았다. 그동안 나는 도킨스가 쓴 글을 모두 읽었고 그가 제기한 질문들에 어떻게 반응할지를 곰곰이 생각해보았다.

출판 가능성이 처음으로 제기된 지 25년이 지난 2003년, 아무도 과학과 종교에 관한 도킨스의 견해를 신학적으로 분석하고 평가한 책을 출판하지 않았기에, 나는 (이제야 알게 된) 불가피한 대결에 대한 준비의 일환으로 이 과업을 내가 맡기로 결심했다. 그리하여 신앙에 대한 도킨스의 비판을 다루고 그런 문제점에 대한 반응을 개진한 『도킨스의 신』(Dawkins' God)이 2004년에 출판된 것이다.[2] 자연스레 나는 도킨스의 접근, 곧 종교에 대한 대중문화의 혐오와 결합된 무비판적인 과학적 실증주의를 표상하는 그 접근에 여러 의문을 제기하기도 했다. 25년에 걸친 부화 기간을 거친 덕분인지 그 저서는 유난히 초점이 뚜렷하고 일관성 있는 책으로 탄생해서 좋은 반응을 얻었다.

또한 나는 위클리프 홀에 변증의 기초 코스를 도입했다. 나중에는 마이클 그린과 나란히 이 코스를 가르쳤고, 이것이 영국 국교회 신학교육의 필수과목에 되도록 열심히 싸웠다. 그러나 내가 여전히 모르고 있는 이유로 그 시도는 완전히 실패하고 말았다. 이 이슈에 관한 한 나는 외톨이 신세가 되었다. 신학과 문화의 상호관계에 관한 그런 논의를 환영한 옥스퍼드 지성공동체 내에서가 아니라 그런 주제를 주변적인 것으로 여긴 영국 국교회 내에서 그랬다. 영국 국교회의 관료들은 학생들에게 성공회 정체(政體)의 이슈들에 관해 가르치는 것이 서구 문화에서 사유하는 이들을 위해 기독교가 하나의 중요한 대안으로 살아남게 하는 것보다 더 중요하다고 생각하는 듯했다.

내가 2004년에 위기를 직면했다고 말하면 그것은 하나의 과장일 터이다. 그것은 내가 결코 원치 않았던 갈림길에 서게 된 사건 그 이상이었기 때문이다. 나는 교회의 성직자와 평신도의 신학 교육에 완전히 헌신되어 있었고, 그 중에 하나는 그들이 곧 코앞에 닥칠 문화적 도전에 대처할 수 있도록 그들을 구비시키는 일이었다. 마치 중요한 학식과 그 역량을 올바로 적용하면 교회 사역을 풍성하게 할 수 있기 때문에 그런 학식이 중요하다고 내가 확신했던 것과 같다. 이것들을 함께 붙잡고 둘 다 귀하게 여기는 영국 국교회의 능력과 기꺼운 자세가 과거에는 가장 큰 강점들 중 하나였었다. 하지만 이제는 이 통합이 따로 분리되는 듯했다. 당시에 옥스퍼드의 주교였던 리처드 해리스는 이런 공적인 참여를 수행할 만한 능력이 있었지만, 사람들에게 손길을 뻗치려면 지나치게 단순화해야 한다고 믿는 영국 국교회의 추세 때문에 그는 외로운 목소리가 되고 말았다.

내가 상황을 오해했을지도 모르지만, 영국 국교회가 중요한 문화적 이슈들에 지성적으로 관여할 만한 역량을 잃어가고 있고, 사태를 악화시키는 방향으로 성직자 훈련 정책을 개발하고 있다고 느꼈다. 이 문제는 내가 영국 국교회의 2003년 보고서('배우는 교회 내에서의 사역을 위한 형성', 흔히 'the Hind Report'로 알려져 있다)를 읽으면서부터 생겨난 염려거리였다. 이 달갑잖은 문서는 그 시점까지 다함께 협력했던 영국 국교회의 신학 대학들을 서로 경쟁관계로 돌입하게 만들었다. 그 문서는 좋은 의도로 가르침과 훈련 방식에 변화를 도모하도록 제의했지만, 이는 의도치 않게 성직자 교육의 질을 떨어뜨릴 수밖에 없을 것이었다.

1980년대에는 목사안수 후보자들이 대체로 대대로 물려받은 기독교 전통에 관한 지식이 풍부했고, 이를 신학 교육이 더욱 증진시킬 수 있었다. 그러나 영국 기독교 내에 변화가 일어나고 있었던 만큼 신약 교육이 이제는 맨 먼저 그런 지식을 확립시키지 않으면 안 되었다. 그리고 그 보고서가 제의한 사항을 채택하면, 이제는 차세대 성직자들의 가르치고 설교하는 사역을 잘 뒷받침해 줄 만큼 신학을 깊이 있게 또는 상세하게 가르치는 일이 불가능해질 터였다.

나는 내가 엉뚱한 곳에 있다고 느끼면서 새로운 역할을 찾아야겠다는 생각이 들기 시작했다. 2004년, 그러니까 내가 위클리프 홀의 학장으로 일한 지 9년 후에 나는 사임하고 옥스퍼드 기독교 변증 센터(Oxford Centre for Christian Apologetics)를 설립해 초대 대표가 되었다. 갓 태어난 이 기관이 일단 정착한 후에, 나는 한걸음 물러나서 더 작은 역할을 수행할 수 있었고 다음에 할 일에 대해 생각할 수 있었다. 다행히도 그 새로운 센터는 금방 자리를 잡았다. 이제 나는 무언가 새로운 것으로 이동할 수 있었다. 그런데 그게 무엇일까?

13장

두 정상: 꼭대기에서 바라본 전망

나는 창문을 통해 희미하게 보는 것으로 만족하는 법을 배웠다. 내가 어디로 향하는지 또는 내가 무엇을 하도록 되어 있는지를 분명히 볼 수 없었지만, 나에게 걸맞은 듯 보이는 역할들에 이르는 길을 찾아갔던 것이다. 때때로 우리의 인생은 우리가 돌이켜볼 때 더 이해하게 되고, 우리가 한때 패턴이 없다고 생각했던 곳에서 패턴이 드러나는 것을 보게 된다. 나는 과학과 신학이란 두 개의 산을 등반한 끝에 이 쌍둥이 정상의 꼭대기에서 풍부하고 복잡한 전경을 둘러보게 되었고, 또한 다른 이들에게 내가 볼 수 있는 것을 얘기할 수 있게 되었다.

당신의 소명을 찾는 일은 종종 당신의 은사를 파악하고 그 은사와 수행될 일의 관계를 숙고하는 것을 포함한다. 내가 걸었던 신앙의 여정을 돌아보면, 개인적 차원과 공동체적 차원에서 기독교 신앙에 대한 올바른 지식을 얻는 것과 더불어 다른 이들이 자기 신앙과 지식에서 성장하도록 돕는 일이 중요함을 새삼 깨닫게 된다. 나는 위클리프 홀에서 성직자 후보생들에게 기독교 신학을 가르치고 설교하는 법을 전수하는 한편, 옥스퍼드대학교의 역사신학 정교수로 선임 학자의 역할을 개발함으로써 그런 일을 수행할 수 있었다.

이제 나는 새로운 역할을 찾기 위해 나 자신을 재창조할 필요가 있었다. 그렇게 되면 영국 국교회 내에서 계속 사역하고, 그 교회 소속 성직자의 신학 교육에 참여하고, 옥스퍼드 또는 다른 세계적인 대학교에서 학문적 연구와 가르치는 역할을 유지할 수 있을 터였다. 오래전부터 내가 논란이 많고 복잡한 '자연신학'을 탐구하고 싶었던 이유는 이 주제가 신학과 자연과학의 상호관계를 다루게 하고 또 더 넓은 문화적 이슈들에 대해 지적인 플랫폼을 제공한다고 생각했기 때문이다. 자연신학은 신학과 변증을 섞을 수 있게 해줄 것이었다.

좋은 소식이 있었다. 존 템플턴 재단이 이것을 중요한 주제로 생각해 2006년 9월부터 2년 간 내가 옥스퍼드의 해리스 맨체스터칼리지에서 선임 연구원으로 일할 기금을 제공하기로 결정함으로써 내가 이 주제에 초점을 맞추고 또 장래를 위해 스스로 준비할 수 있게 되었다는 것이다. 이 칼리지는 큰 비전을 지닌 학장 랄프 월러의 지도 아래 과학과 종교의 분야에서 좋은 평판을 쌓았으므로 내가 연구하기에 이상적인 장소였다. 이 기금 덕분에 나는 장래에 대해 생각할 시간을 갖게 되었고, 이제는 행정적인 책임이 전혀 없는 만큼 몇 가지 핵심 연구 및 글쓰기 프로젝트에 완전히 전념할 수 있게 되었다.

이제까지, 나는 시간적인 제약 때문에 1990년에 옥스퍼드에서 뱀턴 강좌[1]를 한 이래 기금이 딸린 중요한 강의 시리즈를 제공한 적이 없었다. 내가 연구와 글쓰기에 전념할 수 있게 되었다는 소식을 들은 동료들이 나에게 중요한 강좌를 연달아 맡겼다.

뉴캐슬대학교의 리델 메모리얼 강좌(2008), 애버딘대학교의 기포드 강좌(2009), 그리고 케임브리지대학교의 헐시안 강좌(2009-10) 등이었다. 각 강좌에서 나는 자연신학을 주제로 다루었다. 이런 강좌를 하려면 세 차례의 강의에 필요한 강의록을 쓰고 이어서 각각 정식 연구논문으로 만들어야 하기 때문에 상당히 많은 시간이 투자되었다. 그 가운데 많은 부분은 해리스 맨체스터칼리지에 몸담고 있는 동안 준비할 수 있었다.

학문 세계로 되돌아가기로 한 내 결정은 옥스퍼드에서 선임 연구원으로 일했던 첫째 달에 매우 극적으로 그 정당성이 입증되었다. 리처드 도킨스의 무신론 선언서에 해당하는 『만들어진 신』(The God Delusion)이 2006년 여름에 출간되어 국제적인 베스트셀러가 되었다. 도킨스는 스스로 과학을 그의 무기로 삼고 모호하게 일반화한 소위 '종교'와 전쟁을 벌이겠다고 선언했다. 그 책의 오만하고 생색내는 신탁적인 어조와 그 자신과 동의하면 역사의 옳은 편에 선다는 미묘한 암시 때문에 도킨스의 책은 상당한 대중적 영향을 미칠 것이 확실했다. 이에 대한 반응이 시급히 필요했다. 내가 그 일을 할 수 있다고 자각했다. 『도킨스의 신』(2004)이 매우 긍정적인 반응을 얻었기 때문에 많은 이들은 과학과 종교에 관한 도킨스의 견해에 대해 내가 다른 누구보다도 더 잘 알고 있다고 생각했다. 나는 BBC 방송에서 열릴 도킨스와의 논쟁을 준비하기 위해 몇 주 전에 『만들어진 신』을 읽었었다. 그리고 내가 학계에서 새로운 역할을 맡는 바람에, 다른 사람에게 자문이나 허락을 받을 필요 없이 '곧바로' 반응을 글로 표현하는데 필요한 시간이 있었다.

2006년 9월, 나는 런던 소재 기독교 출판사인 SPCK에 연락해서 도킨스에 대한 25,000 단어짜리 나의 반응을 고속으로 작업하여 여섯 주 내에, 즉 2007년 1월 내지는 2월까지 출판하는 것을 조건으로 그

원고를 보냈다. SPCK가 흔쾌히 동의해서 한 주 내에 계약했다.

나는 심리학자인 조안나와 협력해서 그 분야와 관련된 도킨스의 흥미롭되 피상적이고 잘못된 탈선 몇 개를 지적할 수 있었다. 우리의 반응은 『도킨스의 망상』(The Dawkins Delusion? Atheist Fundamentalism and the Denial of the Divine)으로 출판되었다. 그리고 금방 국제적인 베스트셀러가 되었다.

이후에 다른 저자들이 쓴 더욱 사려 깊고 상세한 도킨스 비판서들이 출판되어 그 논쟁에 깊이와 범위를 더했다.[2] 하지만 『도킨스의 망상』은 기독교적 관점에서 도킨스를 다룬 최초의 중요한 책이었고, 따라서 이후의 논의에 방향을 잡아주었다. 만일 내가 맡은 학문적 역할이 유연함과 위상을 겸비하고 또 표현의 자유를 허락하지 않았더라면, 나는 결코 그 책을 쓸 수 없었을 것이다.

그 이후 예측한 대로, 새로운 무신론(the New Atheism)은 그 자체의 번영과 불황을 거듭하다 결국 사그라들었고 애초의 사회적 매력을 잃고 말았다. 그 무신론은 이제 늙어가는 백인 중산층 서구인이 지배하는 어쩔 수 없는 근대적 운동으로 간주되고, 이는 그 자체가 문화적 영향과 가정(假定)에 의해 형성된 것임을 인정하지 못하는(이를 '인식하지' 못하기 때문이다) 만큼 보편성과 객관성의 주장을 의심하는 포스트모더니즘에 무척 취약하다. 지금은 학계와 진보적인 문화계 내에 인간 이성에 대한 편협하고 경직된 계몽주의적 견해를 배척하는 분위기가 널리 퍼져 있어서 새로운 무신론은 합리주의 모래언덕에 좌초한 한편, 다른 모든 이들은 우리 세계를 이해하고 또 관여하는, 똑같이 합리적인 다른 방식들을 탐구하느라고 바쁘다.

나의 견해는 이렇다. 새로운 무신론은 과학역사 또는 과학철학과의 진지한 토론을 외면한 채 순진한 과학적 실증주의를 대변했고, 그것이 문화적 주목을 끌었던 이유는 종교적 신자들은 좌절시켰으나 당시 서구문화 특유의 열병이었던 반(反)종교적 편견과 무지와 통했던 투박한 종교 패러디 때문이었다는 것이다. 나는 2006년에 무신론을 주창하는 도킨스의 논리를 읽으면서 약간의 향수를 느꼈다. 그의 논리는 먼 과거인 1970년의 내 논리, 즉 자연과학에 대한 역사적이고 철학적인 접근에 이르는 관문의 역할을 한 칼 포퍼를 내가 읽고 독단주의의 잠에서 깨어나기 전의 논리와 너무도 비슷했다.

나는 이제 나 자신이 미디어에 의해 공적 지식인으로 간주되고 있음을 알았다. 말하자면, 종교적 이슈들, 특히 과학과 관련된 이슈들에 관한 매우 피상적인 논쟁에 불려나가는 인물이 된 것이다. 그러나 이런 역할은 내게 지적인 만족감을 주지 않는다는 것을 발견했다. 왜냐하면 미디어는 무슨 사안이든 끊임없이 간단한 답변을 요구하지만, 이는 중요한 역사적 연구가 밝혀낸 사안의 복잡성과 잘 어울리지 않기 때문이다. 대중화는 단순화를 내포하고, 단순화는 왜곡할 위험을 안고 있다.[3] 나는 학계에 배신자가 될 위험에 처했다고 느꼈는데, 과학과 신앙에 관한 대중적인 논쟁에서는 학문이 단지 무시될 뿐만 아니라 적극적으로 평가 절하되기 때문이다. '우리는 이것을 듣고 싶지 않다'고 한 프로듀서가 내게 말했다. '그래도 당신은 이것을 들을 필요가 있다'고 내가 응답했다.

내가 당시에 교회가 직면한 문화적 이슈들을 다룰 능력이 있는 사람으로 보였기 때문인지 누군가 영국 국교회의 선임 리더십 역할에 대한 나의 의견을 타진했다. 그래서 영국 총리의 자문관이 나의 장래에 대해 의논하자며 나를 다우닝가 10번지로 초대했고, 그는 나에게 나 자신을 어느 대성당의 주교나 주임 사제가 될 인물로 봐야 한다면서 이후 몇 년에 걸쳐 어떤 가능성이 생길 때 그에게 연락하라고 요청했다.

나는 나의 형편을 바라보는 그 자문관의 관점이 무척 고마웠으나, 내가 그런 역할을 맡을 만 한 듯이 나의 잠재력을 과대평가했다고 느꼈다. 나의 재능은 일차적으로 지성의 영역과 관련이 있었다. 영국 국교회에서 이안 램지와 같은 학자 겸 주교의 시대는 이제 지나간 것처럼 보였다. 지금은 주교나 주임 사제가 엄청난 행정 책임을 떠맡기 때문에 나는 그런 짐에 압도될 것만 같았다. 이런 역할은 특별한 은사를 요구했다. 물론 어떤 이들은 달리 생각하겠지만, 나는 나에게 그런 은사가 있다고 생각하지 않았다. 나의 예감은(이 단계에서는 말 그대로 예감에 불과했다) 내가 학계에 계속 남아 내 업무내역의 일부는 아니라도 틀림없이 내 소명의 일부라고 느끼는 회중들을 섬기는 길을 찾아야겠다는 것이었다.

2007년 가을, 킹즈칼리지런던이 나에게 2008년 9월부터 실행되는 교육 및 전문직 연구학과 내에 개설될 새로운 신학 교육 석좌교수직에 지원할 생각이 있는지 문의했다. 킹즈칼리지는 학계와 교회와 사회 간의 창의적인 상호작용을 격려하기 위해 1829년에 조지 4세 왕과 웰링턴의 공작이 설립한 학교로서 진지한 신학적 연구와 성찰을 촉진시키는 오랜 전통을 갖고 있었다. 나에게 이 직책을 제안하는 데는 아무런 이의가 없었다. 하지만 킹즈칼리지는 애초에, 그들이 그런 석좌교수직에 기금을 공급한다면, 상당히 많은 후보들이 지원하게 되기를 원했다. 그 석좌교수직의 요건은 신학 연구를 착수하고, 성직자 후보생들에게 신학대학원 과정을 가르치고, 연구반 학생들을 지도하는 일이었다. 나는 관심을 표명했다. 2008년 봄에, 칼리지가 이 새로운 석좌교수직(신학, 사역, 교육 담당 정교수)을 개설하기로 합의했고 그 직책에 대한 지원서를 받고 있다고 나에게 알려주었다. 그래서 나는 지원했고, 그 직책을 충분히 맡을 만한 다른 두 명의 선임 학자들과 더불어 인터뷰를 했다. 세 시간 후에 내가 선발되었다.

옥스퍼드를 떠나게 되어 슬픈 마음이 들었지만, 그것이 유익한 이동임을 나는 알았다. 킹즈칼리지는 하나의 대표적인 국제적 연구중심 대학교였다. 런던은 나에게 완전히 새로운 교육과 문화 경험을 선사할 것이었다. 워터루 역 근처에 있는 나의 교수실은 테임즈의 남쪽 강둑을 내려다보았고, 국회의사당이 내 왼편에, 성 베드로 성당이 내 오른편에, 그리고 국립극장이 정면에 위치해 있었다. 그래서 나는 과잉 수용과 과소투자의 시대에 옥스퍼드셔에서 런던 중심부로 출근하는 무리에 합류해 짜증나는 전철 출퇴근을 몸소 체험했다.

나는 영국의 수도에서 이 학문적 역할을 떠맡은 덕분에 웨스트민스터 사원과 성 바오로 성당 같은 런던의 주요 기관들과 함께 신학적 관점에서 우리 시대의 큰 이슈들을 다루는 일에 참여하는 새로운 기회를 얻었다. 그래서 대학원생들과 함께 신학과 문화의 이슈들에 관여하는 동시에 진지한 학문적 연구도 병행할 수 있게 되었다. 이 학생들 중 다수는 영국 국교회의 성직자로서 그들 사역에 학문적 깊이와 온전함을 도입하려고 노력했다. 나는 또한 너무나 기쁘게도 과학과 종교라는 석사과정 과목도 가르치게 되었는데, 이는 킹즈칼리지가 이 영역에 학문적 연구를 투입하라는 요구에 부응하기 위해 개설한 것이었다. 하지만 나는 옥스퍼드와의 연줄을 잃지 않았다. 해리스 맨체스터칼리지가 뜻밖에도 나의 선임 연구직을 무한정 연장시키는 관대함을 베풀어줘서, 내가 옥스퍼드에 머무는 동안에는 작은 교수실을 사용할 수 있었다.

석좌교수직으로 인해 나는 학자로서의 경력을 쌓고, 신학 전반과 과학과 종교란 전문 분야 모두를 가르치고, (영국 국교회를 포함하되 그 교회에 국한되지 않는) 영국 교회들에서 사역하는 이들에게 필요한 자원으로 남을 수 있었다. 나는 킹즈칼리지에서 그 직책을 맡은 즉시 다우닝가에 편지를 써서 그들의 관심에 감사를 표명하되 앞으로는 영국 국교회의 선임직책에 나를 고려하지 말아 달라고 요청하였다. 설사 그런 직책이 나에게 제공되어도 그것을 받아들일 수 없을 것이라고 말했다.

나는 여전히 영국 국교회를 섬기는데 헌신되어 있었지만 나의 능력에 더 잘 맞는 보다 소박한 역할을 통해 그러고 싶었다. 그래서 우리 지역의 성공회 주교를 만나서 코츠월즈에 있는 우리 집 근처의 농촌 교구들에 속한 성직자 팀의 일원이 되기로 했고, 그 결과 이따금 예배를 인도하고 작지만 매우 신실한 시골 회중들에게 설교하는 특권을 누리게 되었다.

이런 시골 교구에서 일하는 바람에, 나는 신학적인 이중 언어 구사자가 되었다. 학문적 청중을 대상으로 신학에 관해 얘기할 때와 시골 회중들에게 설교할 때 각각 다른 방식으로 언어를 구사했기 때문이었다. 나는 나의 관념을 나의 청중에게 통할 수 있는 언어와 이미지와 이야기로 옮기는 기술을 배워야 했다. C. S. 루이스는 '당신 청중의 언어를 배우고' 당신의 관념을 다른 맥락에서 효과적이고도 믿을 만하게 번역하는 일이 중요하다고 늘 강조했었다.

끝으로, 2013년 9월 나는 옥스퍼드의 과학과 종교 담당 안드리아스 이드레오스 교수 겸 이안 램지 과학과 종교 연구소의 소장으로 일할 것을 고려해보라는 요청을 받았다. 그 직무는 과학과 종교적 신앙의 관계의 모든 측면을 다루되 이 관계의 역사와 오늘날의 형태를 다루는 것이라고 했다. 그것은 내가 그동안 갈망했던 직무였다. 내가 과학과 종교의 관계를 깊이 있고 상세하게 탐구하되 특히 오늘날의 학문적 토론과 공적인 논쟁에 비추어 그럴 수 있기 때문이었다.

먼저 몇 가지 사안을 분명히 하려고 신학과 종교 분야 옥스퍼드 교수진의 대표와 의논한 후 내 이름이 제출되도록 허락했다. 11월에 인터뷰를 거친 후, 내가 그 직책에 선발되어 2014년 4월에 옥스퍼드에서 새로운 역할을 수행하기 시작했다.

내 생애 처음으로 나는 옥스퍼드대학교에 고용된 것이었다. 중세까지 거슬러 올라가는 언어 형식을 사용하자면 '옥스퍼드대학교의 총장, 대가들과 학자들'에게 고용된 셈이었다. 사실 이드레오스 석좌교수직은 해리스 맨체스터칼리지의 정교수 장학금에 붙어있었기 때문에 나는 학생과 학자로 구성된 매우 특별한 옥스퍼드 공동체와 계속 관계를 맺을 수 있었다. 말할 필요도 없이, 나는 이날까지 코츠월드 교구들의 성직자 팀의 일원으로 계속 섬기고 있다.

세상에 완벽한 직업은 없다. 나는 곧 대도시 런던의 다양한 청중들(선임 학자, 금융업자, 정치인, 외교관, 공무원 등)을 대상으로 강의했던 것을 그리워하게 되었다. 이런 강의 후에 가진 질문 시간은 매우 흥미진진했으며, 이를 옥스퍼드의 청중에게서는 기대할 수 없었다. 그러므로 동료들이 나에게 2015년 9월에 공석이 되는 3년짜리 그레샴 신학 교수직에 지원하라고 제안했다. 이는 런던 시에서 그레샴칼리지의 설립과 함께 1597년에 개설된, 영국에서 가장 오래되고 가장 저명한 공공신학 석좌교수였다. 이 직책을 맡으면 3년에 걸쳐 런던에서 매년 여섯 번의 공개 신학강의를 하게끔 되어 있었다. 청중은 내가 과거에 큰 보람을 느꼈던 바로 그 사람들이었다.

이 직책의 후보에 내 이름을 올리려면, 옥스퍼드대학교의 허락이 필요했다. 합당한 자문을 거친 후에 내 이름을 제출해도 좋다는 허락과 함께 격려까지 받았다. 이 직책을 맡았던 나의 두 전임자들은 각각 종교와 예술, 그리고 종교와 정치에 관한 강의를 했었다. 나는 종교와 자연과학에 관한 강의를 하겠다고 제안하자, 그레샴칼리지가 무척 환영하면서 나를 선발했다. 이 강의에 대규모 청중이 몰리면서 런던 시에서 좀 더 넓은 공공장소로 옮기지 않으면 안 되었다. 그레샴칼리지는 친절하게도 나의 계약을 일 년 더 연장하자고 제안했으나, 나는 옥스퍼드에서 맡은 추가 책임으로 너무 바빠서 그 제안을 받아들일 수 없었다.

지금 뒤돌아보면, 내가 맡은 과학과 종교 분야의 옥스퍼드 이드레오스 교수직은 그 옛날 1971년 12월에 아일랜드 해를 건너는 페리의 갑판 위에서 내가 구상했던 발견 여정의 최고점임을 비로소 알게 된다. 하지만 그 여정이 이 특정한 형태를 띠게 될 줄은 내가 결코 예측할 수 없었다. 아마 이는 우리 소명의 성격에 관한 우리의 모든 생각에 해당될 것이다. 우리에게 주어진 것은 우리의 목적지를 묘사하는 상세한 지도가 아니라 우리에게 방향을 알려주는 나침반이다. 나는 창문을 통해 희미하게 보는 것으로 만족하는 법을 배웠다. 내가 어디로 향하는지 또는 내가 무엇을 하도록 되어 있는지를 분명히 볼 수 없었지만, 나에게 걸맞은 듯 보이는 역할들에 이르는 길을 찾아갔던 것이다. 때때로 우리의 인생은 우리가 돌이켜볼 때 더 이해하게 되고, 우리가 한때 패턴이 없다고 생각했던 곳에서 패턴이 드러나는 것을 보게 된다.

나는 과학과 신학이란 두 개의 산을 등반한 끝에 이 쌍둥이 정상의 꼭대기에서 풍부하고 복잡한 전경을 둘러보게 되었고, 또한 다른 이들에게 내가 볼 수 있는 것을 얘기할 수 있게 되었다. 나는 오랜 질문들을 새로운 관점에서 또 새로운 빛에 비추어 관찰하게 되어 그 질문들에 대한 새로운 답변들을 발견했다. 이 주제는 이 책의 제3부에서 다룰 터인데, 거기서 내가 한때 결정적으로 해결했다고 생각했던 이슈들이 나중에 내가 본래 인지했던 것보다 더 복잡한 것으로 판명되어 새로운 이해와 통찰의 관점을 요구했다는 것을 보여줄 예정이다.

THROUGH A GLASS DARKLY

제3부

오랜 질문과 새로운 통찰
신앙의 섬에서 살아가다

14장

자명하게 보였던 것을 재고하다

19세기의 콩트식 실증주의, 20세기의 논리 실증주의, 그리고 21세기 초의 새로운 무신론은 모두 그것들이 약속한 확실한 지식을 전달하는데 실패한 넘어진 우상들이다. 새로운 무신론은 우리의 망상을 없애주겠다고 큰 소리 쳤지만 그 자체가 결국 망상의 대열에 끼고 말았다. 우리는 불확실성에 압도되지 않은 채 불확실성을 받아들일 필요가 있다.

2018년 2월, 나는 십대 시절의 나에게 보내는 가상적인 편지를 쓰라는 초대를 받았다.[1] 그것은 유익하면서도 골치 아픈 실험이었는데, 완고하고 비판적인 늙은이가 앞으로 50년 동안 자기에게 무슨 일이 일어날지 모르는 순진하고 이상주의적인 소년에게 보내는 편지였기 때문이다.

나는 1960년대 말에 내가 무슨 생각을 했는지 매우 잘 알았고, 당시에 확실하고 탄탄한 듯했던 신념들 중 얼마나 많은 것이 부적절한 것으로 노출되어 반세기 후에 무너질지를 볼 수 있었다. 나의 자유 사상은 그 어떤 외부 권위에도 구속받지 않았을지 몰라도 나를 지적인 불모지로 입증된 장소로 이끌었다. 그 짧은 편지는 이렇게 시작되었다.

> 어떤 것들은 네게 단순하고 자명하게 보인다는 것을 나도 안다. 너는 인생의 모든 큰 의문들을 과학이 다 해결할 수 있다고 생각하지. 하나님을 믿는 것은 시대에 뒤떨어지고 비합리적이라고, 그리고 오직 증명될 수

14장 자명하게 보였던 것을 재고하다

있는 것만 믿어야 한다고 너는 생각한다. 네가 아직 이 말을 들을 준비가 되지 않았겠지만 현실은 그리 단순하지가 않단다.

그 가상적인 편지에서 내가 비록 생색내듯 말했지만, 이는 공정한 지적이었다. 역사는 한 세대가 확실히 해결된 사안으로 간주하는 많은 것이 당대의 일시적인 전통적 지혜에 불과하다는 점을 폭로한다. 철학자인 알프레드 노스 화이트헤드는 제1차 세계대전 직후 자기반성의 시기에 그런 추세를 이렇게 비판했다. '각 세대가 마침내 세계를 이해하는데 필요한 개념들을 얻었다고 믿는 그 의기양양한 확신을 우리는 의심해야 하지 않는가?'[2]

1960년대를 뒤돌아보면, 화이트헤드의 말이 그 불안정한 시대의 몇몇 야심찬 철학자들보다 보편적인 진리에 더 가깝다는 것을 알 수 있다. 고대 그리스 철학자 에베소의 헤라클레이토스로부터 단서를 얻어서, 우리는 끊임없이 변하는 세상에 휘말려들었다는 사실, 곧 한때 확실해 보였던 것이 시간의 흐름에 휩쓸리는 그런 세상에 있음을 받아들이지 않으면 안 된다. 1960년대만 해도 계몽된 현대적인 것으로 간주되었던 많은 견해들이 지금은 사라진 세계에 속한 특정한 역사적 문화적 맥락에 처해 있었던 것으로 밝혀졌다.

나는 그런 견해를 견지했던 예전의 나 자신을 비판하는 것이 아니다. 하지만 현재 나의 십대 시절에 존재했던 하나의 끈질긴 패턴을 보게 된다. 불확실성을 관용하지 못하는 태도, 인생의 큰 질문들이 복잡하다는 것을 인정하길 꺼려하는 입장과 같은 것들이다. 나는 역사의 옳은 편에 서길 원했고 나 자신을 이른바 '진보적인' 사상과 집단의 노선에 맞추고 싶었다. 나는 젊었기에 어떤 비판적인 조사도 하지 않고 당시에 문화적으로 용인된 견해들을 흡수하는 지적인 카멜리언이 되기 쉬웠다. 내가 '자유사상'이라 생각했던 것이 자칭 진보주의자들이 미리 정해놓은 경직된 노선을 따르는 사상으로 판명되었다. 1971년 봄에 이르러야 비로소 나는 참으로 자유롭게 생각하기 시작했고, 칼 포퍼와 같은 사상가들의 도움을 받아 눈을 뜨게 되었다.

내가 이제 깨닫게 된 바는 1960대 말에 내가 사실들로 생각했던 것이 기껏해야 '지적인 유행'과 '당시의 일시적 가치들'에 불과했고,[3] 사람들이 그 대중성을 신빙성의 지표로 잘못 수용했다는 점이다. 나는 우리의 세계가 훨씬 더 복잡하다는 것, 그리고 우리의 지적인 안목이 내가 한때 믿었던 것보다 통찰력이 부족하다는 것을 비로소 깨닫게 되었다. 우리는 창문을 통해 희미하게 볼 뿐이지 예전 나의 과학적 합리주의가 약속했듯이 명약관화하게 볼 수 있는 것이 아니다.

많은 사람은 인생의 바다 위를 항해할 때 속 깊은 의문들에 대해 명쾌한 답변을 주는 확실성의 섬을 발견하길 바라는 그릇된 희망을 품는다. 그러나 역사는 그런 섬이 단지 확실성의 모조품과 경험 세계와의 빈약한 연결고리만 제공할 뿐이라고 시사한다.

19세기의 콩트식 실증주의, 20세기의 논리 실증주의, 그리고 21세기 초의 새로운 무신론은 모두 그것들이 약속한 확실한 지식을 전달하는데 실패한 넘어진 우상들이다. 새로운 무신론은 우리의 망상을 없애주겠다고 큰 소리 쳤지만 그 자체가 결국 망상의 대열에 끼고 말았다. 우리는 불확실성에 압도되지 않은 채 불확실성을 받아들일 필요가 있다.

앞에서, 나는 한때 나에게 이성과 과학의 단단한 확실성처럼 보였던 것이 풀어지고 분해되는 과정을 묘사한 적이 있다. 과거에 내가 난공불락의 자명한 진리로 생각했던 것이 훗날 잠정적이고 무너질 수 있는 것으로 드러난 셈이다. 내가 도무지 침몰할 수 없다고 생각했던 세계관이 역사적 학문과 엄밀한 과학적 비판의 빙산 위에 침몰하고 말았다. 나는 난파되어 어느 섬에 표류한 후, 당연히 이 잔해에서 무언가를 건지려고 애썼고 보존할 수 있는 것을 찾아 다시 사용하려고 노력했다.

그러면 지금 나는 어디에 서 있는가? 나는 한때 난파되어 낯선 신앙의 섬에 표류했는데, 지금은 장기적인 거주민이 되어 그 지표들에 새로 도착한 것을 보여주는 기쁨을 누리며 이 피난처에서 몸소 발견한 것을 이야기로 들려주고 있다. 그렇다면 과학과 신앙, 그리고 믿을 만한 지식 탐구에 관한 나의 원숙한 견해가 십대 시절 내가 견지했던 견해와 어떤 관계가 있을까? 마지막 제3부에서 이런 주제들에 관해 내가 배운 것을 살펴보려고 하는데, 먼저 옥스퍼드대학교 첫 학기 동안 일어났던 일, 곧 내가 무신론에서 기독교로 이동한 결정적인 전환에 대해 비판적으로 고찰하는 일부터 다루어보겠다.

15장

실재를 보다:
기독교는 '큰 그림'이다

나는 루이스의 글을 읽은 덕분에, 어두운 풍경에 빛이 비치고 렌즈의 초점이 더 뚜렷이 맞춰지는 경험을 했고, 처음으로 기독교 신앙의 본질적인 측면을 분명히 보기 시작했다. 나는 발견의 여정을 걷는 외톨이가 아니었고, 더 나아가 루이스에게서 그때까지 외롭게 길을 걷다가 나와 함께할 수 있는 동료 여행객을 발견한 것이다. 루이스는 나로 하여금 기독교로의 전향이 한 장대한 그림 속으로 걸어 들어가서 내가 거기에 속한다는 것을 발견하는 일과 같다는 점을 보도록 도와주었다. 나는 새로운 방식으로 세계를 볼 수 있었고 그동안 내가 놓쳤던 상호접속성을 알아채게 되었다.

내가 옥스퍼드대학교에서 첫 학기를 보내는 동안, 기독교에 끌렸던 것은 일차적으로 실재에 대한 기독교의 관점 때문이었다. 기독교는 하버드 심리학자 윌리엄 제임스가 실재에 대해 '와글거리는 큰 혼동'[1]으로 묘사했던 것을 명료하게 보여주는 렌즈와 비슷해서, 나로 하여금 실재의 근본적인 통일성을 이해하게 해주는 동시에 그 개별적 요소들과 측면들의 독특성을 긍정하게 해주었다. 기독교가 이 다수의 측면들을 한 통일된 덩어리 안에 다함께 붙들어주는 동시에 각각의 독특한 정체성을 보존하는 보기 드문 능력을 갖고 있음을 나는 발견했다. 나는 비로소 케임브리지 물리학자 알렉산더 우드의 지혜를 이해하기 시작했다.

'이것이 우리가 종교에 요구하는 첫째 사항이다. 종교는 인생을 비춰주고 그것을 한 통일체로 만들어야 한다는 것이다.'[2]

이 이야기가 분명히 밝히듯이, 나는 1960년대 말 여러 해에 걸쳐 인생의 의미, 과학적 방법의 범위, 무신론의 지적인 신빙성 등 여러 이슈들에 관해 깊이 성찰했었다. 나는 이미 메소디에서 한동안 지적인 부화기를 거친 상태였고, 당시에 과학과 신앙에 관한 큰 의문들을 한 없이 정밀하게 조사했으나 해결책은 찾지 못했었다. 내 머릿속에는 온통 이런저런 관념들과 단편적인 통찰들이 가득했고, 내 생각은 그저 기독교에 내가 아직 접하거나 발견하지 못한 더 깊은 실재에 관한 무언가가 있을지 모른다는 예감에 초점을 맞추고 있었다. 이후 1971년 가을 학기에 내가 상상했던 종합 속에 모든 것이 퍼즐처럼 딱 맞아 떨어졌다. 흐릿한 지적 풍경이 뜻밖에도 순식간에 숨 막힐 만큼 선명하고 밝은 빛에 비춰졌고, 나에게 그 놀랄 만큼 명료한 모습과 더불어 그 세세한 면모를 되찾고 싶은 갈망을 남겨주었다. 나는 소설가 버지니아 울프의 경험에 어느 정도 공감했다. 울프는 '겉모습 뒤의 어떤 실체'[3]를 인지하는 감질날 정도로 짧은 통찰의 순간을 감지했으나 결국 그 경험을 연장하거나 분명히 밝힐 능력이 없는 것을 알고 그만 격분했던 자신의 모습을 글로 표현했던 것이다.

나는 기독교 신앙이 어떻게 모든 것을 다함께 붙들어주는지를 볼 수 있었지만, 그것을 언어로 표현할 수 없어서 무척 좌절했다. 단테가 『신곡』의 마지막 편에서 이와 같은 딜레마를 묘사한 것 같은데, 거기서 기독교는 감질날 정도로 언어 표현에 저항하는, 초월적 실재에 대한 시각을 제공한다고 했다.

그 순간부터 나의 시력은 그런 시각을 표현하지 못하는 언어의 능력을

능가했다.[4]

이날까지 나의 상상 속에 그 모습이 나타나도록 촉매 작용을 한 것이 무엇인지 설명하려고 나는 무척 애쓰고 있다. 그 원인이 무엇이었든지 간에 나는 별안간 머릿속에서 선명한 결정체를 경험했고, 이것이 모든 것을 바꾸었다. 모든 것이 기독교의 틀 안에서 다함께 묶일 수 있다는 것을 나는 '알았다'(또는 볼 수 있었다).

어느 의미에서, 내가 기독교로 전향한 것은 기독교가 복잡한 세계의 의미를 발견하는 역량이 있음을 인식한 것인즉 지적인 성격을 지닌 것이었다. 하지만 그 지적인 여정의 한 중요한 측면은 상상력과 관련이 있었다. 나의 합리적 생각들을 한 통일된 덩어리로 융합시키는 통찰의 순간에 모든 것이 어떻게 다함께 묶일 수 있는지를 보았기 때문이다(존 러스킨이 거론했던 '침투적 상상력'이 바로 이런 것을 의미했다고 나는 생각한다). 그처럼 통찰과 조명이 번뜩이는 순간에, 나는 만물이 다함께 일관되게 붙들릴 수 있다는 것을 보는 한편, 어떻게 그런 일이 있을 수 있는지 그 세부사항을 연구하는 일은 나의 몫임을 알았다.

이에 대해 성찰하면서, 나는 가상적인 발견의 패턴을 자연과학의 역사에서도 볼 수 있음을 알게 되었다. 1970년대 초만 해도, 과학철학은 여전히 칼 헴펠의 연역법칙적 모형과 같은 과학적 추론과 발견의 합리주의적 이론들이 지배하고 있었으나, 그 흐름이 이제는 이론 개발에서 상상력의 역할을 인정하는 방향으로 바뀌고 있었다.

1963년에 노벨상 수상자인 피터 메더워 경(당시 가장 영향력 있는 영국의 공공 지식인의 하나로 널리 간주되었던)은 [타임스 문예 부록]에 실은 글에서 상상의 작용이나 영감의 작용이 과학적 추론의 불가결한 요소라고 주장했다.[5] 과학자들은 이론 개발에서 창의성이나 창조적 상상의 역할에 대해 말하는 것을 꺼릴 필요가 없다. 합리적인 발견은 상상력을 통해서도 이뤄질 수 있다. 이런 생각은 현재 과학철학 내의 주류에 해당하는 만큼 예전의 경직된 합리주의로부터 멀어져서 과학적 발견의 과정이 얼마나 복잡한지를 인정한 셈이다.[6]

내가 발견에 도달한 길이 비합리적이지도, 비과학적이지도 않다는 것을 알고 안도의 숨을 쉬긴 했으나 곧 그것이 전형적인 길은 아니라는 것을 알게 되었다. 대다수 학생들은 자신의 회심 경험을 죄책감으로부터의 해방, 하나님이 보시기에 자신이 중요하고 고귀한 존재임을 발견한 것, 또는 그리스도와의 개인적 관계의 개발 등의 견지에서 묘사했다. 나는 이 모든 것을 이해할 수 있었고, 내가 점차 갖게 된 사고방식으로 충분히 긍정할 수 있었다. 그러나 실재의 흐릿한 풍경에 비치는 복음적인 조명을 통해 신앙에 이른 나의 여정을 공유하는 지적인 친구를 찾아야 했다. 많은 사람이 회심 이후에 이것을 이해하게 되었지만, 이를 '계기'로 나처럼 회심하게 된 사람은 하나도 없었다.

윌리엄 제임스가 나의 견해와 가장 가까운 사람이었다. 그는 종교적 신앙이란 근본적으로 '모종의 보이지 않는 질서, 즉 그 안에서 자연 질서의 수수께끼를 발견하거나 설명할 수도 있는 그런 질서의 존재에 대한 믿음'이라고 주장했다.[7] 제임스가 말한 '보이지 않는 질서'란 개념은 사물의 상호관계성을 밝혀줄 어떤 지적인 틀이나 정신적 지도를 만들거나 분별한다는 생각을 표현했다. 나에게 비친 기독교는 우리의 경험과 관찰들을 '결합할' 수 있고 그것들을 장대한 실재의 그림 속 적절한 위치에 둘 수 있었다. 여기서 '결합하다(colligate)'는 용어는 경험주의 철학자 윌리엄 휘웰에게서 빌려온 것으로 '다함께 붙들어주거나 엮어준다'는 뜻이다. 그런데 나는 내가 한 것처럼 기독교의 틀을 묘사한 사람은 아직 만나지 못했었다. 그러면 나는 완전히 외톨이였던가, 아니면 결국 이와 비슷한 접근을 취한 누군가를 찾게 될 것이었는가?

1974년 2월에, 나는 C. S. 루이스의 책들을 읽기 시작해서 '신학은 시(詩)인가?'라는 그의 에세이에 완전히 압도되었다. 이 놀라운 에세이는 기독교가 지닌 상상의 역량에 대한 그의 견해를 피력하는데, 그것은 세계의 번잡한 다양성을 인정하고 또 펼쳐주면서 그 세계를 통일된 하지만 동질적이진 않은 덩어리로 보게 해준다고 했다. 루이스는 '큰 그림'이란 개념을 단테로부터 빌려온 것 같고[8], 그의 독자들로 '그 교리를 이해하게 할 뿐 아니라 그 그림을 보게'[9] 할 수 있었던 그 위대한 플로렌스의 시인을 칭송했다. 그러나 루이스는 내가 접한 크리스천 작가들 중에 복음이 실재의 '큰 그림'을 제공한다는 개념을 명쾌하게 설명했던 최초의 사람이었다. 실재의 '큰 그림'이란 우리가 고백할 일련의 교리들이 아니라 실재를 바라볼 때 필요한 렌즈, 우리의 관찰 및 경험의 세계를 그 틀에 넣은 그림, 우리 세계의 다수의 요소들을 다함께 붙들어주는 거미집을 말한다. 물론 나보다 먼저 루이스를 읽은 독자들은 이것을 알아챘다. 옥스퍼드 철학자 오스틴 파레는, 루이스가 독자들로 자기네가 '어떤 논증을 듣고 있다'고 생각하게 했지만 실은 그들이 '어떤 안목을 선사받고' 있었고, 그것은 그들이 설득력 있다고 생각한 바로 (논증이기보다는) 이 안목이라고 말한 적이 있다.[10] 나는 한때 기독교를 원시적으로 세상을 단념하는 종교로 간주했으나, 지금은 기독교가 내가 살아있음의 경이와 광채를 감사할 수 있게 해주고, 내가 '여기에 존재하면서' 이런 문제들을 숙고하고 있다는 사실을 기뻐할 수 있게 해주었다.

나는 루이스의 글을 읽은 덕분에, 어두운 풍경에 빛이 비치고 렌즈의 초점이 더 뚜렷이 맞춰지는 경험을 했고, 처음으로 기독교 신앙의 본질적인 측면을 분명히 보기 시작했다. 나는 발견의 여정을 걷는 외톨이가 아니었고, 더 나아가 루이스에게서 그때까지 외롭게 길을 걷다가 나와 함께할 수 있는 동료 여행객을 발견한 것이다. 루이스는 나로 하여금 기독교로의 전향이 한 장대한 그림 속으로 걸어 들어가서 내가 거기에 속한다는 것을 발견하는 일과 같다는 점을 보도록 도와주었다. 나는 새로운 방식으로 세계를 볼 수 있었고 그동안 내가 놓쳤던 상호접속성을 알아채게 되었다. 예전의 나의 무신론도 물론 실재에 대한 그 나름의 그림을 갖고 있긴 했지만, 그것은 그 엄격함 때문에 옳다고 내가 믿었던 냉혹한 세계관이었다. 나는 한때 그 그림 속에 거주하면서 그것이 사유하는 사람의 유일한 선택이라고 생각했었으나, 이제는 우리의 세계를 더 나은 방식으로 그릴 수 있다는 것을 깨달았다.

1970년대에는 옥스퍼드의 많은 학생들처럼 나도 비트겐슈타인의 『철학적 탐구』를 읽었고 특히 '그림이 우리를 포로로 붙잡았다'는 인상적인 진술에 매력을 느꼈었다.[11] 비트겐슈타인은 우리가 어떤 '그림'에 너무 쉽게 매혹된다고 말했다. 이는 곧 세계에 대한 이론으로서, 한편으론 세계의 어떤 측면들에 대한 의식은 고양시켜주지만, 다른 한편으론 우리가 볼 수 있는 것을 제한시켜서 이런 사고방식을 의문시하는 증거를 알아채거나 진지하게 받아들이지 못하게 한다고 했다. 세계관은 그 자체에 기만하고 통제하는 성향이 있고, 우리로 하여금 세계를 보고 이해하는 더 나은 대안이 존재한다는 것을 인식하지 못하도록 우리의 능력을 둔화시킨다. 우리는 사물을 있는 그대로 보지 않고, 사물을 우리의 모습 그대로 보게 된다. 실재를 있는 그대로 보려면 우리가 '변화될' 필요가 있다. 말하자면, 우리가 그동안 엄연한 사실로 여겼던 속박하고 제한하는 신념의 굴레를 깨뜨리고 자유롭게 되어야 한다.

1960년대에는 많은 이들이 마르크스주의를 능력과 빛을 선사하는 세계관으로, 캄캄하고 혼란스러운 세계에서 선을 도모하는 세력으로 간주했다. 나도 애초에 이런 견해를 공유했고, 부분적으로 그 광대함 때문에 마르크스주의의 '큰 그림'에 매력을 느꼈었다. 나는 아일랜드 철학자 에드먼드 버크가 '숭고함'이란 말로 묘사했던, 정신적이고 가상적인 확대를 자극하는 그 이념에 어느 덧 반응을 보이고 있었다. 하지만 마르크스주의의 '원대한 차원'을 흠모하는 한편, 그 이념의 너무 확대된 범위와 궁극적인 지적 권위에의 열망이 사실상 실재적인 근거가 부족함을 폭로하는 특징임을 인식하게 되었다.

일부 사람들은(아서 코스틀러와 같은) 마르크스주의에 환멸을 느낀 나머지 그 어떤 '큰 그림'에 대한 믿음도 포기하고 말았지만, 나는 좀 더 현실적이고 소박한 대안들을 찾아 수용할 수 있을 것으로 믿었다. 내가 한동안 마르크스주의를 좋아했던 시절은 끝났지만, 그 후유증으로 이 낯설고 복잡한 세계를 조금이라도 이해하려면 상상력에 호소하는 장대한 이론들(정치적, 과학적, 또는 신학적인)이 필요하다는 생각은 가시지 않았다.

C. S. 루이스가 나에게 기독교의 개념적 포용력을 이해하도록 도움을 주었다. 타당한 과학 이론처럼, 기독교는 세계에 대한 나의 관찰과 경험을 이해하게 해주는 지적인 틀을 제공했다. 기독교는 과학철학에 대한 나의 관심과 잘 통했다. 당시에 나는 '구상화'(visualization, 우리의 세

계를 볼 수 있는 것)의 개념이 현대의 과학적 설명 이론들을 발전시키는데 중요한 역할을 했음을 수용하기 시작했기 때문이다.[12] 어떤 것을 설명한다는 것은 기본적으로 그것을 그릴 수 있다는 것이다. 루이스가 보기에, 기독교의 특별한 능력은 관찰되고 경험된 것을 밝게 조명해서 설명할 수 있다는데 있었다.

내가 훗날 알게 된 것은 루이스가 좋아했던 시인 조지 허버트가 이런 접근을 암시했다는(완전히 발전시키진 않았지만) 사실이었다. 허버트는 창문의 비유를 이용해 기독교를 이해하는 서로 다른 두 가지 방식을 탐구했다.

> 창문을 지켜보는 사람
> 　　그 위에 그의 눈을 둘 수 있고,
> 　　혹은 그가 원한다면, 창문을 꿰뚫고
> 　　하늘을 볼 수 있다.[13]

여기서 허버트는 창문과 관계를 맺는 두 가지 방식을 대조시킨다. 하나는 '지켜보는 것'이고 다른 하나는 '꿰뚫는 것'이다. 나는 창문을 보면서 그 자체를 관심의 대상으로 여길 수 있다. 예컨대, 그 창문 세공의 정교함 때문에 그럴 수 있다. 또는 창문을 통해 볼 수 있는데, 이 경우에는 창문을 이용해 그 너머에 있는 것을 보는 것이다. 두 번째 접근은 기독교 자체를 '시각의 대상'으로 여기기보다는 기독교를 '시각에 이르는 관문'으로 본다. 허버트의 논점은 이렇다. 우리는 기독교를 볼 수 있고(아마 그 신조 또는 신학 교재를 공부함으로써), 또는 기독교를 통해 볼 수도 있다는 것이다. 후자의 경우에는, 기독교를 하나의 렌즈로, 하나의 관문으로 상상하여 그것을 통해 우리 자신과 우리 세계를 좀 더 명확히 볼 수 있다는 것이다. 루이스는 이따금 첫 번째 접근을 사용했으나 두 번째 접근을 분명히 선호했다.

하지만 루이스는 이 '큰 그림'을 실재에 대한 총체화된 경직된 설명을 제공하는 것으로 보지 않았다. 이는 '허용적인' 이해의 틀을 제공해서 나로 하여금 세계를 미리 정해진 독단적인 범주들에 억지로 맞추지 않고 오히려 실재의 통일성을 파악하게 해주었다. 루이스의 접근은 기독교의 지적 우월성을 주장하지 않았다. 그 접근은 그보다 소박한(어쩌면 더 중요한) 진실을 주장했을 뿐인데, 기독교가 우리 세계의 통일성을 드러내고 또 보호하며, 그 자체의 독특한 입장을 이 정신적 지도 안에 둘 수 있는 능력이 있다는 것이었다.

나는 이 렌즈를 이용해서 새로운 것을 볼 수 있었다. 어쩌면 서로 분리된 천 조각들을 붙여놓은 누비이불로 간주될 수도 있는 것이 실제로는 이론적인 실들로 다함께 묶어진 상호 연결된 복잡한 한 덩어리임을 보게 된 것이다. 과학은 여전히 과학으로 남아있고, 결코 기독교 신학의 식민지가 되지 않았다. 그러나 가상적인 틀이 세워져서 이제 나는 신학과 자연과학 간의 긍정적이고 비판적인 대화가 지적으로 정당하다는 것을 볼 수 있게 되었다. 기독교는 자연세계의 아름다움과 정교함에 더욱 주목하는 태도를 만들었고, 이는 창조세계의 질서와 아름다움이 그 창조주의 지혜와 아름다움을 가리킨다는 믿음에 의해 자극을 받은 것이었다. '들의 백합화를 생각하라'는 그리스도의 명령(마 6:28-29)은 그런 주의 깊은 태도의 결과를 보여주는 훌륭한 본보기이다. 이와 비슷한 예는 '우리가 어떤 사물에(풀잎 하나에도) 세심한 주의를 기울이는 순간, 그것은 그 자체로 신비롭고, 놀랍고, 표현할 수 없을 만큼 장엄한 세계가 된다'는 헨리 밀러의 말이다.[14]

앞에서 내가 맨 처음 읽은 루이스의 에세이 '신학은 시(詩)인가?'에서 마주친 한 문장을 언급한 바 있다.

'나는 해가 떴다는 것을 믿듯이 기독교를 믿는다. 그것을 눈으로 보기 때문만이 아니라 그것에 의해 다른 모든 것을 보기 때문이다.'[15]

이 놀라운 문장은 나의 상상력을 자극해서, 내가 동트기 전에 언덕 위에 서 있고 그 아래 풍경이 어둠과 안개에 덮여있는 모습을 떠올리게 했다. 드디어 해가 뜨는 순간, 어둠은 점차 사라지고 안개도 서서히 걷혀서 이전에는 불가능했던 전경, 곧 그 아래편 깊숙한 곳까지 명료하게 보이는 전경이 눈에 들어온다.

그럼에도 불구하고, 아직도 어둠과 안개가 조금 남아있어서 전경을 약간 흐리게 만든다. 계몽주의 철학자들은 완전히 정확하고 명료한 것을 바람직하게 여기고 또 성취할 수 있다고 주장했지만, 우리는 그런 정확성과 명료성은 보지 못한 채 다만 복잡한 실재를 불완전하게 보며 사는 법을 배워야 한다. 우리는 인간의 한계 때문에 희미하게 볼 수 있을 뿐이다. 어떤 이들이 기대하는 만큼 모든 것이 논리적 정확성에 딱 맞아떨어지는 것은 아니다. 우리의 세계는 불투명하며 모호한 구석이 곳곳에 있고 고난의 문제 역시 예외가 아니다. 많은 이들은 고통과 고난을 괴로운 것으로 느낄 뿐 아니라 잘못 되었다고 생각한다. 아니, 우리의 세계는 본래 이렇게 되지 말았어야 하지 않은가? 세계는 불완전하고 결함이 있고 불의하기까지 하다. 하지만 우리가 꿈과 상상으로 만든 세계 말고는 이 세계와 비교할 만한 다른 세계가 없는데, 어떻게 우리가 그런 결론을 끌어낼 수 있는가?

어쩌면 이 수수께끼 같은 세계를 얼마나 이해할 수 있을지, 또는 불확실성을 얼마나 관용할 수 있을지에 대한 비현실적인 기대 때문에 우리가 이렇게 오도되었을지 모른다. 아니, 우리가 '모든 것'을 설명할 수 있어야 한다는 신념은 도대체 어디서 오는가? 우리는 답변이 없는 의문들을 안고 사는 것이 어째서 그토록 어려운가? 이런 생각은 마침내 종교적 또는 형이상학적 근본주의를 특징짓는, 파괴적이고 근거 없는 확실성에 대한 갈망으로 귀결되지 않는가?

'철학적' 확실성을 향한 추구는 계몽주의의 열망에 뿌리박고 있는데, 이는 불행하게도 인간의 합리적 능력에 대한 부적절한 설명에 근거해 있는 것으로 입증되었다. 르네 데카르트는 '이성의 시대'의 선언서인 『제1철학에 관한 성찰』에서 확실한 지식을 확보하는 방법을 제시했다. 그런데 만일 이것이 단지 합리주의적 환상에 불과하다면 어떻게 될까? 이런 환원적 단순화로는 실재를 도무지 헤아릴 수 없다면 어떻게 될까? 우리가 어느 정도의 불확실성과 의심을 품고 사는 법을 배워야 한다면?

  이런 문제들에 관한 나의 생각이 (해결되진 않았지만) 명료하게 정리된 것은 앞에서 언급한 플라톤의 동굴의 비유를 다시 읽었을 때였다. 우리는 어떻게 그저 희미하게 아는 채로 살 수 있고, 불완전하고 부분적인 진리만 있는 그림자 같은 세계에 살 수 있는가? 플라톤이 나의 질문들에 답변을 주진 않았지만, 나의 상상력을 자극했고 그 질문들에 대한 새로운 사고방식을 활짝 열어주었다.

16장

플라톤의 동굴을 다시 방문하다: 어둠, 그림자, 빛에 관하여

일부 사람은 불확실성을 맹목적으로 숭배한다. '우리는 아무것도 알 수 없다.' 하지만 이런 극단적 회의주의는 궁극적으로 확실성에 기초해 있다. 아무것도 알 수 없다는 확실성이다. 나는 그저 보다 현실적인 결론을 이끌어내고 싶다. 우리는 믿을 '자격'이 있다고, 하지만 우리가 믿는 바에 대한 이유를 내놓을 '책임'이 있다고. 나는 점차 나이가 들면서, 내가 이 어려운 진실을 안고 살 뿐만 아니라 그 진실과 함께 일해야 한다는 것을 받아들였다. 물론 이로 말미암아 미처 답변되지 않는 질문들과 미해결된 이슈들을 그냥 남겨놓은 채 말이다. 이것이 아마 내가 이제껏 배워야 했던 가장 어려운 교훈일 것이다.

우리는 왜 이미지와 비유에 그토록 사로잡히는 것일까? 부분적인 대답은, 실재를 이해하려는 첫 번째 발걸음으로서 실재를 마음속에 그려보고픈 인간의 보편적 욕망에 있다. 플라톤의 『공화국』을 읽은 많은 독자처럼 나 역시 그의 유명한 비유, 곧 죄수들이 지하 동굴에 갇혀 있는 비유에 매력을 느꼈다.[1] 내가 이 비유를 처음 접한 것은 열여덟 살 된 무신론자였을 때였고, 그 이후 줄곧 나의 상상 속에 자리 잡은 것을 보면 무척 유력한 이미지임에 틀림없다. 그 내용을 요약하자면, 『공화국』에서 소크라테스는 제자인 글라우콘에게 일단의 사람들이 사슬에 묶인 채 큰 지하 동굴의 뒷벽을 직면하고 있는 모습을 상상하라고 권한다. 그들 뒤에는 불길이 타오르고 있다. 사람들이 이리저리 움직이며 서로 얘기하고 사람들과 동물들의 모양을 들고 있어서 그것들이 동굴 벽에 그림자를 드리운다. 죄수들은 동굴 속에 있는 다른 이들의 대화가 만드는 메아리는 들을 수 있으나 그 말귀는 이해할 수 없는데, 그 소리가 동굴의 벽에 반사되어 뒤틀리기 때문이다. 그들은 이런 메아리들과 그림자들이 실재를 구성한다고 믿고, 그 동굴 너머에 있는 세계는 이런 것들을 매우 다르게 보이게 할 것임을 인식하지 못한다.

이 이미지의 개발에 담긴 플라톤의 의제와 이것이 인간 형편에 관한 오늘날의 논의에 어떻게 기여할 수 있는지에 대해 다룬 학술적 문헌은 물론 상당히 많다(하지만 전반적인 합의는 없다).[2] 내가 보기에는, 그 이미지가 두 가지 근본적인 질문들에 관해 생각하는데 필요한 틀을 제공해준다. 혹시 우리는 단지 어둠과 깜빡이는 그림자가 있는 세계만 알고 있지 않은가? 만일 그렇다면, 우리는 어떻게 현실 세계에 이르는 길을 찾을 수 있을까?

우리는 즉시 플라톤의 비유가 아무것도 증명하지 않는다는 점을 분명히 할 필요가 있다. 그것은 상상의 산물이고, 이 세계가 참으로 실재하는 것을 결정하는지 여부, 또는 이 세계가 환상이나 꾸민 것인지 여부를 묻는 질문을 우리가 탐구하도록 도울 뿐이다. 그리고 만일 그렇다면, 현실 세계를 어떻게 발견하고 거기에 들어갈 수 있을지도 탐구하게 해준다. 이것은 여전히 문학과 영화에서 크게 다루는 의미심장한 질문으로 남아있다. 미겔 데 우나무노의 소설 『안개』(Niebla, 1914)는 주인공인 아우구스토가 자기는 실제로 우나무노 자신이 글로 탄생시킨 허구적 피조물임을 점차 알아가는 과정에 기초해 있다. '니에블라'('안개'를 가리키는 스페인어 단어)는 등장인물과 저자 모두 그들 자신을 창조함으로써 실재와 허구가 융합되어 가는 이야기이다.[3]

영화 『매트릭스』(1999)에서 네오(키누 리브스)는 컴퓨터 프로그램이 창조한 가상현실 속에 갇혀 있다. 네오는 서서히 자신의 감각들이 조직적으로 기만당할 수 있다는 것을 깨닫는다. 여전히 그는 환상 속에 살고 있다. 그 영화의 결정적 순간은 모르페우스(로렌스 피쉬번)가 네오에게 '무엇이 진짜인가?'라고 묻는 질문에 있다. 네오는 자기가 단지 허락된 것만 보게 되고 더 큰 현실의 존재에 대해 눈이 멀었다는 것을 비로소 깨닫게 된다. 그리고 이 눈에 보이는 감옥에서 어떻게 해방될 수 있을까 하는 질문을 제기한다.

이제 앞에서 제기한 두 질문으로 되돌아가겠다. 우리는 동굴 너머 더 큰 세계가 있는지 여부를 어떻게 알아낼 수 있을까? 그리고 우리가 어떻게 그 세계로 들어갈 수 있을까? 여기서 이를 탐구할 수 있는 노선은 다음 세 가지다. 첫째, 동굴 안에 그 음침한 벽 너머 더 큰 세계를 가리키는 어떤 표시나 징표가 있을 수 있다. 기독교는 오랫동안 피조질서가 피조세계 너머 계시는 그 창조주를 증언한다고 주장해왔다. 이에 따르면, 자연세계에는 우리가 알고 또 거주하는 세계 뒤에 또는 너머에 어떤 초월적 실재가 있을 수 있음을 암시하는 실마리들과 징표들이 곳곳에 산재해 있다. 이런 논증은 신약성경까지, 특히 아테네의 아레오바고에서 행한 바울의 연설(행 17:16-34)까지 거슬러 올라가고, 훗날 토마스 아퀴나스와 C. S. 루이스 같은 저자들이 더 완전하게 발전시켰다. 이런 성찰 노선들은 하나님의 존재 '증명'이 아니고 또 그렇게 간주된 적도 없었지만, 기독교 신앙의 내재적 합리성(또는 적어도 지적인 일관성)을 보여주는 것으로 간주될 수 있다. 그런 실마리들 중에는 우주가 지닌 신비로운 합리적 투명성과 불필요한 아름다움, 그리고 우리 세계의 구조를 반영하는 수학의 역량 등이 포함된다.

둘째, 동굴 속 죄수들이 직관적으로 이곳은 그들의 진정한 집이 아니라고 느끼고, 그들이 다른 어딘가에 속해 있다고 믿게 될 수 있다. 그들은 동굴 속 어느 것도 만족시킬 수 없는 그 무엇을 향한 갈망을 느끼거나, 그 제한된 세계 그 이상이 있을 것이 틀림없다고 느끼게 될 수 있다(언젠가 한 동료가 자신의 종교적 깨달음을 묘사할 때 '나는 다른 어딘가를 위해 만들어졌다고 느꼈다'는 표현을 사용했던 것이 기억난다).

C. S. 루이스에 따르면, 우리가 무언가를 성취하고픈 갈망을 느낄 때는 종종 이 세계에 있는 사물이나 사람에게 집착하곤 하는데, 결국에는 이런 것들 자체가 기쁨과 의미의 근원이 아니고 사실은 그 너머에 있는 어떤 것을 가리키는 표지들임을 알게 된다.

"그것은 그런 것들 '안에' 있지 않았고 단지 그런 것들을 '통해서' 왔으며, 그런 것들을 통해 온 것이 바로 갈망이었다."[4]

루이스가 보기에, 인생의 의미에 대한 기독교적 이해는 도덕적 의무와 아름다움을 느끼는 인간 경험을 이해하게 해주는데, 이 둘 다 하나님 안에 그 기원과 목표를 갖고 있기 때문이다.

그런데 이런 것들은 어디까지나 증거가 아니라 '실마리들'이다. 우리가 이런 것들을 지적인 구조 안에 두고, 전자가 후자와 공명하는 소리가 커질수록 그것들은 힘을 얻게 된다. 그 실마리들은, 우리가 기독교의 '큰 그림'을 포함해 여러 가능한 지적인 구조들 속에 맞춰봐야 할 일련의 관찰 결과들이다. 그러면 어떤 '큰 그림'이 이런 실마리들을 가장 잘 이해할 수 있게 해주는가? 어떤 거대서사가 이런 관찰 결과들을 가장 포괄적이고 개연성 있는 방식으로 배치하는 등, 실재에 대한 최상의 지도를 제공하는가? 만일 이 그림이 믿을만하다면, 이런 관찰 결과들을 예상할 수 있었는가? 고전고대(고대 그리스-로마시대의 총칭) 후기에 만연했던 플라톤주의와 영지주의의 일부 형태들은 이런 여러 실마리들을 잘 처리할 수 있었고, 특히 이 세계는 우리가 궁극적으로 속해 있는 곳이 아니라고 생각했다. 그러나 그런 사상들이 다 그랬던 것은 아니다.

이뿐만 아니라, 세 번째 흥미로운 가능성도 있다. 외부세계에서 온 누군가가 동굴의 어두운 감옥에 들어가서 그 너머에 있는 것에 대해 얘기하고, 그 음침한 동굴에 갇힌 이들을 햇빛이 비치는 찬란한 미지의 영역으로 안내하겠다고 제안하는 것이다. 이는 사람들에게 동굴 너머에 어떤 세계가 있다고 알려주거나 그들을 설득하는 것 이상의 문제이다. 그 세계를 '식별하고' 또 '진입하는' 것을 방해하는 장애물과 장벽을 모두 제거하는 것을 포함한다. 기독교 신학의 용어를 사용하자면, 동굴 너머의 실재를 발견하고 또 거기에 거주하려면 '계시'와 '구속'(救贖)이 모두 필요하다는 것이다.

플라톤은 우리에게 그 동굴에서 탈출하여 그 너머에 있는 햇빛 찬란한 세계로 들어간 누군가를 상상해보라고 권한다. 그 사람은 처음에는 태양의 광채에 압도되고 말겠지만 조만간에 이 낯선 새로운 영역의 아름다움과 경이로움을 감상할 수 있고, 그것을 예전에 알았던 그보다 못한 존재와 대조시킬 수 있다. 플라톤의 경우에는, 바로 철학자가 더 큰 실재의 모습을 본 후에 동굴로 되돌아가서 남들에게 자기가 본 것과 그것이 어떻게 실재에 대한 올바른 이해를 도모하는지를 말해주는 사람이다. 그런데 철학자는 이제 외부세계와의 만남을 통해 더 명료한 안목을 갖게 되었기 때문에 동굴 속의 청중은 자신의 안목을 이해하고 받아들이기가 어렵다고 느낀다. 그들은 그 사람이 이미 본 것을 볼 수 없기 때문이다. 그들이 동굴 속에서 겪은 경험만으로는 감당할 수 없는 더 큰 실재에 적응하려면, 그들이 상상할 수 있는 세계상(世界像)이 확장되고 또 확대될 필요가 있다.

초기 기독교 저자들은 플라톤이 이 세계에서의 삶을 밝혀주는 초월적 영역을 믿는 그들의 믿음을 공유한다고 생각해서 그를 적합한 대화상대로 보았다. 기독교 신학은 계시의 범주를 이용해서 '참 실재'를 구성하는 것에 대한 확대된 안목을 가리킨다. 우리는 인간 형편의 한계 너머에서 발생하는 명료한 안목을 제공받게 되는데, 이는 우리로 우리의 상황과 가능성을 있는 그대로 볼 수 있게 해주고, 그래서 우리 자신과 세계에 관한 우리의 전제들에 도전을 가한다.

기독교의 '큰 그림'(예컨대, 히포의 아우구스티누스가 설명한 것)은 인간의 안목과 행동이 지닌 한계에 대한 냉정한 평가를 포함한다. 우리는 단지 명료하게 보지 못할 뿐 아니라 자아도취와 자기기만에서 해방될 수 있는 역량도 갖고 있지 않다. 우리는 우리가 마땅히 행할 바를 알고 있을지 모른다. 그렇다고 해서 우리가 그런 행동을 하길 바란다거나 할 수 있다는 뜻은 아니다. 기독교는 인간 본성을 상처받고, 손상되고, 깨어지고, 연약할 뿐 아니라 오류와 망상에 빠지기 쉬운 것으로 묘사한다. 교육으로는 충분하지 않다. 우리의 상처를 치유해서 우리를 온전한 존재로 회복시키려면 단순한 정보 이상의 것이 필요하다. 우리가 보는 것과 행하는 것은 우리가 어떤 인물인지에 달려 있다. 그런즉 우리가 올바로 보고 또 행동하려면 먼저 우리 자신이 바뀌어야 한다.

신학적으로, 흔히 기독교 복음이 개개인을 변화시키는 영향력을 종종 의료 모델을 들어 설명하곤 한다. 아우구스티누스는 기독교 복음의 여러 측면을 탐구하는데, 의료 이미지들을 폭넓게 사용했다. 하나님의 은혜는 사람들의 상처에 고약을 발라서 그들을 온전한 몸으로 회복시킨다. 그래서 아우구스티누스는 교회를 하나의 병원으로, 상처받고 깨어진 사람들이 돌봄과 치유를 받을 수 있는 장소로 생각할 수 있다고 주장했다.

아우구스티누스의 분석은 기독교를 단지 인간과 세계에 대한 '큰 그림'을 주는 것으로만 생각하는 사람에게 필요한 중요한 교정책이다. 이 장대한 관점은 문제가 무엇인지를 밝혀줄 뿐 아니라 더 나아가 우리의 상황이 어떻게 바뀌고 변화될 수 있는지를 설명해준다. 크리스천들에게, 그리스도는 우리의 형편은 물론 우리가 밟을 길도 비춰주는 '세상의 빛'이고, 우리가 이 어둡고 어리둥절한 세계를 두루 여행할 때 우리와 함께하는 '선한 목자'이다. 그분은 우리보다 앞서 가신 '믿음의 창시자요 완성자'로서(히 12:2) 동굴 너머에 있는 것을 우리에게 보여주시고, 우리가 그분이 만든 길을 따라 그분을 따르도록 해주신다. 그리스도는 '육신이 된 말씀'(요 1:14), 곧 우리의 형편을 비춰주고 또 변화시키기 위해 타락한 피조세계에 들어오신 성육신하신 하나님이다.

플라톤이 든 동굴의 비유를 들으면 우리는 자연스럽게 그런 어두운 세계, 우리가 희미하게 또 불완전하게 볼 수밖에 없는 세계에서 어떻게 살아야 할지 묻게 된다. 아니, 우리는 완전한 명료성을 갈망하고 있는데 어떻게 그런 모호함에 대처할 수 있을까? 이것이 나에게는 인류의 인식론적 비극으로 보인다. 즉, 우리가 도무지 확실히 알 수 없는 것을 간절히 알고 싶은 나머지 이 세계와 그 속에서의 우리의 위치를 이해할 수 있도록 최선을 다해야 하는 비극이다.

나는 아일랜드 작가 존 밴빌을 존경하게 되었는데, 그는 정말로 중요한 것에 관한 우리의 지식이 얼마나 불확실하고 취약한지를 포착한 인물이다.

'우리는 이 가을의 흑암에 뒤덮인 침묵을 뚫고 항해하는 얼마나 작고 이상한 배인가.'[5]

일부 사람은 불확실성을 맹목적으로 숭배한다. '우리는 아무것도 알 수 없다.' 하지만 이런 극단적 회의주의는 궁극적으로 확실성에 기초해 있다. 아무것도 알 수 없다는 확실성이다. 나는 그저 보다 현실적인 결론을 이끌어내고 싶다. 우리는 믿을 '자격'이 있다고, 하지만 우리가 믿는 바에 대한 이유를 내놓을 '책임'이 있다고. 나는 점차 나이가 들면서, 내가 이 어려운 진실을 안고 살 뿐만 아니라 그 진실과 함께 일해야 한다는 것을 받아들였다. 물론 이로 말미암아 미처 답변되지 않는 질문들과 미해결된 이슈들을 그냥 남겨놓은 채 말이다. 이것이 아마 내가 이제껏 배워야 했던 가장 어려운 교훈일 것이다.

17장

확실성을 갈망하다: 증명, 믿음, 의심

이처럼 인간 상황의 특징인 불확실성을 용인하는 태도가 아마 나의 늙은 자아와 젊은 자아 간의 가장 두드러진 차이점 중 하나일 것이다. 어떤 이들은 이런 상황에 절망을 느끼면서 우리가 '알 수' 있는 것과 우리가 알기 '원하는' 것 사이의 냉혹한 분립에 대해 불평을 늘어놓을 수 있다. 그러나 밀란 쿤데라가 말했듯이, 우리는 '답변이 없는 질문들'을 묻고 탐구하는 일의 중요성을 이해할 필요가 있는데, 이는 우리 인간의 한계를 탐사하도록 돕고, 차갑고 메마른 합리주의의 경계를 넘어가는 지적인 위험을 감수하도록 우리에게 도전하기 때문이다.

내가 자연과학에 매력을 느낀 것은 어린 시절에 자연을 사랑했기 때문이었다. 자연세계의 광대함과 아름다움이 불러일으킨 절묘한 경이감을 아는 사람은 그런 열광적인 환희가 어떻게 유기적으로 자연의 신비를 이해하고 감상하고픈 열망으로 바뀌는지 이해할 것이다. 하지만 과학을 사랑했던 십대 시절을 뒤돌아보면, 나는 이제 또 다른 영향이 작동했다는 것을 알게 된다. 바로 불확실성에 대처할 수 없는 나의 무능력이었다. 나는 과학이 '사실들'(facts)에 관한 학문이라고 믿었다. 여기서 '사실들'이란 흔들릴 수 없는 경험적 증거에 근거해 옳은 것으로 증명될 수 있는 객관적 진리를 말한다. 내가 철학자 알래스데어 매킨타이어의 유명한 경구, '사실들은 신사를 위한 망원경과 가발처럼 17세기 발명품이었다'[1]란 말을 들었다면 무척 당황했을 것이다.

십대 시절에, 나는 확실성이란 강철 보호망에 둘러싸여 있었는데, 그것은 아마 1960년대 말 벨파스트의 변화무쌍한 사회적 정치적 상황이 초래하는 불확실성에 대처하기 위한 방편이었을 것이다. 헤라클리투스는 모든 것이 변하고 아무것도 영원히 지속되지 않는다고 주장했다. 그러나 변화가 불가피하다고 해서 내가 어떤 형태로 다가올지 모르는 불확실성에 대처할 수 있었던 것은 아니다. 과거로부터 남는 것은 무엇일까? 미래는 어떤 모습을 지닐까?

나는 스토아학파처럼 내 마음 속에 확실하고 든든한 영역, 즉 이성과 과학의 확실성에 근거해서 내가 안전과 위안을 얻으려고 물러갈 수 있는 그런 영역을 구축함으로써 일시적이고 예측 불가능한 사회적 세계로부터 벗어날 피난처를 찾고 있었다. 나는 병적으로 불확실성을 혐오했고, 확실성을 몹시 갈망하며 나의 신념 속에서 일체의 의심을 제거하려고 했다.[21] 그리스 철학자 크세노파네스는 철학을 '추측들로 짜인 거미집'이라고 주장한 바 있다. 나는 다행히도 과학 덕분에 우리가 이런 비관주의에서 벗어날 수 있게 되었다고, 비관주의가 과학적 진보와 '이성의 시대'에 의해 바로잡혔다고 중얼거렸다. 내가 보기에, 의심은 실존적으로 비참한 인식론적 악덕이고, 이 악덕이 합리적이고 과학적인 세계관에 의해 불필요한 것이 되었던 셈이다. 의심은 단지 종교적 성향을 지닌 사람들만의 문제였다. 과학은 이를 넘어서서 확실성을 수반하는 그 고유한 신념을 정립할 수 있었다.

나는 메소디에서 A 레벨 물리학과 화학을 위해 공부하는 동안, 과학은 그 자체의 개념들을 '입증했기' 때문에 신앙은 자연 과학자에게 불필요하고 부적절하다는 견해를 취했다(훗날 이것이 리처드 도킨스의 저술에 나타난 특징임을 알게 되었다). 과학은 증거에 기반을 두고 있어서 신앙은 불필요하고 의심이 제거되었으며, 증거가 우리에게 놀랄 만큼 명료하게 진리를 확신시켜준다.[3] 그런즉 원시적인 과학 이전의 철학들, 즉 추론에 대한 증거 중심적 접근에 대해 무지한 그런 철학들과 굳이 관계를 맺을 필요가 없었다.

메소디의 도서관은 주로 영원한 증거 중심적 확실성을 담은 책들로 둘러싸인 안전한 요새였고, 도서관의 벽 너머 사회적 분열로 몸살을 앓는 벨파스트의 덧없고 예측 불가능한 세계로부터 나를 수호해줬다. 그래서 내가 1971년 초에 과학역사와 과학철학을 다루는 책들을 자세히 읽고 그토록 충격을 받았던 것 같다. 나의 안전한 지적 세계는 나를 보호하게끔 되어있는 바로 그 책들에 의해 내부로부터 침식되고 있었다. 바로 이성의 성채 안에 의심의 말을 속삭이는 배신자가 있었던 것이다.

내가 열 살의 나이에 과학을 사랑했던 것은 과학이 자연에 대한 경이감을 불러일으켰기 때문이다. 열여섯 살 때 과학을 사랑했던 것은 과학이 문화적 불안과 불안정의 와중에 확실성을 전달했기 때문이다. 영국 학교의 대다수 십대들처럼, 나 역시 과학을 '도그마'로, 일련의 모호하지 않고, 논쟁의 여지가 없고, 의문의 여지가 없는 사실들로 생각하도록 교육을 받았다.[4] 그러나 나의 지식 기반이 넓어지면서 이런 일련의 확실성들이 점차 무너지고 있었다. 과학은 어째서 그토록 많은 것들에 대한 그 마음을 바꿨을까? 과학은 왜 한때는 사람들에게 우주가 영원하다고 말했다가 나중에는 그 진술을 철회하고 우주가 사실은 시작이 있었다고 말하는 것일까? 과학의 과거를 살펴보면, 반증된 이론들이 줄줄이 이어지는 긴 연줄이 눈에 띈다.

예컨대, 플로지스톤(phlogiston) 이론과 칼로릭(caloric) 이론이 당시에는 높이 평가받았다가 지금은 폐기된 사례를 생각해보라. 나로서는 과학이 '현재' 옳다고 믿는 것에 대해 회의적이 되는 것을 도무지 피할 수 없었다. 오늘날의 과학 이론들 중에 어느 것이 미래에 폐기되거나 대치될까? 과학은 일련의 잠정적 결론들이며 그 가운데 일부만 세월이 흘러도 건재할 것이라고 나는 추론했다.

이는 마음을 뒤흔드는 생각이었다. 그래도 그런 생각이, 당시에 나의 과학적 실증주의를 특징지었던 승리에 찬 직선적인 진보 이야기보다 과학의 역사를 훨씬 잘 이해하게 해준다는 것을 마지못해 시인했다. 훗날 나는 마이클 폴라니의 『개인적 지식』(Personal Knowledge, 1958)을 읽었다. 이 책은 과학이 어떤 것이 장차 거짓으로 판명될지 모르지만 그냥 믿고 수용해야 하는 개인적 헌신을 요구한다고 밝히고, 이런 점이 함축하는 의미를 탐구한 저서이다. 이런 사고 노선이 나를 회의주의자나 상대주의자로 만들지는 않았다. 하지만 과학 활동의 역사나 철학을 전혀 몰랐던 어린 과학도의 순진무구함을 뒤엎었고, 이른바 과학적 '확실성'에 대한 의심의 씨앗을 심어주었다. 그 결과, 나는 과학이란 것을, 탄탄한 증거의 평가기준에 기반을 둔 잠정적 결론들을 전달하지만 그 장래 신념들은 도무지 예측될 수 없는 하나의 과정으로 생각하기 시작했다. 현재 믿고 있는 것이 장래에는 파격적으로 수정되거나 폐기될지 모른다는 뜻이다.

  그런데 1971년 봄에 심긴 의심의 씨앗은 과학의 본질과 범위와만 관련된 것이 아니었다. 나는 인간 이성의 신빙성에 대해서도 의심을 품기 시작했다. 나는 이런 의심을 최대한 억제했지만, 그것들은 마치 에우리피데스의 헤라클레스의 12과업 이야기에 나오는 히드라의 머리들처럼 계속 떠오르고 늘어나기만 했다. 내가 도무지 억제하거나 소멸시킬 수 없었던 끈질긴 생각이 있었다. 논리적이고 철학적인 확실성의 세계는 폐쇄되고 고립된 정신적 칸막이 방이자 빈틈없이 구축된 인간 지성의 구조물인즉, 나의 머리 너머에 있는 난감하고 번잡한 현실 세계, 즉 내가 몸담고 살아야 할 세계와 접속되지 못하는 것이라는 생각이었다. 내가 논리학과 수학을 통해 배운 명백한 확실성들, 예컨대, 2+2=4, 또는 '전체는 부분보다 크다'와 같은 것들의 목록을 작성하는 일은 쉬웠다. 그러나 하찮게 보이는 이런 것들이 내 마음 속에 '그래서 어쨌단 말인가?'라는 파괴적인 반박을 불러일으키곤 했다.

  나는 여전히 종교는 증거가 없는 '신앙의 도약'에 의존해 있는 만큼 유별나게 비합리적이라고 믿고 있었다. 하지만 이런 판단에 대해 불편한 마음이 들기 시작했다. 종교는 정말로 유독 이성이 증명할 수 있는 것을 뛰어넘고 싶은 것일까? 나보다 앞선 데이비드 흄처럼, 나 역시 어떤 윤리적 신념이나 정치적 신념이든 그런 것이 어떻게 과학적 방법과 양립할 수 있는지 도무지 알 수 없었다. 하지만 과학자들도 마땅히 윤리적인 사람이 되어야 하지 않는가? 내가 일관성을 유지하려면, 인간 사상의 영역들인 윤리와 정치는 과학적 추론과 양립 불가능하다는 이유로 반드시 내버려야 하지 않을까?

나는 무신론이 사실적으로 옳기 때문에 하나님을 믿는 사람은 분명히 비합리적인 신념에 매달리는 것의 정당함을 입증해야 한다고 생각하곤 했다. 하나님에 대한 믿음은 하지만 특정한 관점에서, 즉 무신론의 관점에서 볼 때만 비합리적인 것이다. 이런 판단은 한 관점이 다른 관점을 평가하는 모습을 보여주는데, 사실 그 각각은 옳은 것으로 증명될 수 없는 어떤 근본적인 가정(假定)들에 의존해 있다. 나는 이제 무신론과 종교적 신앙 모두 유효한 증거를 넘어서는 개인적 판단이란 것을 보게 되었다. 그렇다고 둘 중 하나가 틀렸다는 뜻이 아니다. 단지 둘 다 신념(beliefs)을 표명한다는 뜻이다. 따라서 양자 모두 증명될 수 없으므로 불확실하다고 할 수 있다.

그리고 증거로부터 진리에 이르는 통로는 내가 상상했던 것보다 더 복잡하다는 점이 명백해졌다. 그것은 '이 세계의 관찰'에서 '세계관의 구성'에 이르는 합리적 연속성과 논리적 명쾌함을 지닌 진행과정이 아니라 오히려 어떤 신념에 이르는 신앙의 도약을 포함했다. 나의 무신론은 갈수록 더 증거가 부족하고 자신감이 지나친 가설처럼 보였고,

마치 하나님이 없는 듯이 살라는 권유이되 이 전제가 옳다는 것을 증명할 수 없는 초대장인 것 같았다. 따라서 이 세계의 모호함에서 다른 세계의 부재(不在)로 넘어가려면 나에게 (용감할지 몰라도) 불편한 신앙의 도약이 필요했고, 이 도약을 가리기 위해 무신론은 그 대적에게 이용했던 비판적 추론에서 면제되는 것처럼 가장하지 않을 수 없었다.

이런 생각들로 인해 그동안 내가 믿었던 합리적이고 과학적인 확실성이 점차 침식되는 것을 느낄 수밖에 없었다. 다행히도, 내가 애초에 재앙으로 우려했던 것이 좀 더 믿을 만한 새로운 사고방식의 시초로 판명되어 더 이상 1971년의 의심을 억제할 필요가 없을지 모른다고 인식하기 시작했다. 이런 생각을 품은 채, 나는 옥스퍼드에 갔고, 장차 옥스퍼드의 풍부한 지적 환경이 이런 문제를 정리하도록 도와줄 것으로 믿었다.

옥스퍼드에서 나는 십대 말에 품었던 의심에 대해 끝까지 추적할 수 있었고 그 의심들이 전복적인 성격을 지닌 것임을 알게 되었다. 이는 진리를 전복시키는 게 아니라, 세계의 복잡성과 인간 추론의 한계에 주목하지 않는, 결함이 있고 변호될 수 없는 진리 이해를 전복시키는 것이었다. 나는 과학철학을 다루는 저술들을 좀 더 철저히 읽을 수 있었고, 아울러 이 개념적 미궁을 통과해 내가 진지하게 취할 수 있는 사고방식에 이르는 길을 찾을 수 있었다.[5] 이 과정은 어떤 측면에서 유익하다고 생각한 철학자들(예, 존 로크, 데이비드 흄, 조세 오르테가

이 가세트 등)에 대한 일시적인 애착과 다른 철학자들(예, 루드비히 비트겐슈타인, C. S. 퍼스, 이리스 머독, 매리 미들리 등)에 대한 영구적인 관심을 포함했다. 내가 아직도 확신하는 바는, 만일 자연과학의 한계를 인정하고 존중하기만 한다면, 자연과학은 여전히 우리 세계에 관한 인간 지식의 가장 믿을 만한 원천이라는 것이다. 하지만 자연과학에서도 이론들이 자주 증거에 의해 약화되곤 하는데[6], 일련의 관찰 결과들이 종종 다양하게 해석되고, 그 중에 '최상의' 해석을 가려내는데 사용할 평가기준에 대해 논쟁이 일어나고, 최상의 해석이 반드시 올바른 해석인지 여부에 대해 논란이 일기 때문이다. '증명'이란 것은, 이 용어의 고유한 의미에서, 논리와 수학의 닫힌 세계에 국한되어 있고, 이 밖의 모든 삶의 영역에서는 인간들이 증명될 수 없는 개념들, 하지만 믿을 만하다고 간주되는 개념들을 받아들이지 않을 수 없다.

미국 철학자 C. S. 퍼스는 이 점과 관련해 자연과학과 형사재판을 비교하는 흥미로운 작업을 수행했다. 두 경우 모두, 관찰에 의거한 증거를 즐비하게 제시하면서 이 증거에 대한 최상의 해석처럼 보이는 것을 찾으려고 한다. 그러나 어느 경우에도, 이것이 논리적 정확성을 갖춘 옳은 것이라고 증명할 수 없다. 퍼스의 논점은 데이비드 흄의 귀납법 비판으로부터 힘을 얻는다. 귀납법은 대다수 자연과학 뒤에 놓인 추론에의 접근이다.[7] 일부 철학자들은 흄의 주장이 귀납적 추론은 정당화될 수 없다는 '귀납적 회의주의'를 수반하는 만큼 논쟁의 여지가 없다고 생각한다.

흄의 우려사항은 결코 설득력 있게 논박된 적이 없지만, 대다수 자연과학자들은 이런 미해결된 이슈들을 안은 채 살고 일하는 것을 행복하게 여기는 듯 보인다. 찰스 다윈은 흄의 우려사항을 주목하면서도, 과학이 이런 흄의 불확실성에도 불구하고 완전히 잘 작동한다는 실용적인 논지를 편다.[8] 다윈의 논점은 나 자신의 성찰에도 도움이 되었다. 내용인즉, 이론적 불확실성은 우리가 우리의 삶과 신념에 대해 실용적 결정을 내리는 것을 막지 않는다는 것이다.

이 논점은 버트란트 러셀의 입장, 즉 철학이 우리로 불확실성을 안고 사는 것을 돕는다는 주장에 의해 더욱 강화되었다. 러셀은 때때로 '무신론자'로 거론되곤 하지만, 그 자신은 명시적으로 불가지론자라고 밝히면서 하나님에 관한 의문은 증명을 초월하는 문제로 간주했다.[9] 러셀의 인식론적 불가지론은 그를 단순하게 무신론자로 분류하는 이들이 종종 간과하는 것인데, 이들은 그를 리처드 도킨스가 주장하는 그럴듯한 확실성과 같은 노선에 두곤 한다.[10] 러셀은 자기가 '마치' 하나님이 존재하지 않는 듯 살 수 있다는 견해를 취했다. 이것이 사실이라는 것을 입증할 수 없음에도 불구하고 그랬다. 그래서 러셀은 자기가 '대중적인' 의미에서 무신론자라는 것을 용인할 준비가 되어 있었다. 이는 그의 인식론적 불가지론과 그의 실용적 무신론을 구별한 처사였다.

러셀은 나로 하여금 내가 지금은 자명하게 간주하는 어떤 것을 볼 수 있도록 도와주었다. 인간들은 (기독교와 무신론을 포함하는) 어떤 신념을 바탕으로 살 수 있고 또 실제로 살아간다는 것, 즉 그것이 참인지를 증명할 수 없음에도 불구하고 의미 있고 믿을 만한 것으로 여기는 그런 신념을 기반으로 살고 있다는 것이다. 칼 포퍼는 인생의 의미와 선(善)의 본질, 말하자면, 사람들에게 정말로 중요하지만 그 어떤 과학적 도구로도 옳다는 것을 입증할 수 없는 그런 사안들에 관한 큰 질문들을 가리키기 위해 '궁극적 질문들'이란 어구를 도입했다. 그런 '궁극적 질문들'에 대한 모든 답변은 결국 '증명될 수 있는 것'이기보다는 '믿어지는 것'에 해당한다.

그런 '궁극적 질문들'의 하나가 바로 인생의 의미이다. 재닛 워터슨은 그의 자서전적 비망록에서, 더 깊은 의미와 더 높은 목적으로 추구하는 성향이 우리 속에 내장되어 있어서 우리로 하여금 우리 자신과 우리 세계에 대한 순전히 기능적인 설명에 만족하지 못하게 한다고 지적한다.

> 우리는 단순히 먹고, 자고, 사냥하고, 재생산할 수만은 없다. 우리는 의미를 추구하는 피조물이다. 서구 세계는 종교를 없애버렸지만 우리의 종교적 본성은 그러지 못했다. 우리에게는 인생의 더 높은 목적, 의미가 필요한 것 같다. 돈과 오락, 사회적 진보 등으로 충분하지 않다.[11]

인간이란 존재는 '종교적' 질문을 던질 수밖에 없다. 하지만 이런 질문들에 대해 주어진 답변들이 옳은 것인지, 아니면 그릇된 것인지를 입증할 수 없다. 그런 답변들은 작업가설의 형태를 취하고, 폴라니가 '개인적 판단'으로 묘사한 신념, 그리고 과학철학자 바스 반 프라센이 '입장'(stance)이라 부른 신념에 해당한다.[12]

2006-7년에 등장하여 반짝 시끄러운 논쟁을 불러일으켰던 새로운 무신론의 대표적 저자들(크리스토퍼 히친스와 리처드 도킨스 같은)이 자기네는 '신념'이 없고 오직 옳은 것으로 입증될 수 있는 것만 수용한다고 주장했는데, 그런 주장은 언제나 나를 어리둥절하게 만든다. 히친스의 책, 『하나님은 위대하지 않다』(God is not Great, 2007)에는 곳곳에 유창한 언변이 등장하지만, 이런 언변은 그의 인생관이 18세기의 관점이란 사실, 즉 우리를 '합리적인 근거'에 의거해 이런 지나간 '이성의 시대'의 순진한 합리주의로부터 멀어지게 만든 최근 과학철학에서의 대변동에 전혀 아랑곳하지 않는 그런 관점이란 사실을 가리고 만다.

히친스의 저술과 도킨스의 저술을 비판적으로 읽어보면, 그들의 주장들이 여러 중요한 논점에서 도무지 증명될 수 없는 문화적, 철학적 가정들에 의존해 있음을 알 수 있다. 히친스와 도킨스는 그들의 독자들이 그런 가정들을 공유할 테고, 그래서 그들을 비판적 조사과정에서 면제시켜줄 것으로 생각하는 듯하다. 이 저자들은 비판적 조사과정을 유신론자들에게는 적용하지만 그들 자신의 신념에는 적용하지

17장 확실성을 갈망하다: 증명, 믿음, 의심

못하는 잘못을 범하고 있기 때문이다. 이런 절망적인 과장된 진술들이 처음에는 세속적인 문화 비평가들의 무비판적 호평을 듬뿍 받았지만, 지금은 그들의 취약성이 널리 인정되고 있는 현실이다.

도킨스는, 증거는 아무런 문제 없이 과학이론의 합의점으로 이끌어 주고, 이는 사실적 진술로 취급될 수 있다고 생각하는 듯하다. '뒷받침 하는 좋은 증거'는 신앙을 '불필요하게' 만드는데, 그것은 '증거가 어쨌든 우리로 그것을 믿게 만들 것이기' 때문이다.[13]

이것은 상식적인 견해라고 할 수 있는데, 이런 견해를 가진 사람은 아직 과학의 역사와 철학을 제대로 수용하지 못했고, 무엇보다도 '발견의 논리'와 '정당화의 논리'를 구별하지 못하는 사람이다. 최상의 '뒷받침하는 증거'라도 여러 해석이 가능하기 때문에 이론 선택을 위한 기준들을 세우는 일이 매우 중요한 것이다. 하지만 우선적으로 고려할 기준들이 무엇인지, 그런 기준들을 먼저 도입해야 할 이유(또는 그 여부)를 결정하는 이론적 기초 등에 대해서는 아직도 기본적인 합의가 존재하지 않는다.

칼 포퍼가 지적하듯이, 과학적 지식을 잠정적이고, 추측적이고, 가설적인 것으로 보는 것이 최선이다. 따라서 우리는 모두 어느 의미에서, 그리고 어느 정도, 불가지론자라고 할 수 있다. 이 점은 리처드 도킨스가 로완 윌리엄스와 벌인 2012년 논쟁에서 때늦게 인정한 것처럼 보인다. 얄팍한 진리들을 증명하는 일과, 포퍼가 지적했듯이, 정말로 중요한 인생의 신념들이 논리적 또는 과학적 증명 너머에 있다는 것을 인정하는 것은 별개이다. 의심과 불확실성은 우리가 피상적으로 우주와 관계를 맺는 대다수 활동에 내장되어 있다.

이처럼 인간 상황의 특징인 불확실성을 용인하는 태도가 아마 나의 늙은 자아와 젊은 자아 간의 가장 두드러진 차이점 중 하나일 것이다. 어떤 이들은 이런 상황에 절망을 느끼면서 우리가 '알 수' 있는 것과 우리가 알기 '원하는' 것 사이의 냉혹한 분립에 대해 불평을 늘어놓을 수 있다. 그러나 밀란 쿤데라가 말했듯이, 우리는 '답변이 없는 질문들'을 묻고 탐구하는 일의 중요성을 이해할 필요가 있는데, 이는 우리 인간의 한계를 탐사하도록 돕고[14], 차갑고 메마른 합리주의의 경계를 넘어가는 지적인 위험을 감수하도록 우리에게 도전하기 때문이다.

'이론적으로는' 우리가 확립된 신념에 마땅히 도달할 수 없어야 한다. 하지만 '실용적으로는' 우리는 언제나 그렇게 한다. 나는 이 긴장을 안고 사는 법을 배웠다. 말하자면, 내가 중요하고 의미 있다고 생각하는 신념을 가질 충분한 이유가 있다고 믿는 한편, 그 신념이 증명될 수 없다는 것도 알고 있다. 아마 이것이 우리가 기쁘게 포용해야 할 하나의 진실일 것이다. 어쨌든 이는 우리에게 해방감을 안겨준다. 우리는 더 이상 증명될 수 없는 것을 증명해야 할 필요가 없고, 우리가 가치 있고 신뢰할 만하다고 믿는 것에 비추어 최선을 다해 인생 과업을 수행해나갈 수 있기 때문이다.

18장

망상: 신앙은 소원성취인가?

현재 내가 선 자리에서 그날들을 뒤돌아보면, 나는 인간 욕망에 기반을 둔 하나님에 관한 모든 논쟁을 의심했던 것은 옳았으나 '선택적으로' 의심했다는 것을 알 수 있다. 그러나 나는 이것을 단지 하나님에 대한 믿음에만 선택적으로 적용했고, 이것이 내가 최근에 취한 무신론에도 적용된다는 것을 미처 인식하지 못했다. 세월이 지나고 보니, 이제야 내가 그 지나간 날에 유독 이해하지 못했던 어떤 것을 볼 수 있었다. 바로 나는 하나님이 존재하길 원치 않았으며, 내가 내 인생을 주관하기를 원했고, 나는 모든 초월적 권위를 자기몰입과 자기규제에 빠진 나의 세계를 위협하는 것으로 간주했다.

1960년 말, 내가 메소디에서 과학을 공부하던 십대 시절에 품었던 가장 가혹한 확신 중 하나는 하나님에 대한 믿음은 심리적 버팀목, 즉 신(神)과 의미가 없는 우주의 냉혹한 현실에 대처할 수 없는 슬픈 인간들을 위로하는 하나의 신념이라는 것이었다. 하나님은 사람을 안심시키려고 만든 위조품이고, 비합리적 희망과 가련한 열망에서 튀어나온 하나의 망상이었다. 종교적 믿음은 유치한 것이라서 무신론이 무르익으면 후자에 자리를 양보할 수밖에 없을 것이었다.

　당시에는 내가 지그문트 프로이트의 글을 읽은 적이 없었지만, 벨파스트 퀸즈대학교에 다니던 진보적인 무신론자 친구들이 자기네가 종교에 대한 압도적인 반론으로 간주하던 그의 '소원성취'의 개념에 관해 많이 얘기했다. 어쩌면 하나님이 제공할지 모르는 그런 위안을 받고 싶은 욕망이 어떤 하나님이 존재한다는 그릇된(하지만 이해할 만한) 믿음을 만들었다는 것이다. 나는 이 논리를 좋아했다. 아마도 그 이유는 그 자체의 대담함과 범위가 요구했던 분석적 정확성으로 그것을 끝까지 밀고 나가지 못했기 때문이었을 것이다.

그 당시에, 나는 지적으로 오만하고 개인적으로 불안정했을 뿐 아니라, 나 역시 그 시대의 진보적인 운동들과 노선을 같이함으로써 이런 문제들을 다루려고 했다. 이는 문화적인 내집단들의 신념을 수동적으로 받아들이는 것에 불과했는데도 이것이 바로 '자유사상'이라고 나 자신을 설득했다. 이 전략은 사회적 용인을 받고픈 나의 욕구를 충족시켰고, 나 자신을 지성적인 문화 엘리트의 일원으로 만들어주고 그 반사된 영광의 빛을 쪼이게 해주었다. 내가 아직 메소디의 6학년에 불과한데도 퀸즈대학교의 학생들과 어울리게 된 것은 선배의 동료집단 내에서 용인을 받고 싶은 욕구 때문이었다.

이후 기독교를 받아들임으로써 정당함을 인정받고 싶은 나의 자기애적인 갈망에 종지부를 찍을 수 있었고, 이는 파괴적인 내향적 방향 전환이 될 소지도 있었다. 그 단계에서는 내가 전혀 몰랐던 기독교의 이신칭의 교리, 즉 믿음으로 의롭게 된다는 교리는 하나님께 용납 받는 것이 진정한 자존감의 근거라고 말했다. 나는 사랑을 받기 위해 굳이 무언가를 성취할 필요가 없었다. 오히려 하나님이 나를 귀하게 여기신다는 것을 받아들이고, 이로 인해 끊임없는 재보증을 받을 필요 없이 인생을 살아갈 필요가 있었다. 이 문제를 해결한 후, 나는 곧장 이 기독교 교리의 포괄적 역사, 그리고 이 교리가 크리스천의 삶과 사상에 미친 영향을 연구하고 글로 쓰게 되었다.[1]

프로이트는 1960년 말만 해도 벨파스트에서 난공불락의 문화적 권위자로 간주되었지만, 한참 후에 그의 핵심적인 '과학적' 개념들 중 얼마나 많은 것이 논쟁에 붙여지고 제한된 증거에 토대를 두고 있는지, 그리고 그것들이 반증될 수 없다는 결론으로 귀결된다는 것이 분명해졌다. 그 당시에는 프로이트가 '지성의 다윈'(Darwin of the Mind)으로 널리 간주되었고, 인간들이 그들의 잠재의식적인 실존적 욕구와 심리적 요구를 충족시키기 위해 편안하게 하나님을 꾸며냈다고 폭로함으로써 종교계를 격분시킨 진보적인 과학자로 여겨졌다. '과학은 하나님에 대한 믿음이 하나의 환상이란 것을 증명한다'와 같은 멋진 표어들이 당시 학생 그룹들 사이에서 일어나던 진지한 토론을 압도하고 말았다. 무신론이야말로 나 자신과 같은 자유사상가와 과학도가 취할 유일한 선택이란 것이 자명한 진리로 받아들여졌다.

   내가 무신론을 지적으로 대담한 행위라고 생각했던 것은 이 신념이 '형이상학적 위안'(니체)을 제공하지 않았을 뿐 아니라 무의미한 세계에 대한 암담하고 가혹한 해석을 내놓았기 때문이었다. 무신론이 지닌 심미적 결핍과 실존적 단조로움이 바로 그것이 진리임을 가리키는 믿을만한 지표라는 견해를 나는 취했다. 아니, 누가 그토록 매력이 없고 단조로운 것을 믿고 싶어 하겠는가? 따라서 무신론은 소원성취로부터 발생할 만한 위험이 아예 없었다!

   현재 내가 선 자리에서 그날들을 뒤돌아보면, 나는 인간 욕망에 기반을 둔 하나님에 관한 모든 논쟁을 의심했던 것은 옳았으나 '선택적으로' 의심했다는 것을 알 수 있다. 나의 우려사항, 즉 세계가 마땅히 어떤 모습이어야 한다는 내 욕망을 반영하는 그런 세계관을 내가 만들지 모른다는 우려는 정당한 것이었다. 그러나 나는 이것을 단지 하나님에 대한 믿음에만 선택적으로 적용했고, 이것이 내가 최근에 취한 무신론에도 적용된다는 것을 미처 인식하지 못했다. 세월이 지나고 보니, 이제야 내가 그 지나간 날에 유독 이해하지 못했던 어떤 것을 볼 수 있었다. 바로 나는 하나님이 존재하길 원치 않았으며, 내가 내 인생을 주관하기를 원했고, 나는 모든 초월적 권위를 자기몰입과 자기규제에 빠진 나의 세계를 위협하는 것으로 간주했다. 바로 이 때문에 나는 우스운 기독교 풍자화를 비판했으나 크리스천들에게 그들이 정말로 믿는 바를 알려고 말을 걸지 못했던 것일까? 내가 혹시 자기중심적이고 자기지시적인 나의 세계에 도전할 수 있는 것을 무력화시키기 위해 무신론을 받아들인 것은 아닐까?

내가 그렇게 처신한 첫 번째 사람은 아닐 것이다. 철학자 토마스 나겔은 내가 쓴 최근의 글에 인용한 인물로서 자기가 무신론을 취하게 된 근본 동기를 명시적으로 밝힌 바 있다. '이는 그저 내가 하나님을 믿지 않고, 또 자연스럽게 내 신념이 옳기를 바란다는 것이 아니다. 나는 하나님이 존재하지 않기를 바란다는 것이다! 나는 하나님이 존재하기를 원치 않는다. 나는 우주가 그런 모습이길 원치 않는다.'[2]

여기서는 소원이 신념을 발생시킨다. 그런즉 나겔의 무신론은 신이 없는 우주를 원하는 그의 근본적인 욕망에 따라오는 하나의 합리화인 셈이다. 이와 비슷하게, 생물학자 올더스 헉슬리 역시 자기가 하나님에 대한 믿음을 배척한 동기는 과학이나 이성과 별로 관계가 없고, 자기가 무신론을 채택한 후 그것을 정당화하려고 여러 논증을 꾸며냈다고 분명히 밝힌 바 있다.

'나는 이 세계가 어떤 의미가 없길 바라는 동기를 품고 있었다. 따라서 아무런 의미도 없다고 가정했고, 아무런 어려움도 없이 이 가정을 지지하는 만족스러운 이유들을 찾아낼 수 있었다.'[3]

이에 비견되는 다른 예들도 얼마든지 있다. 가령, 개인적 취향 때문에('나는 종교가 거슬린다'), 사회적 편견 때문에('종교적인 사람들이 너무나 통속적이다'), 또는 문화적 위상 때문에('지성적인 사람은 하나님을 믿을 수 없다') 하나님에 대한 믿음을 배척하는 이들이다. 이로 보건대, 은밀한 사회적 정서적 요인들이 우리가 생각하는 것보다 더 우리의 의사결정을 좌우하곤 하는 것이다.

다행스럽게도, 이런 이슈들에 관한 논의가 엄격한 합리주의적 틀이 지배했던 1960년대 이후 한걸음 더 진보했다. 우리는 이제 정서적 의지적인 이슈들이 흔히들 개관적이고 초연한 것으로 생각하는 철학과 자연과학의 세계를 뿌옇게 가리고 또 거기에 영향을 미칠 수 있다는 점에 훨씬 더 예민해졌다. 나겔의 무신론은 실제로는 정서적인 이유로 먼저 결정한 신념을 나중에 지적으로 정당화했던 사례에 속한다. 이런 경우를 가리켜 심리학자 조너선 하이트가 최근에 '정서적 꼬리'를 '합리주의적 개'에게 흔드는 모양이라고 묘사했다.[4] 사람들은 직관적 또는 정서적인 이유로 결론에 도달한 다음 나중에 그런 신념을 정당화할 방법을 찾아낸다. 이런 불편한 통찰은 도덕적, 정치적, 종교적, 그리고 반(反)종교적 사상들에 대한 모든 설명에 엮어 넣을 필요가 있다. 과학, 정치, 종교 등에 관한 우리의 생각은 우리가 마음으로 원하는 바를 반영하는 경우가 너무나 많은데, 그렇게 해서 우리가 나중에 고도로 선택적인 합리적 정당화 작업을 수행하게(그리고 심지어 꾸며내게) 되는 것이다.[5] 우리는 어떤 대안을 너무 쉽게 배척하는데, 그것이 지적인 결함이 있어서가 아니라 우리가 그것을 좋아하지 않기 때문이다.

우리는 우리의 취향과 의제와 욕망에 걸맞은 세계와 세계관을 꾸며내는 일이 위험하다는 것을 인정해야 하지만, 그렇다고 그 자체가 그런 신념이 틀렸음을 입증하는 것은 아니다. 욕망이란 것은 종종 우리의 생존이나 안녕에 필요한 어떤 것에 반응해 생기기도 한다. 예컨대, 배고픔이 어떤 인간 욕구를 반영한다고 해서 그것을 하나의 환상으로 간주해야 한다고 주장하는 사람은 없을 것이다. 의미를 추구하는 우리의 갈망은 당연히 인간 정체성의 실마리로서, 우리가 진정 누구인지를 이해하도록 돕는 깊고 실존적인 욕구에 상응하는 것이다. 우리가 '원하는' 바는 당연히 우리가 '누군지'를 드러내는 법이다.

어떤 신념이 합리적인지 아닌지 여부는 전제된 맥락, 곧 그 안에서 그런 느낌이나 욕망이 사전의 지적인 틀 내에서 '해석되는' 그 맥락에 달려 있다. 무신론적 이데올로기[프로이트나 마르크스가 전제했던(하지만 분명히 증명하지 못했던) 것과 같은]는 '하나님을 향한 갈망'을 오직 하나님이 없다는 제어용 가정(controlling assumption)에 기초해서 해석할 수 있을 뿐이다. 이런 갈망은 그러므로 객관적 근거를 가질 수 없는 만큼 하나의 망상으로 간주되어야 한다. 따라서 이런 '해석'은 거꾸로 어떤 '신념'에 달려 있고, 이 신념은 검증이나 반증이 불가능한 것이다.

그러나 크리스천의 사고방식은 인간이 '하나님의 형상'을 지니고 있기 때문에 하나님을 갈망한다고 주장한다. 히포의 아우구스티누스의 유명한 기도가 이 점을 잘 보여준다.

'그대는 그대 자신을 위해 우리를 만드셨고, 따라서 우리의 마음이 그대 안에서 안식을 찾기 전에는 불안정합니다.'

이 견해에 따르면, 우리는 하나님을 갈망하는 마음이 내장되어 있고, 이 갈망은 탐구하는 중에 일시적으로 그보다 못한 선(善)에 집착할 수 있으나 결국에는 이런 것이 부적절하다는 것을 발견하고 계속 그 진정한 원천과 목표를 구하게 된다. 아우구스티누스가 보기에, 이런 갈망하는 마음은 하나의 망상이 아니라, 우리의 참된 정체성의 실마리인 동시에 우리 마음의 욕구를 어떻게 궁극적으로 충족시킬 수 있는지를 가리키는 하나의 지시봉이다. 다시 한 번, 이 해석은 어떤 신념에 달려 있고, 이 신념은 검증이나 반증이 불가능하다. 우리가 선택할 것은 기독교적 '신앙'이냐, 무신론적 '사실'이냐가 아니고, 서로 다른 그리고 똑같이 검증되지 않은 두 가지 해석의 틀 중에 하나이다.

우리가 현명한 인간으로서 직면하는 인식론적 딜레마는 우리가 중요하다고 생각하는 신념, 아니 심지어 인생을 바꿔놓을 수도 있으나 참으로 증명될 수 없는 신념에 헌신할 필요성을 느낀다는 사실이다. 우리는 확실성의 세계에 거주하기를 정말로 바랄지 몰라도, 이는 갈수록 더 하나의 망상처럼 보인다. 이런 망상에 빠지면 증거가 확인되지 않는데도 이런 신빙성 없는 신념을 강화시키기 위해 지적인 왜곡을 감행할 소지가 있다.

그러면 우리는 이 딜레마를 어떻게 다뤄야 할까? 이에 관해 나는 옥스퍼드의 지성사학자이자 철학자인 이사야 벌린(Isaiah Berlin) 경의 저술에서 많은 것을 배웠다. 벌린은 1988년의 유명한 강연 '이상의 추구'에서 '자기 나름의 방법으로 무엇을 할지 그리고 어떤 존재가 될지에 관해 그 어떤 의심도 허용하지 않는, 명백하고 흔들릴 수 없는 신념에 도달한 이들'을 철학적으로 붕괴시켰다.[6] 벌린은 소원성취와 다름없는 그런 인식론적 오만의 토대와 함의에 대해 이렇게 혹평했다.

'나로서는, 그런 편안한 도그마의 침상에 앉은 이들은 스스로 유도한 근시안의 희생자들, 인간이 된다는 게 무엇인지를 이해하기 위해서가 아니라 그저 만족을 도모하는 눈가리개를 한 자들이라고 말할 수밖에 없다.'

서양의 철학 전통, 특히 이성의 시대 동안의 전통이 인간 가치들의 단일한 합리적 위계구조를 발견할 가능성에 유혹을 받아왔었다고 벌린은 믿었다. 그리고 이것은 틀린 것으로 증명할 수 있다고 선언했다. 우리는 합리적으로 변호할 수 있는 가치관들이 여럿 있음을 인정할 필요가 있다. 그래서 이 가치관들은 종종 상충되기도 한다는 것과 우리가 타당한 성찰을 통해 매우 다른 결론에 도달하는 이들과 나란히 어떻게 살 수 있는지의 문제를 제기한다는 것을 알 필요가 있다.[7] 벌린은 1930년대에 옥스퍼드에서 논리 실증주의를 경험한 적이 있기 때문에, 과학적 방법이 자연세계의 이해에는 필수적이지만 이 방법을 가치와 의미에 관한 근본적인 질문들에 적용하는 것은 옳지 않다는 결론에 도달했던 것이다. 이런 질문들은 과학적으로나 논리적으로 검증될 수 없어도 인간의 삶과 문화에는 필수적이다.

만일 벌린이 옳다면, 우리는 이런 문제들에 대해 서로 다른 입장을 취하는 이들을 존중할 필요가 있는데, 이런 판단들은 합리적 정당화는 가능해도 최종적 증명은 불가능하기 때문이다. 우리의 세계는 너무나 복잡하고, 또한 합리성에 대한 너무나 많은 관점들에 의해 해석되기 때문에 지성적이고 현명한 사람들 간의 의견불일치는 불가피한 만큼 서로를 존중할 필요가 있는 것이다. 그러면 우리는 그런 복잡한 실재를 어떻게 다뤄야 할까? 먼저 관념의 세계를 지도로 그려보는 일이 필요하다.

19장

실재의 지도:
복잡한 세계에 대처하다

과학은 우리 세계가 어떻게 작동하는지를 지도로 그려주는 한편, 신앙은 그 의미를 지도로 그려준다. 그러므로 이 두 지도는 서로를 보완하고 그것들이 묘사하는 세계를 더 풍부하게 이해하도록 해준다. 한 지도는 우리의 세계와 그 세계의 작동방식을 이해하도록 도와준다. 다른 지도는 우리의 진정한 본성과 운명, 그리고 우리가 왜 여기에 있는지를 이해하도록 도와준다. 우리가 이 세계에 의미 있게 거주하려면 두 지도가 모두 필요하다.

2006년에, 나는 잉글랜드 북동부에 위치한 뉴캐슬대학교의 리델 기념강좌의 강사로 초빙을 받았다. 이 초빙이 기뻤던 것은 특히 C. S. 루이스가 1942년에 똑같은 강좌를 담당했기 때문이었다.[1] 나의 과제는 자연신학의 일부 측면들을 탐구하는 일이었다. 내가 선택한 강좌 제목은 아이작 뉴턴의 어구를 원용한 것이었다.

'진리의 대양의 해안에 서서.'[2]

2008년 2월에 예정된 강의 몇 주 전에, 나는 철학자 메리 미즐리, 곧 1980년에 은퇴할 때까지 뉴캐슬에서 강사로 일했던 여성의 초대를 받았다. 그 이후 그녀는 뉴캐슬에 계속 남아서 평판이 좋은 여러 책을 집필했고, 그 가운데 다수는 인간 본성에 대한 환원주의적 설명에 대해 매우 비판적이었다. 나는 자연스레 그녀의 초대를 수락했고 우리가 나눌 대화를 기대하고 있었다.

우리가 만난 때는 내가 '종교의 합리성에 대한 리처드 도킨스의 흥미로운 견해'라는 주제로 추가 강연을 한 직후였는데, 이는 강연 위원회가 그 지방의 많은 관심 때문에 나에게 요청한 강연이었다. 나는 법학과 건물에 있는 휴게실을 사용할 수 있게 되어 거기서 강연을 했고, 그때 미즐리를 그 지방의 영웅으로 존경하는 대학교 직원들이 준비한 차와 비스킷을 대접받았다.

나는 거기서 나눈 대화를 제대로 묘사할 수 없다. 그 대화는 미즐리가 과학적 사고에 속한 비유들을 이용해 나의 견해를 해부하는 일종의 법정 심문에 가까웠고, 그녀가 자기 논지를 펴기 위해 제스처를 쓰는 바람에 그녀의 무릎 위에 놓인 찻잔이 흔들려서 위태로운 지경에 빠지곤 했다. 그녀의 주된 공격대상은 도킨스가 말한 '이기적 유전자'의 개념이었다. 아니, 어떻게 유전자가 '이기적'일 수 있는지 그녀가 물었다. 이는 원자가 질투심이 있다고 말하는 것과 마찬가지였다. 나는 도킨스와 입장을 달리 했지만 여기서는 그를 변호하면서, 그는 '이기적'이란 단어를 일종의 속기로 사용한다고, 즉 유전자들이 마치 이기적인 듯 행동한다는 그의 견해를 표현하는 하나의 방식으로 사용한다고 분명히 밝혔음을 지적했다. 그래도 미즐리는 달가워하지 않는 눈치였다. 그녀가 보인 반응에는 '부질없는 짓'이란 단어와 나에게 '헛기침'으로 써야 한다고 말한 소음이 포함되어 있었다.

우리는 곧 보다 건설적인 주제들로 이동했고, 그 중에는 우리가 환원주의적 왜곡 없이 어떻게 실재를 묘사할 수 있는지의 문제도 들어 있었다. 이 점에 관해서는 우리가 합의에 도달했다. 말하자면, 복잡한 실재들의 여러 측면을 밝히고 보호하는 방법을 찾는 일이 중요하다는 것이었다. 미즐리는 다수의 '개념적 도구상자들'이란 용어를 사용해 자기 논지를 폈는데, 내용인즉 우리가 세계를 조사하려면 다양한 연구방법들, 각각 어느 특정한 과업에 맞춘 그런 방법들을 사용할 필요가 있다는 것이었다. 나는 좀 더 단순한 용어인 '연구방법들'을 선호했으나, 미즐리가 말한 '도구상자' 내지는 '툴킷'(toolkit)이 쓸모 있는 풍부한 이미지라는 생각이 들어서 나도 그것을 사용하겠다고(물론 그 존경할 만한 출처를 밝히면서) 결심했다.

나는 '다수의 관점들'이란 용어가 얼마나 유익한지를 설명하면서, 이 개념을 찰스 쿨슨에게서 빌려온 것임을 고백했다. 이에 미즐리가 자기는 '다수의 지도들'(multiple maps)이란 용어를 선호한다고 맞장구치면서 이 비유를 어떻게 사용하는지 몇 가지 예를 들어주었다.[3] 그녀가 내게 주지시키려 했던 논점은 서로 다른 지도들이 동일한 실재에 대해 서로 다른 정보를 제공한다는 것이었다. 다시 한 번, 나는 미즐리의 이미지가 생산적이란 것을 알았고, 내가 그 이미지를 신학적 맥락에 적용하는 방법을 알아낸 후, 그것을 사용해도 괜찮은지 물어보았다. 미즐리는 그렇게 하는 것이 자명하고 적절한 일이라고 생각했다. 그녀가 나의 기독교 신앙을 공유하진 않았지만 친절하게도 이를 '완전히 현명한' 처사라고 말했다. 그래서 우리는 친구가 되어 헤어졌다.

우리의 복잡한 세계를 탐구하고 묘사하는 타당한 방식이 단 하나밖에 없다고 공격적으로 주장하는 이들은 미즐리의 말을 경청할 필요가 있다. 이런 환원적인 단순화 작업은 이론이 실린 세계 해석이 낳는 불가피한 결과이며, 이는 낯선 우주를 이해하기보다 그 자체의 정당성을 입증하는데 더 관심이 있다. 나는 1960년대에 이런 견해를 취했는데, 당시에 실재는 자연과학이 밝혀낼 수 있는 것에 국한된다고 믿은 나머지 나 자신이 실재를 이 단일한 연구방법이 밝힐 수 있는 바에 사실상 제한시켰다는 점을 미처 깨닫지 못했었다.

내가 이런 자기기만적인 생각에서 해방된 계기는 무엇보다도 옥스퍼드에서 양자 역학과 과학철학을 공부한 것이었다. 베르너 하이젠베르크는 '우리가 관찰하는 것은 자연 그 자체가 아니라 우리의 조사방법에 의해 밝혀진 자연이다'라고 주장했다.[4] 우리가 더 많은 연구방법을 사용할수록, 자연세계에 대한 우리의 해석이 더 나아진다. 과학은 단 하나의 방법으로 연구되는 획일적인 활동이 아니다. 오히려 과학은 오랜 세월에 걸쳐 특정한 연구 목표를 유념하면서 개발하고 개조해온 구체적인 연구방법들을 가진 수많은 개별 과학들로 이뤄져 있다. 우리는 이런 다양한 분야들을 이념적인 이유로 억지로 똑같은 모양으로 만들려 하지 말고 각 분야의 온전함을 존중할 필요가 있다.

존 해브굿은 케임브리지 연구과학자로 일하다가 요크의 대주교가 된 인물로서 이 점의 중요성을 잘 이해했다. 그는 '과학'이란 용어를 고집스럽게 '유일한 과학적 방법' 운운하며 사용하는 것은 여러 자연과학들 내에 또 전역에서 그토록 명백히 눈에 띄고 또 실행되고 있는 방법론적 다양성을 공정하게 다루지 못하는 것이라고 말했다. 이런 언어 습관은 1831년 영국과학진흥협회의 설립까지 거슬러 올라가는 것 같다고 한다.[5] 그 협회의 설립자들은 개별 자연 과학들이 파편화되는 것을 피하기 위해 단순히 '과학'을 거론하기로 정했고, 그렇게 함으로써 모든 자연 과학들의 특징이 되는 유일한 방법과 안목, 말하자면, '유일한 과학적 방법'이 있다는 기대감을 심어주었던 것이다.

따라서 해브굿은 '과학들의 스펙트럼'이란 이전의 개념을 복구하고 '그 주제에 적절한 연구 분야'(미즐리가 '도구상자'라 불렀던 것)를 개발한 후, 이런 다수의 통찰을 엮어 무늬 있는 태피스트리를 만드는 방법을 찾아야 한다고 주장했다. 기독교적 관점에서 보면, 실재의 근본적인 상호연관성과 통일성은 충분히 확증될 수 있고 또 의미의 그물망 안에서 다함께 묶어질 수 있다고 주장했다.

> 분할되지 않은 지성은 결국 분할되지 않은 진리, 사물들의 핵심에 있는 통일성을 고찰한다. 그리고 이것은 한갓 공상이 아니다. 모든 지적인 추구는 그 파편화에도 불구하고, 그 한계와 불확실성에도 불구하고, 결국 우리가 단일한 실재와 단일한 진리를 접하고 있다고 전제하는 듯하다.[6]

미즐리 역시 이와 비슷한 논지를 펴면서, 우리 마음이 편협해지고 우리 지성이 수축되는 것을 철학적으로 저항하고, 또 우리 사고의 질이 우리가 이해하고픈 세계만큼 심오하고 또 복잡해야 마땅하다고 강조했다. 자연에 관한 '다수의 지도들'을 요구하고 또 개발해야 한다는 미즐리의 개념은 '단일한 실재'의 많은 측면들이 어떻게 구별될 수 있는지를 탐구하는 한편, 그런 측면들이 더 큰 덩어리로부터 분리될 수 없다는 점을 계속 고찰하는 면에서 잠재적 가치를 지니고 있는 것 같다. 이는 마치 한 줄기의 백광이 프리즘을 통과하여 무지개 색깔들(빨간색, 주황색, 노란색, 초록색, 파란색, 남색, 보라색)로 분산되는 것과 같다. 그 모든 색깔들은 본래의 백광 줄기 안에 있었고, 프리즘은 그 색깔들이 개별적으로 보이고 감상되게끔 허용했을 뿐이다.

복잡한 영역을 지도로 그리는 일은 곧 동일한 실재에 관한 다양한 정보를 제시하는 것이다. 유럽의 물리적 지도는 우리에게 그 지형의 특징들을 보여준다. 하지만 정치적인 지도는 그 국민 국가들의 경계선들을 보여준다. 각 지도는 일련의 구체적인 질문들에 답하기 위해 고안되었다. 물리적인 지도는 정치적 지도를 대치하지 않고 보완하는 역할을 한다. 각 지도는 그 지형에 관한 특정한 정보를 제시함으로써 (다른 정보들은 제시하지 않은 채) 그 전체 지형을 이해하게 해준다. 이 복잡한 영역에 대한 전반적인 관점을 얻으려면, 우리가 다수의 지도들을 겹쳐놓을 방법을 찾아서 이 모든 정보가 잘 드러나고 또 통합되도록 할 필요가 있다.

이는 과학과 신앙의 관계를 생각할 때 특히 중요한 점이고, 이를 다음 장에서 다시 다룰 생각이다.

과학은 우리 세계가 어떻게 작동하는지를 지도로 그려주는 한편, 신앙은 그 의미를 지도로 그려준다. 그러므로 이 두 지도는 서로를 보완하고 그것들이 묘사하는 세계를 더 풍부하게 이해하도록 해준다. 한 지도는 우리의 세계와 그 세계의 작동방식을 이해하도록 도와준다. 다른 지도는 우리의 진정한 본성과 운명, 그리고 우리가 왜 여기에 있는지를 이해하도록 도와준다. 우리가 이 세계에 의미 있게 거주하려면 두 지도가 모두 필요하다.

우리가 이 세계의 지형에서 우리의 길을 찾아가려면 과학적, 윤리적, 정치적, 사회적, 그리고 종교적인 지도들이 모두 필요하다. 어느 한 가지 지도가 우리의 모든 질문에 답할 수 없다. 그런즉 어떤 사람들이 우리에게 실재에 대한 그들의 지도, 즉 그들이 우리가 알길 원하는 것만 보여주는 지도의 정당함을 인정하도록 강요할 때, 우리는 당연히 그들에게 저항하는 것이 옳다. 역사가 분명히 보여주듯이, 어떤 지도의 구성은 종종 어떤 지리적 영역(또는 지적인 세계)에 대한 총체적 권위를 주장하는 등 기존 권력의 주장을 대변하는 경우가 많다.

그런데 지도를 그리는 일은 또 다른 목적을 갖고 있다. 많은 이들은 과학과 종교의 가능한 관계에 대해 그릇된 개념 지도를 그리는 바람에 양자가 갈등 관계에 있다고 생각한다.

호주의 지성사학자 피터 해리슨은 그런 지도들이 수행하는 중요한 역할, 즉 과학과 종교가 갈등을 일으키는 것으로, 아니면 서로를 풍성하게 하는 것으로 봐야 하는지를 좌우하는 그런 역할을 밝히 드러낸 바 있다.[7] 해리슨은 이 특정한 지도에 나오는 경계선들을 경험적 관찰 결과가 아니라 사회적 구성물로 봐야 한다고 생각했다. 우리가 사용하는 지도는 우리가 보는 것을 좌우하게 된다. 예컨대, 과학과 종교가 동일한 영토를 위해 경쟁하는가, 아니면 인접하되 따로 분리된 영토들을 점유하는가 하는 점이다. 우리는 어떤 지도들이 정치적 목적과 논쟁적 목적을 위해 그려진 것이란 사실을 알지 못할 때가 너무나 많다.

2008년에, 나는 메리 미즐리와 대화를 나누면서 그녀가 말한 '다수의 지도들'의 개념이 신학적으로 유용할 수 있다고 얘기하며 그 잠재력을 탐구하겠다고 말한 바 있다. 예컨대, 예수 그리스도의 의미심장함을 이해하고 표현하는 일과 같은 경우이다. 미즐리의 사고방식은 내가 나의 신앙을 이해하도록 도왔을 뿐만 아니라 그리스도의 '두 본성'에 대한 전통적인 형이상학적 이해를 난해하게 여긴 사람들에게 그것을 설명하는데 도움이 되기도 했다.

나에게는 니케아 신조에 나오는 형이상학적 진술들(예. 그리스도는 하나님과 '동일한 본질'이다)이 별로 문제가 되지 않는다. 초기 기독교 신학의 발달과정을 보면, 그런 진술들은 신약성경의 언어를 당시의 문화를 지배하던 헬레니즘 철학의 개념적 틀로 번역한 것임을 알 수 있다. 이런 번역은 고전고대 후기에 잘 수행되었고, 그리스도의 정체성과 의미심장함에 대한 기독교의 이해를 구체화하는데 중요한 역할을 했으며 후대의 신학적 성찰을 도모하는 자원이 되기도 했다. 하지만 이제는 그것이 새로운 세대에게 해석될 필요가 있었고, 오늘날의 문화적 분위기와 통하는 틀 안에서 다시 진술되거나 전환되는 일이 필요했다. 미즐리가 말한 '지도그리기'의 개념이 나에게 이런 일을 할 수 있는 도구를 제공했다.

그 신조는 예수 그리스도를 추상적인 신학적 원리가 아니라 모든 역사적 맥락의 한계를 초월하는 진정한 역사적 인물로, 즉 추상적 관념이나 실체가 없는 관념이 아닌 한 인격으로 묘사한다. 우리가 그분의 중요성을 이해하려면 여러 의미의 지도들을 사용할 필요가 있다. 어느 한 지도가 신약성경이 '측량할 수 없는 그리스도의 풍성함'(엡 3:8)이라 부르는 것을 밝혀주는 과업을 수행하기에는 역부족이다.

우리 세계의 복잡한 측면들을 이해하기 위해 '다수의 지도들'을 사용한 좋은 본보기는 주전 49년에 루비콘 강을 건너는 줄리어스 시저의 이야기에서 볼 수 있다. 로마 역사가 수에토니우스는 시저가 제13 군단을 이끌고 갈리아키살피나로부터 남쪽으로 로마를 향해 행군했던 경위를 들려준다. 이 행군은 이탈리아의 물리적 영토 위에 쉽게 그릴 수 있어서 시저가 로마를 향해 남쪽으로 내려간 경로를 우리가 따라갈 수 있다. 이 행군의 경로를 가던 중에 시저의 군대가 드디어 루비콘 강을 건넜다. 그 강은 넓지도 않고 깊지도 않아서 한 군대가 강을 건너는 물리적 사건은 그리 중요하지 않았다.

하지만 시저가 루비콘 강을 건넌 사건이 왜 그토록 역사적으로 중요한지를 이해하려면, 우리가 이 사건 위에 '정치적' 지도를 올려놓을 필요가 있다. 루비콘 강은 로마 속주들의 영토와 로마 공화국이 직접 통제하는 영역 간의 경계선이었다. 이 정치적 지도를 살펴보면, 시저가 이 강을 건넘으로써 로마 공화국에 전쟁을 선포하고 있었다는 것을 알 수 있다. 우리가 이 사건의 완전한 의미를 이해하려면 물리적 지도와 정치적 지도를 겹쳐놓을 필요가 있다. '물리적으로', 시저는 강을 건넜고, '정치적으로', 그는 중요한 경계선을 불법적으로 건너서 결국 로마 공화국의 종말을 초래할 위기를 촉발시킨 것이었다. 우리가 루비콘을 건널 때 무슨 일이 일어났는지, 그리고 그 사건이 왜 역사를 바꿨는지를 이해하려면 이 두 개의 지도가 모두 필요하다.

이와 똑같은 원리가 의미의 신학적 지도에도 적용된다. 신약성경은 예수 그리스도의 십자가 죽음을 결정적 중요성을 지닌 사건으로 본다. 이 사건은 본디오 빌라도가 로마 속주 유대의 총독으로 있는 동안(주후 26-36)에 일어난 것으로 '역사적' 지도를 그릴 수 있다. 이 사건은 또한 고대 예루살렘의 성벽 바깥 가까운 어딘가에서 일어난 것으로 '지리적' 지도를 그릴 수 있고, 그리스도가 그냥 죽은 것이 아니라 로마법 아래서 한 죄수로 처형되었다는 점에서 '법적' 지도를 그릴 수 있다.

그런데 그리스도의 십자가 죽음에 대해 역사적, 지리적, 그리고 법적인 지도를 그리는 것만으로는 그 사건의 완전한 의미를 드러내기에 불충분하다. 해석의 층이 하나 더 필요하다. 바울은 회심한 후에 그에게 전수된 기독교 신앙의 요약판을 되풀이하면서 '신학적' 지도를 이용해 그리스도의 죽음에 담긴 더 깊은 의미를 짚어준다. '내가 받은 것을 먼저 너희에게 전하였노니 이는 성경대로 그리스도께서 우리 죄를 위하여 죽으시고'(고전 15:3). 그리스도는 그냥 죽은 것('역사적' 지도의 통찰)이 아니고 우리의 죄를 위하여 죽었다('신학적' 지도의 통찰).

따라서 그리스도의 정체성과 중요성은 역사적 지도, 지리적 지도, 법적 지도, 그리고 신학적 지도를 모두 겹쳐놓을 때에야 비로소 드러날 수 있다. 이는 우리가 우리를 위한 그분의 정체성과 의미심장함을 이해하기 위해 예수 그리스도라는 역사적 인물 그 너머를 보고 또 다른 의미의 지도를 사용한다는 점에서 일종의 '분별'의 행위라 할 수 있다. 우리는 이 두 지도를 모두 이용해 기독교 신앙의 핵심에 해당하는 그리스도에 대한 더 풍성한 안목을 드러내도록 권유받고 있다. 따라서 이 두 지도들은 우리로 그리스도가 역사적 인물이었음을 인정하게 해서 그의 생애와 시대의 문화적 세부사항을 공정하게 다루게 하는 한편, 그리스도가 시공간의 제약을 초월해 하나님의 얼굴을 드러내고 우리가 영생의 소망을 붙잡게 해준다는 것을 인정하게 해주기도 한다.

물론 미즐리의 접근은 구원에 대한 풍부한 기독교적 해석을 이해하도록 도와줄 뿐만 아니라 더 넓게 확장될 수도 있다. 그리스도는 우리에게 어떤 변화를 일으키는가? 우리는 복잡하지만 믿을만한 반응을 지도로 그릴 수 있다. 말하자면, 신약성경에 나타난 구원의 이미지들(종종 '구원론적 은유들'로 알려진)을 관계상의 성취와 회복, 죄의 용서, 상처받고 깨어진 사람들의 치유, 새로운 정체성의 부여, 또는 소망의 창조 등의 견지에서 얼마든지 그릴 수 있다. 이는 몇 가지만 언급한 것이고 여기에 더 많은 주제를 더할 수 있다.

미즐리의 접근이 어떻게 신학적으로 활용될 수 있는지를 매우 간략하게 진술했지만, 앞으로 이를 더 탐구하는데 필요한 만큼 충분히 얘기한 것 같다. 내가 항상 유익하다고 생각해온 어떤 이미지로 되돌아가려면, 우리에게는 우리의 길을 찾아줄 수 있고 또 무엇을 찾는지 알게 해줄, 신앙의 지형을 그린 지도들이 필요하다. 우리가 복잡성을 볼 때는 그것을 단순한 표어 또는 추상적 원리로 환원해야 할 어떤 것으로 보지 말고 오히려 풍성함의 징표로 보며 환영하는 태도를 지녀야 한다. 미즐리의 접근은 나로 하여금 우리 세계와 기독교 신앙의 기본적인 통일성과 정합성을 인정하게 도와주는 한편, 이와 동시에 이 세계의 풍부한 개별적 주제들의 지도를 그려주고 또 특정한 사고 노선들을 부각시켜주는 역할을 했다.

더 나아가, 미즐리의 접근은 또한 과학과 신앙의 관계에 대한 나의 이해를 탄탄하게 만들어주었다. 이는 아마 나의 개인적 신앙 여정과 과학적 탐구에서 내가 직면하지 않을 수 없었던 가장 중요한 질문들 중 하나일 것이다.

20장

과학과 신앙:
갈등관계인가, 서로를 풍요롭게 하는가?

과학과 종교가 양립할 수 없다는 강력한 주장을 내가 무시할 수 있었던 주된 이유는 분명한 경험적 사실 때문이었다. 이는 옥스퍼드대학교의 대학생부터 선임 학자에 이르는 모든 수준에 걸쳐 많은 지성적인 과학자들이 종교적 믿음을 갖고 있었고 또 이 믿음이 과학과 양립할 수 있다고 생각했던 사실을 말한다. 물론 시끄럽고 영향력이 있는 일부 사람들이 과학자가 되는 것과 종교적 믿음을 갖는 것은 지적으로 불가능한 일이라고 주장했다. 그러나 이런 주장과 현실 세계에서 관찰할 수 있는 사실 간에는 심각한 긴장이 분명히 존재했다.

2008년 9월, 나는 킹즈칼리지런던의 신학, 사역, 교육 담당 정교수로 임명되었다. 나의 교수실은 테임즈의 왼쪽 강둑을 내려다보고, 국립극장과 가까웠고, 오른편에는 성 베드로 성당의 돔이 우뚝 솟아 있었다. 런던 중심가의 멋진 위치에 놓여 있었다. 나의 새로운 고용주들은 나를 임명하면서 내가 선택한 연구 프로젝트를 개발하기를 바란다는 점을 분명히 하고, 또 이 과업을 떠맡는데 필요한 시간을 충분히 확보해주겠다고 약속했다. 그들은 그 프로젝트가 신학적인 것이 되길 원하면서 폭넓은 문화적 이슈들도 다뤄주길 바랐다. 그러면 내가 무슨 프로젝트를 할지 자문해보았다.

그때 그동안 여러 면에서 내 마음에 품고 있던 열망인 한 프로젝트가 떠올랐다. 바로 새로운 C. S. 루이스 전기를 쓰는 일이었다. 루이스가 죽은 지 50주년이 되는 때가 2013년 12월이었다. 이 프로젝트는 4년 동안 연구하고 집필한 후, 1년 동안 출판 과정을 거치면 완성될 수 있었다. 기존의 전기들이 루이스의 아일랜드 뿌리를 어떻게 이해할지 모르고 옥스퍼드대학교에서의 그의 역할에 대해 갈피를 못 잡는 등 여러 문제를 안고 있는 것을 감안하면, 새로운 전기가 필요한 것이 분명했다. 나는 영국과 아일랜드의 이중 국적으로 갖고 있었고, 옥스퍼드에 대해서도 대다수보다 더 잘 아는 편이었다.

출판사는 금방 결정되었고, 내가 할 일이 무엇인지를 구상했다. 루이스 사상의 발달과정과 문체의 변화를 감지하려면 루이스가 쓴 모든 것을 연대기적 순서대로 읽을 필요가 있었다. 그리고 옥스퍼드와 케임브리지의 문서보관소를 샅샅이 뒤져서 이전의 전기 작가들이 간과했던 문헌이 있는지, 또는 새로운 자료가 발굴되었는지를 살펴봐야 할 것이었다. 그래서 나는 내 생애에서 가장 흥미롭고 보람 있는 집필 프로젝트가 될 작업에 기쁘게 착수했다. 내가 연구조사를 실시한 결과, 과거에 아무도 보지 못했던 자료를 발굴하게 되었는데, 톨킨(J. R. R. Tolkien)이 루이스를 노벨문학상 후보로 추천한 편지, 제1차 세계대전에서의 전투를 위해 루이스를 훈련했던 사관후보생 부대의 기록과 같은 것들이었다. 루이스의 저술을 자세히 읽은 결과, 루이스가 하나님을 발견한 사건은 그 자신의 기억대로 1929년 트리니티 학기에 일어난 것이 아니라 1930년 트리니티 학기로 거슬러 올라가는 것 같다는 뜻밖의 결론에 도달했다. 이는 루이스의 중요성을 이해하는데 크게 중요한 것이 아니라 세부적인 단편에 불과했다.

하지만 루이스 생애의 한 측면이 특히 나의 주목을 끌었던 이유는 부분적으로 내가 쉽게 또 자연스럽게 그의 염려를 공감할 수 있었기 때문이다. 루이스는 자기가 기독교로 전향하면 지적인 정직성 때문에 그의 생애에 크게 사랑했던 것들 중 하나(북유럽 신화)를 한쪽으로 제쳐 놓아야 하지 않을까 하고 노심초사했다. 그로서는 이 오랜 사랑을 어떻게 종교적 회심에 따른 새로운 세계관에 맞춰 넣을 수 있을지 알 수 없었다. 그는 북유럽 신화를 뒤에 남겨두고 그가 흠모했던 것에 등을 돌려야 했을까? 만일 기독교가 참이라면, 이런 신화들은 확실히 거짓일까? 아니면 아직은 모르지만 이 둘을 그의 새로운 신앙 안에 품을 수 있는 방법이 있었을까?[1]

마침내 루이스의 염려는 그의 동료인 톨킨과 1931년 9월에 나눈 긴 대화를 통해 해결되었다. 그 대화는 루이스로 하여금 처음으로 기독교는 '더 큰 종류의 이야기'를 들려준다는 것, 이 이야기는 고대 그리스와 북유럽의 신화에서 그 주제들이 나타날 것을 고대할 공간을 조성했다는 것을 보게 했다. 그 직후 루이스는 흥분에 휩싸여서 가까운 친구 아서 그리브스에게 편지를 썼다. 기독교는 북유럽 신화들을 완성시켰다고, 그 신화들이 부분적으로만 포착했던 완전한 실체를 기독교가 밝히 드러냈다고 그는 선언했다. 그는 그 신화들에 대한 애정을 그대로 품을 수 있었을 뿐만 아니라 그의 기독교적 관점을 설명하는데 그것들을 이용할 수 있었다. '참'과 '거짓'이란 딱딱하고 케케묵은 이분법은 한 마디로 그가 취할 수 있는 선택의 범위를 묘사하기에 부적합했다.

나 역시 기독교로 전향할 때 이와 비슷한 염려를 경험한 바 있다. 그 강도는 루이스의 것과 비견되지만 그 초점은 달랐다. 나의 여정 이야기가 분명히 보여주듯이, 과학은 나의 직업적 열망의 중심에 있는 동시에 나의 지성적인 삶의 기폭제였다는 점에서 젊은 시절에 품었던 최고의 사랑의 대상이었다. 그러나 '공식적인 교리'[official doctrine, 길버트 라일의 고전 『마음의 개념』(1949)에서 빌려온 어구]는 종교와 과학이 양립할 수 없다는 것이었다. 사실 양자는 서로 싸우고 있었다. 나는 기독교를 받아들임으로써 혹시 내가 사랑했고 또 내 생애의 불가결한 일부가 된 연구 분야와 (이혼은 아닐지라도) 별거해야 하는 것은 아닌지 노심초사했다. 그래서 나는 미디어에서 한없이 반복되는 이 '공식적인 교리'를 어떻게 이해해야 했던가?

과학과 종교가 양립할 수 없다는 강력한 주장을 내가 무시할 수 있었던 주된 이유는 분명한 경험적 사실 때문이었다. 이는 옥스퍼드대학교의 대학생부터 선임 학자에 이르는 모든 수준에 걸쳐 많은 지성적인 과학자들이 종교적 믿음을 갖고 있었고 또 이 믿음이 과학과 양립할 수 있다고 생각했던 사실을 말한다. 물론 시끄럽고 영향력이 있는 일부 사람들이 과학자가 되는 것과 종교적 믿음을 갖는 것은 지적으로 불가능한 일이라고 주장했다. 그러나 이런 주장과 현실 세계에서 관찰할 수 있는 사실 간에는 심각한 긴장이 분명히 존재했다. 어쨌든 20세기 자연과학자의 아이콘이라 할 수 있는 앨버트 아인슈타인은 이렇게 주장하지 않았던가. 의미 있는 인간 존재는 과학적, 윤리적, 정치적, 종교적 사상들을 수용하길 요구하는데, 이런 사상들이나 가치들이 상당히 다른 연구방법에 의해 창출되었다는 사실에도 불구하고 그렇다고 말이다.[2]

대다수 과학자들은 의미심장한 윤리적 견해와 정치적 견해를 갖고 있다고 고백한다. 예컨대, 아인슈타인은 사회주의자였다. 하지만 아인슈타인은 자기가 그의 윤리적 또는 정치적 견해를 과학적 방법에서 도출하지 않았다는(그리고 도출할 수 없었다는) 것을 완강히 주장했다. '과학은 현재 존재하는 것(what is)만 규명할 수 있을 뿐 당위적인 것(what should be)은 규명할 수 없고, 그 영역 바깥에서는 온갖 가치 판단들이 계속 필요하다.'[3] 철학자 데이비드 흄과 마찬가지로, 아인슈타인 역시 세계가 작동하는 방식에 관한 관찰을 인간이 어떻게 행동해야 하는지에 대한 이해로 전환할 수 있는 논리적 방법은 존재하지 않는다고 분명히 밝혔다.

그럼에도, 아인슈타인은 도덕적 견해와 정치적 견해가 과학적 방법의 적용에서 나올 수 없지만 그래도 과학자들이 그런 견해들을 가져야 '마땅하다'고 믿었다. 과학적 방법을 제대로 이해하면 윤리와 정치의 문제가 과학의 범위 너머에 있음을 볼 수 있다.

과학적 방법은 사실들이 어떻게 서로 연관되고 서로에 의해 조건 지워지는지를 넘어서는 것은 아무것도 우리에게 가르칠 수 없다.…현재 '존재하는' 것에 대한 지식은 곧바로 '당위적인' 것에 이르는 문을 열지 못한다. 우리는 존재하는 것에 대한 가장 명백하고 가장 완전한 지식을 가질 수 있어도, 이로부터 인간 열망의 '목표'가 무엇이어야 하는지를 도출할 수는 없다.[4]

윤리와 정치는 본래 과학적이지 않은 인간 성찰의 형태들이지만, 그럼에도 불구하고 과학자를 포함한 모든 인간의 삶의 중요한 측면들이다. 아인슈타인 역시 종교에 대해 똑같은 입장을 취했다. 그는 '종교'를 약간 특이하게 정의했지만, 종교의 문화적 및 지적인 생존 가능성을 주장했고, 종교를 의미 있는 인간 존재에 불가결한 것으로 간주했다.[5] 아인슈타인은 이런 입장을 그의 유명한 경구로 표현했다. '종교가 없는 과학은 절름발이고, 과학이 없는 종교는 맹인이다.'[6]

그러면 과학은 윤리와 양립할 수 없는가? 또는 정치와는? 내가 아는 과학자들 가운데 그런 입장을 옹호하는 사람은 없고, 그런 터무니없는 결론을 도출할 수 있는 믿을만한 지적인 이유도 존재하지 않는다. 이는 경험적 탐구의 범위 바깥에 있는 것을 하나도 이해할 수 없거나 이해하길 꺼려하는 지적인 터널 안목의 병리학적 형태가 낳은 결과이다. 그런즉 과학이 윤리나 신학의 방법과 다른 방법을 사용한다고 해서 과학자는 윤리적 견해나 종교적 견해를 가질 수 없다는 결론을 도출할 수 없다. 이 괴상한 결론은 만일 (a) 모든 지적인 분야들이 동일한 연구 방법을 채택해야 한다면, 그리고 (b) 유일하게 타당한 연구방법이 자연과학의 방법이라면, 타당할 뿐이다. 그러나 (a)와 (b) 모두 비판적인 조사를 받으면 도무지 성립될 수 없다.

앞에서 과학과 신앙의 관계에 대한 내 생각의 전환점이 된 사건을 얘기한 바 있다. 바로 웨드햄칼리지 채플에서 찰스 쿨슨의 설교를 듣고 이후, 그 주제에 관해 그와 토론한 사건이 그것이다. 옥스퍼드 최초의 이론화학 정교수였던 쿨슨은 과학과 기독교 신앙을 단 하나의 복잡한 실재에 대한 서로 다르되 보완적인 관점들로 봐야 한다고 주장했다. 어떤 복잡한 실재를 완전하게 묘사하려면 그에 대한 다수의 관점들을 발견하고, 이어서 그것들을 더 큰 전반적인 설명으로 통합시키는 일이 반드시 필요하다.

생물학자 스티븐 로즈도 이와 비슷한 논지를 펴면서, 자연과학은 세계를 '존재론적 통일체'로 다루지만 과학자들이 그 세계를 올바로 탐구하려면 '인식론적 다원주의'를 채택해야 한다고 지적했다.[7] 로즈는 우리에게 다섯 명의 생물학자들, 즉 각각 그 분야의 다른 분과를 대표하면서 개구리가 연못에 뛰어드는 모습을 관찰하는 학자들에 대해 생각해보라고 제안한다. 각 생물학자들은 그 질문에 어떤 답변을 내놓을까?

생리학자는 개구리의 다리 근육이 뇌에서 나오는 충동에 자극을 받았다고 설명한다. 생화학자는 이에 덧붙여, 개구리가 뛰어드는 것은 아데노신3인산(ATP)의 자극을 받으면 서로를 지나쳐 미끄러질 수 있게 하는 섬유상단백질의 속성 때문이라고 지적한다. 발달생물학자는 애초에 뛰어오르는 개구리의 능력을 그 신경조직과 근육을 발생시킨 과정에 둔다. 동물 행동학자는 개구리가 뛰어오른 것은 숨어있던 뱀을 피하기 위해서였다고 설명한다. 진화 생물학자는 자연선택 과정은 뱀을 간파하고 피할 수 있는 개구리 조상들만 살아남고 새끼를 낳을 수 있다고 보증한다고 덧붙인다.

로즈의 논점은 단순하다. 다섯 가지 설명이 모두 '옳다.' 하지만 그 설명들은 각 분야와 제각기 독특한 연구 질문과 방법을 반영하는 만큼 서로 '다르다'는 것. 따라서 이처럼 방법이나 결과가 다른 것이 이 분야들이 '양립 불가능하다'는 것을 의미하는 것은 결코 아니다. 이 다섯 분야의 설명들은 모두 그것들을 초월하는 더 큰 그림의 중요한 요소들이다. '개구리가 왜 뛰어올랐는가?'라는 질문에 대해 더 풍부한 통합된 답변을 하려면, 이처럼 서로 다른 설명들을 그 답변의 실들로 삼아 다함께 엮을 필요가 있다.

이 논점은 인간 이성이 응용되는 다수의 지적인 영토들, 가령 자연과학, 윤리, 정치, 종교 등에 쉽게 적용된다. 이런 영토들은 서로 다른 추론방법들로부터 초래되지만, 그렇다고 이 영역들이 일관성이 없다는 뜻은 아니고 양립할 수 없다는 뜻은 더더욱 아니다. 이 영역들은 서로 다른 이슈들에 대한 합리적 성찰의 산물이고, 우리는 이것들을 다함께 엮어서 우리 세계를 이해하고 또 그 안에서 행동하는 우리 나름의, 하지만 통합된 방식을 만드는 것이다. 사실 많은 이들은 우리 존재의 다수의 측면들을 서로 연결하지 못한다면 빈약한 인생관으로 귀결된다고 주장할 것이다. 사회생물학자 E. O. 윌슨은 우리가 직면하는 문제들과 가능성들을 더 깊이 이해하기 위해 인간 지식의 다양한 분야들에서 나온 통찰들을 잘 섞고 싶은 그의 비전을 가리키려고 '부합'(consilience)이란 용어를 다시 도입했다. '우리는 지혜를 갈망하면서 정보의 홍수에 빠지고 있다.'[8]

그러면 칼빈이 코페르니쿠스를 조롱했다는 버트란트 러셀의 일화, 내가 메소디의 6학년 시절에 많은 영향을 받았던 그 일화가 보여주듯, 과학과 종교가 영구적인 전쟁 중에 있다는 만연된 문화적 풍토는 어떻게 되는가? 나는 금방 이 야심찬 보편적 원리에 의심을 품기 시작했고, 전문적인 역사학자들은 그것을 어떻게 생각하는지 궁금했다. 먼저, 학자들은 칼빈의 코페르니쿠스 조롱에 관한 러셀의 확신에 찬 진술에 도전했고, 그의 칼빈 '인용'은 사실상 꾸며낸 것임을 폭로했다. 러셀 편에서 꾸며냈다기보다는 아마 그가 끌어온 공인되지 않은 출처에서 그랬던 것 같다.[9] 과학과 종교의 '전쟁'에 관한 대다수의 대중적인 신화는 19세기 말에 꾸며낸 것이고, 지금도 종종 미디어와 대중적인 무신론 변증론자들이 무비판적으로 되풀이하고 있지만, 이제는 역사학자들에 의해 체계적으로 해체된 상태이다.

대다수 학자들은 과학과 종교적 신앙의 역사적 관계에 관한 성찰 과정에서 한쪽으로 기울어지는 티핑 포인트가 1990년대 중에 일어났다고 말하곤 한다. 당시에 옥스퍼드 역사학자 존 해들리 브룩은 과학사(史) 학계가 과거에 있었던 과학과 종교 간의 '굉장히 풍부하고 복잡한 관계'를 밝혀냈기 때문에 그것을 일반화하는 것은 사실상 불가능하다고 주장했다. '진정한 교훈은 바로 복잡성인 것으로 판명된다.'[10]

이 분석은 학문 공동체 내에서 폭넓은 지지를 받았고 이제는 널리 수용된 지혜가 되었다. 호주 지성사학자 피터 해리슨은 '과학과 종교 간의 역사적 관계에 대한 연구'는 '갈등'이나 '전쟁' 내러티브의 신화와 같은 단순한 패턴을 전혀 드러내지 않는다고 저적했다.[11] 하지만 그 연구가 일반적인 추세라는 것을 분명히 보여준다. (늘 그랬던 것은 아니지만) 대다수 기간에 종교가 과학적 탐구를 '촉진시켰음'을 밝혀준다. 과학과 신앙 사이에는 (시너지의 요소들과 나란히) 갈등의 요소들이 확실히 있었고, 이는 종종 특히 역사적 맥락과 관련되어 있었다. 역사적 상황과 무관한 '보편적인' 또는 '규범적인' 패턴은 일체 존재하지 않는다.

내가 옥스퍼드에서 양자 이론을 공부하기 시작했을 때 그 분야의 많은 저자들이 과학과 종교적 신앙의 관계에 대해 신중한 합리적 견해를 갖고 있음을 알기 시작했다. 앨버트 아인슈타인이 과학과 종교를 함께 붙들 필요가 있음을 강조했다는 것은 이미 언급한 바 있다. 양자 이론의 창시자로 널리 알려진 막스 플랑크는 '과학과 종교는, 오늘날 많은 사람이 믿거나 우려하듯이, 서로를 배제시키지 않고, 오히려 서로를 확대시키고 또 제한한다'고 주장했다.[12] 이 견해를 나도 취했다. 일찍이 나는 과학과 종교적 신앙이 서로 싸운다는 견해에 동조했음에도 불구하고, 이제는 기독교와 자연과학이 건설적이되 비판적인 대화 관계를 맺을 수 있다(그리고 맺어야 한다)고 주장하겠다. 이 대화는 건설적인 결과를 초래할 수 있어도 비판적 성격을 지니고 있다.

르네상스로 거슬러 올라가는 '하나님의 두 책들'이란 유명한 비유는 그런 비판적 대화를 위해 유익한 틀을 제공한다. 왜냐하면 과학과 종교의 다른 정체성을 인정하는 한편, 양자가 모두 하나님의 마음에 뿌리박고 있다는 기독교적 가정에 기초해 대화에 참여할 수 있다고 주장하기 때문이다.[13] 그 비유는 르네상스 저자들이 한편으로 자연과학과 기독교 신학 모두의 독특한 성격을 긍정하며 보존하고, 다른 한편, 건설적인 상호작용이 가능한 양자의 역량을 인정하기 위해 널리 사용했다. '두 책들'은 모두 하나님이 저술한 것이다. 그런즉 이 책들 각각을 통해서, 그리고 두 책을 나란히 놓을 때는 더욱 분명하게, 서로 다른 방식으로 또 서로 다른 정도로 하나님이 알려지게 되지 않을까?

기독교와 자연과학은 우리의 낯설고 복잡한 세계를 이해하고 또 거기에 거주하는 일에 대한, 방법론적으로 또 개념적으로 서로 다른 접근들로 간주될 필요가 있다. 이런 차이점들을 존중하고 보호해야 하지만, 다른 한편, 각각을 풍요롭게 할 수 있는 중요하고 생산적인 토론과 성찰의 영역들도 존재한다. 만일 우리가 미국 철학자 존 듀이가 '현대 생활의 가장 깊은 문제'라고 선언한 것을 다루려고 한다면 그런 대화가 꼭 필요하다. 그 문제는 우리가 '세계에 대한 우리의 생각'과 '가치와 목적'에 대한 우리의 생각을 통합하는 일에 실패한 듯 보인다는 것이었다.[14]

그리하여 나는 메리 미즐리가 말한 실재에 대한 '다수의 지도들'이란 개념, 즉 과학과 종교적 신앙의 관계를 조명해줄 수 있는 잠재력을 지닌 그 개념으로 되돌아온다. 과학은 세계가 어떻게 '작동하는지'를 이해할 수 있도록 세계를 분해하는 일을 매우 잘한다. 하지만 종교적 신앙은 사물들이 무엇을 '의미하는지'를 알 수 있도록 그것들을 다함께 다시 짜 맞추려고 한다. 따라서 과학적 지도는 주로 기능성에 관심이 있는데 비해, 종교적 지도는 가치와 의미의 이슈들에 초점을 둔다. 하지만 두 지도를 서로 겹쳐놓을 수 있고, 이로써 서로를 보완하며 전반적인 인식에 새로운 깊이를 더해줄 수 있다.

기독교와 자연과학에 관한 나의 견해는 확실히 정당화될 수 있어도, 이 견해가 옳다고 모든 사람이 동의하진 않을 것임을 나는 받아들인다. 그러나 가장 중요한 일은 우리 각자가 보게 되는 증거와 염려를 다함께 모아서 우리 나름대로 종합을 개발하고, 실행 가능하고 만족스러운 통합에 이르는 길을 찾아가는 것이다. 이제까지 나는 내가 그런 종합에 도달한 과정과 그 결과를 묘사하려고 애쓴 만큼, 이제는 독자들이 자신의 장점을 판단하고 자기 나름의 종합을 개발하도록 기꺼이 내버려두고 싶다.

21장

신앙은 비합리적인가? 삼위일체 교리

그러면 지금 나는 삼위일체 교리에 대해 어떻게 생각하는가? 나는 그 교리를 더 이상 합리적인 골칫거리로 여기지 않고, 오히려 하나님 존재의 완전한 풍성하심을 수용할 수 없는 인간 이성의 무능력을 가리키는 강력한 징표로 간주한다. 이 교리는 하나님에 대한 기독교적 관점의 핵심을 보호하고, 우리가 그것을 납득할 수는 있으나 통달할 수는 없다. 이 삼위일체적인 관점은 결국 우리를 합리적 이해로 이끌기보다는 예배와 경배로 이끌어준다.

나는 1953년 2월 다운패트릭의 다운 성당에서 세례를 받았다. 그 성당의 완전한 이름은 '거룩하고 분열되지 않은 삼위일체의 성당 교회'였다. 그 성당은 아일랜드의 수호성인 패트릭의 묘지 곁에 세워졌고, 패트릭은 삼위일체 교리를 가르치기 위해 클로버를 도우미로 사용했던 인물이다. 무신론자였던 십대 시절에는 내가 태어날 때부터 누가 봐도 모순과 비일관성 투성이인 비합리적인 신앙 체계에 오염되어 있었다고 생각했다. 아니, 하나님이 어떻게 하나이면서 셋일 수 있는가? 이는 분명히 비논리적이고, 난센스에 불과한 천상의 수학이 아닌가? 단테의 『신곡』을 패러디하자면, 그것은 마치 성당의 문에 '여기에 들어오는 자는 이성을 버리라'는 모토를 붙여놓은 것과 같았다.

당시에 나는 (지금은 몰라도) 삼위일체의 개념을 진지하게 여길 만한 타당한 이유가 있다면 얼마든지 납득할 의향을 지니고 있었다. 그런데 그런 이유를 찾으려 했다가 완전히 실패하고 말았다. 내가 아일랜드에서 이 개념을 설명해달라고 부탁했던 성직자들 중에 그 의문에 대해 심사숙고한 사람은 하나도 없었고, 하나같이 그것은 하나의 신비

21장 신앙은 비합리적인가? 삼위일체 교리

인즉 너무 많이 생각하지 않는 게 최선이라고 말했다. 그래서 나는 이 유별나게 비합리적인 믿음을, 생각이 있는 사람이라면 기독교를 진지하게 여길 수 없는 이유들의 목록에 덧붙였다. 내가 생각하기에, 기독교 신조들은 현대 세계와 연관을 맺을 역량이 전혀 없는 죽은 관념의 세계와 죽어가는 교회의 추모식사에 불과했다.

물론 나는 더 이상 이런 견해를 취하지 않는다. 그 이유는 다음 두 가지다. 첫째, 인간이 어떤 복잡한 실재든지 그것을 이해하고 묘사하려 할 때 부딪히는 난점들을 점점 더 인식하게 된 것이다. 둘째, 이 교리가 생기게 된 연유와 이 교리가 이루는 바를 더 깊이 이해하게 된 것이다.

나는 1971-72 학년도에 옥스퍼드에서 양자 이론을 전공하면서 이 분야의 대표적인 저자들(앨버트 아인슈타인, 베르너 하이젠베르크, 막스 플랑크 등)을 탐구할 기회를 얻었다. 그들의 저술을 자세히 읽은 덕분에 우리 우주의 복잡성이 그것을 이해하고 묘사하는 우리의 능력을 훨씬 능가한다는 사실을 이해하게 되었다. 예컨대, 아인슈타인은 자연이 너무나 장엄한 구조라서 우리가 불완전하게 이해할 수밖에 없고 또 완전히 묘사하길 결코 바랄 수 없다고 주장했다.

하이젠베르크도 그와 비슷한 견해를 취했고, 특히 1941년의 한 에세이에서 그 이슈들을 잘 설명했다. 그는 과학적 사유는 인간 이해에 부과된 한계를 전제로 삼아, '언제나 바닥없는 심연 위를 맴돌고 있다'

고 말했다.[1] 인간 지성은 우주의 '침투할 수 없는 흑암'에 부딪혀서 이 '신비'를 이해하기에 적합한 언어를 찾느라고 끙끙거리고, 실재를 자기가 감당할 수 있는 것으로 축소하려는 왜곡된 성향을 갖고 있다. 우리는 우주의 '침투 불가능한 흑암'을 뚫고 나갈 수 없어서 우주를 흐릿하게 볼 수 있을 뿐이고, 오직 논리에서만 가능한 명료한 안목을 얻는 데 그친다.

하이젠베르크와 막스 플랑크를 포함한 여러 양자 이론가들은 우주의 복잡성을 지칭하기 위해 '신비'란 단어를 사용하는데 아무런 어려움이 없었다. 그러나 플랑크와 하이젠베르크는 신비라는 것을 인간 이성이 그 내적 모순을 여지없이 노출시키는 비합리성으로 간주하면 안 되고, 오히려 완전히 조사하고 묘사할 수 있는 인간 이성의 능력을 능가하는 어떤 것으로 봐야 한다고 분명히 말했다. 하이젠베르크는 우리는 자연 자체를 관찰하지 않고 '우리의 조사방법에 의해 밝혀진 자연'을 관찰한다고 주장했다.[2] 자연은 단 하나밖에 없다. 하지만 우리가 자연을 보존하고 그 깊이와 복잡성을 이해하려면 다수의 연구방법들을 사용해야 한다. 그렇지 않으면, 우리는 결국 자연을 단 하나의 관점이 밝혀주는 것과 동일시하고 말 것이며, 그 결과 자연을 축소하고 왜곡하게 될 것이다. (메리 미즐리의 현명한 어구를 쓰자면) 우리의 개념적 도구상자 세트는 우리에게 복잡한 실재에 대한 다수의 관점들을 제공하며 그것들을 단일한 통일된 설명으로 통합시키도록 권유하는 한편, 각 관점의 특징을 존중하고 보존하도록 해준다.

그런데 우주의 광대함과 복잡함, 그리고 그처럼 광대한 실재를 이해하기엔 역부족인 인간 지성의 능력에 대한 이런 성찰은 삼위일체 교리와 직접적인 관계는 없다. 하지만 5년 후에 내가 신학을 진지하게 공부하기 시작했을 때는 둘 사이의 분명한 연관성을 볼 수 있었다. 핵심 문제는 복잡한 것을 단순화시켜 그것을 왜곡하려는 자연스러운 인간 성향이다. 삼위일체야말로 크리스천들이 하나님에 대한 풍부하고 다면적인 신약의 관점 전체를 언어로 (아무리 부적합할지라도) 표현하려는 시도라고 나는 생각하기 시작했다.

앤드류 라우스는 1977년에 나에게 초기 기독교 신학(때때로 '교부학'으로 알려진)을 가르친 옥스퍼드 튜터였는데, 그는 그 시대의 신학자들이 하나님에 대한 신약적 관점의 핵심 요소들을 희석시키거나 단순화하거나 축소하기를 거부했다고 했다. 그들은 하나님에 대한 견해를 동시대의 철학적 또는 문화적 규범에 동화시키는 대신 하나님에 대한 풍부하고 독특한 관점의 핵심 요소들을 담고, 서로 연관시키고, 보호하는 지적인 틀과 독특한 어휘를 개발했으며, 그 교리의 복잡성을 인정하는 동시에 근본적인 통일성도 주장했다.[3]

리옹의 이레니우스와 같은 초기 기독교 저자들은 신약성경에 하나님에 대한 세 개의 상호 연결된 이해들이 나온다고 말했다. 우주의 근원으로서의 하나님, 나사렛 예수의 인격 안에 집중적으로 현존하고 활동하는 분으로서 그리스도를 통해 계시되고 우리를 그분 자신과 화해시키는 하나님, 성령을 통해 신자와 세상 속에 현존하고 활동하는 분으로서의 하나님이다. 이레니우스의 주장인즉 이 세 요소들을 하나님에 대한 신약적 관점의 불가결한 요소들로 다함께 붙들 필요가 있고, 편의상 (예컨대, 당시 세속적 그리스 문화에 존재했던 다양한 형태의 유일신론과의 연관시키기 위해) 그 요소들을 축소하거나 단순화하면 안 된다는 것이었다.

나는 신학에 대한 이레니우스의 접근과 과학에 대한 아리스토텔레스의 접근 사이에 연관성이 있다는 것을 알게 되었다. 아리스토텔레스의 경우, 과학의 핵심 과업 중 하나는 '현상을 구제하는' 것이었다. 달리 말하면, 과학적 이론구성의 과정이 우리 바깥의 외부세계 관찰에서 우리 내부의 정신적 세계 구성으로 움직일 때 그 바탕이 되는 관찰 결과를 존중하고 보존하는 일을 확실히 해야 한다는 것이다. 아리스토텔레스처럼, 이레니우스도 자기가 신약성경에서 발견한 '현상'을 식별하고 존중하며, 이후에 이것들을 일관되게 수용할 수 있는 개념적 틀을 개발하는데 관심이 있었다. 삼위일체 교리는 크리스천들이 하나님에 관해 믿는 모든 것을 다함께 엮어서 단일한 덩어리로 만드는 한편, 그 개별 요소들 각각을 존중하고 또 명명함으로써 '기독교적인' 하나님 개념과 '다른' 하나님 개념들을 구별하고자 했다.

초기 기독교가 하나님에 대한 풍부한 관점을 표현하려고 개발했던 어휘가 오늘날에는 어려움을 유발한다. 라틴어 단어 '페로소나'(persona)

가 고전고대 후기에는 (예컨대, 드라마에서처럼) '수행된 역할'이란 뜻을 갖고 있었는데 지금은 '한 개별 존재'를 의미하게 되었기 때문이다. 이는 하나님이 세 명의 다른 개별 존재들로 구성되어 있다는 의미로 쉽게 오해될 수 있는데, 사실 삼위일체 교리는 결코 이것을 긍정하거나 전제하지 않는다. 따라서 이 교리가 '한 신(神)이되 세 신(神)들'이란 대중적인 오해를 낳을 수 있는 것이다. 기독교 이야기는 창조, 구속, 변혁의 이야기이다. 하지만 구원의 드라마에 속한 이 세 가지 다른 역할들은 한 분이자 동일한 하나님에 의해 수행된다.[4]

1977년의 다음 학기에 나는 폴 피데스와 조직신학을 공부하기 시작했다. 피데스는 옥스퍼드 신학부의 떠오르는 별로서 특히 스위스 신학자 칼 바르트를 비롯한 독일어권 신학자들에게 관심이 많았다. (볼프하르트 판넨베르크와 위르겐 몰트만을 포함한) 그런 신학자들에 대한 피데스의 열정은 전염성이 있어서 나 역시 그의 영향을 받아 이런 신학 세계에 계속 내주하고 있다.

피데스는 나에게 바르트의 삼위일체 교리론을 읽고 이 주제에 대해 에세이를 쓰라고 권했다. 바르트는 매력적이지만 어리둥절하게 하는 인물이었다. 그는 삼위일체 교리를 모종의 계시된 진리로 간주하면서 그의 신학 체계를 위한 기반으로 삼을 수 있다고 생각하는 듯했다. 그러나 내가 읽은 초기 기독교 신학에 관한 저술에 따르면, 이 교리는 첫 네 세기 동안 계시된 진리들을 통합하고 상호 연관시키는 도구로 등장했다고 분명히 말한다. 나는 바르트의 견해를 납득할 수 없어서 혹시 이 교리에 대한 좀 더 설득력 있는 다른 사고방식이 있는지 궁금했다.

다행히도, 피데스가 나에게 또 다른 스위스 신학자인 에밀 브루너가 이 주제에 관해 쓴 글을 읽도록 권했다. 브루너는 삼위일체 교리는 성경에 명시적으로 진술되어 있지 않지만 '기독교의 케리그마(kerygma)가 필연적으로 제기한 문제에 대한 신학적 성찰의 결과'라고 주장했다.[5] 달리 말하면, 삼위일체는 그 자체가 성경에 드러난 교리가 아니었지만 기독교의 복음 선포의 기본 주제들을 지속적으로 다룬 결과로서 그 요소들을 조화시켜 통일된 덩어리로 만든 것이란 뜻이다. 이 접근은 삼위일체 그 자체는 계시된 교리가 아니라 계시에 관한 성찰에서 생긴 하나의 개념으로 인식했기 때문에 나에게 훨씬 유익했다. 삼위일체 교리는, 하나님은 빈약한 방식, 꼭대기를 자른 방식, 또는 왜곡된 방식으로는 결코 이해하거나 선포할 수 없는 분임을 확실히 할 목적으로 하나님에 대한 기독교적 관점의 핵심 줄기들을 다함께 엮어놓은 것이다. 브루너는 삼위일체의 개념을 '성경과 교회의 핵심 신앙'을 보호할 의도로 엮어낸 '신학적인 안전 교리'로 보았다. 이 개념은 기독교의 하나님 교리의 필수 요소들을 서로 연결시키는 한편, 그 요소들의 상호작용 방식에 관한 질문은 더욱 논의되도록 열어두었다.

이것이 바로 내가 이전 학기에 앤드류 라우스와 공부하는 동안에 보았던 패턴이었다. 초기 기독교 저자들은 하나님에 대한 신약적 관점의 핵심 요소들을 담고 또 보호하기 위해 점진적으로 삼위일체의 개념을 개발했던 것이다. 만일 브루너가 옳다면, 삼위일체의 개념은 하나님에 대한 최초의 신약적 관점을 보존하는 도구였고, 그 개념은 적어도 그 핵심 요소들을 다함께 묶어주고 또 가능하면 그 요소들의 상호관계를 조명하고 분별하게 해주는 것이었다. 나는 브루너에 대해 존경심을 품게 되었고, 나중에 그를 더 자세히 연구할 길을 찾게 되길 바랐다.[6]

그러면 지금 나는 삼위일체 교리에 대해 어떻게 생각하는가? 나는 그 교리를 더 이상 합리적인 골칫거리로 여기지 않고, 오히려 하나님 존재의 완전한 풍성하심을 수용할 수 없는 인간 이성의 무능력을 가리키는 강력한 징표로 간주한다. 그리고 이 단일하되 복잡한 실재를 포괄하되 '이성'을 '실재'에 무비판적으로 적용할 때 생기는 불가피한 결과, 즉 파편화와 환원주의적 왜곡을 피할 수 있는 일관된 정신적 틀을 구성할 필요성을 느낀다.

이 교리는 하나님에 대한 기독교적 관점의 핵심을 보호하고, 우리가 그것을 납득할 수는 있으나 통달할 수는 없다. 이 삼위일체적인 관점은 결국 우리를 합리적 이해로 이끌기보다는 예배와 경배로 이끌어 준다.

그럼에도 불구하고, 나는 또한 우리 세계와 아무리 피상적인 관계를 맺어도 결국은 삼위일체의 개념을 형식화하게 한 바로 그 이슈를 직면하게 될 것을 이제는 볼 수 있다. 말하자면, 우리의 우주는 인간 이성에 의해 지배되는 것을 완강히 거부한다는 것이다. 베르너 하이젠베르크가 지적했듯이, 우리가 자연의 신비 속으로 더 깊이 들어가면 갈수록, 기존의 개념들과 어휘들이 우리가 접하는 현상을 제대로 다루기에 역부족임을 더욱더 깨닫게 된다. 그리고 지적인 정직성을 유지하려면 자연을 기존의 이해의 틀과 용어에 억지로 끼워 맞추기보다는 우리가 접하는 실재에 걸맞은 새로운 틀과 용어를 개발할 필요가 있다.

삼위일체 교리는 신약성경에 나오는 단순한 실재에 역설들을 강요하지 않는다. 역설들은 이미 거기에 있기 때문이다.

그러면 지난 과거를 돌이켜볼 때, 나는 예전에 삼위일체의 개념을 난센스로 여겼던 미성숙한 태도를 어떻게 생각하는가? 열여섯 살밖에 안 된 내가 인생의 큰 질문들을 다 섭렵했다고 믿었던 것에 당연히 당혹스러움을 느낀다.

하지만 당시 나의 본능은 건전했다. 삼위일체 교리를 처음 접했을 때는 그것을 도무지 이해할 수 없었다. 아무도 나에게 그 의미를 설명해주지 않았다. 아마 지적으로 불안정한 십대에게 굳이 설명할 필요를 못 느꼈기 때문이었을 것이다. 내가 그 교리를 1+1+1=1이란 수학적 난센스와 비교해 그것을 비합리적인 것으로 치부했던 모습이 뻔히 보인다. 그러나 당시 나의 결론이 아무리 타당했을지라도, 훗날 이것이 내 편에서 범한 완전한 오해였음을 깨닫게 된 것도 엄연한 사실이다.

성 패트릭의 경우는 어떤가? 패트릭의 작품으로 알려진 '로리카'(Lorica)란 시(詩)는 마치 울타리가 다운 카운티의 푸른 초장을 둘러싸고 보호하는 것처럼, 삼위일체 교리가 보호하고 뒷받침하는 신학적 영적 진리들의 풍경을 그리고 있다.

예전의 이레니우스처럼, 패트릭은 우리가 고백할 필요가 있는 '현상들'(하나님에 대한 믿음의 핵심 주제들)을 밝힌 후에, 그것들을 긍정하고 감싸기 위해 삼위일체적인 개념적 틀을 내놓았다. 삼위일체야말로, 하나님의 현존과 활동(창조, 구속, 지탱, 각 위격의 존중)에 관한 이런 통찰들을 다함께 묶어주는 한편, 동시에 이런 실들을 엮어 하나님에 대한 더 큰 관점을 만들어주는 것이다.

패트릭이 옳다면, 기독교의 언어는 침묵과 노래의 언저리에 맴돌고 있다. 그 언어는 그 주제의 광대함을 다루기에 역부족이기 때문에 침묵이 필요하다. 그 언어는 우리로 하여금 희미하게나마 이 '광대함'이 공간을 창조해 우리에게 하나님의 더 큰 이야기의 일부가 된 것을 기뻐하도록 권유하기 때문에 노래가 필요하다.

나는 2017년 8월에 다운 성당에 돌아가서 패트릭의 묘지 곁에 잠시 서 있었다. 그것은 나의 과거와 다시 연결되는 순간이었다. 아울러 기독교 신앙의 핵심 주제인 삼위일체 교리를 재검토하는 순간이기도 했다. 옥스퍼드에서 나를 가르친 선생님들 덕분에 나는 마침내 패트릭이 이 교리에서 보았던 그 무엇을 파악하게 되었던 것이다.

22장

흐릿한 창문을 통하여:
의심을 통과하는 여정

우리는 참으로 보고 이해하는 능력에 한계가 있고 우리 삶의 바탕이 되는 진리들의 허약함 때문에 거울을 통해 흐릿하게 본다(고전 13:12). 이 때문에 우리는 다른 이들과 연대하여 실재에 대한 관점과 지혜의 구현을 붙들게 되고, 이는 거꾸로 우리를 붙들고 그 깊이와 풍부함을 탐사하고 또 발견하도록 격려해준다. 어쩐지 우리가 함께 여행할 때 우주의 그림자가 더 부드러워지고 더 감당할만하게 되는 듯하다. 그리고 소망 가운데, 누군가가 우리보다 앞서 그 어둠을 통과함으로써 우리가 좇을 수 있는 길을 개척했다는 것을 안다.

1960년대는 이제 낙관주의와 이상주의가 만연했던 문화사(史)의 한 순간, 먼 과거의 꿈처럼 아련하기만 하다. 당시는 인생의 큰 질문들이 단도직입적인 A. J. 에어의 논리 실증주의 또는 총체적 성격을 지닌 마르크스 이데올로기에 의해 명확히 정리될 수 있다는 믿음이 지적 탄력성을 더해주었다. 내가 새로운 명료성과 확실성의 시대 직전에 서 있다고 생각했으나, 그저 이전의 사상과 다름없이 잠깐 유행하던 새로운 도그마들의 시대로 끝났을 뿐이다.

  나는 당시에 복잡성을 인정하길 거부한 채 단순한 진리만 갈망하고 있었다. 자연과학들과 인간 이성이 개별적으로나 서로 협력해서 확실하고 설득력 있는 합리적 진리를 제시할 수 있다고 믿으면서 시공간과 무관한, 우리 세계에 대한 객관적이고 보편적인 설명을 찾고 있었다. 실은 한동안 내가 그것을 찾았다고 믿었으나, 이후에는 환멸의 과정을 거쳐 내가 이 합리적 니르바나를 찾지 못했을 뿐만 아니라 아예 처음부터 거기에 없었다는 것을 점차 깨닫게 되었다.

  나는 이미 자연과학에 대해서는 폭넓게 다루었다. 그러면 어떤 이들이 인생의 큰 질문들에 대해 완전하고 믿을만한 답변을 제시한다고 하는 철학은 어떤가? 우리 세계는 합리적 투명성을 환영하는 순간들이 있긴 하지만 지적으로 완전히 지배당하는 것을 저항하는 듯이 보인다. 철학은 무척 인상적으로 지적인 가능성들을 즐비하게 내놓지만 인생의 큰 질문들 중 단 하나라도 결정적으로 해결했다는 증거는 없다. 우리는 물론 이런 질문들에 대해 어떤 입장을 취하고 또 변호할 수 있으나, 이런 것들은 확실한 지식이 아니라 의견과 판단으로 간주되어야 한다.

2000년대 초에, 나는 폴란드 철학자이자 지성사학자인 레셰크 콜라코프스키를 알게 되었는데, 그는 마르크스주의를 공개적으로 반대하는 바람에 조국 폴란드에서 추방된 후 이사야 벌린의 도움을 받아 옥스퍼드에 정착한 사람이었다. 나는 그의 대작 『마르크스주의의 주요 흐름』(Main Currents of Marxism)[1]을 읽고 그 주제들에 관해 콜라코프스키와 토론하는 것을 즐겼다. 이를 통해 마르크스주의가 한편으론 지적으로 과장되었고, 다른 한편, 사회적 분석도구로서는 여전히 유용하다는 나의 의구심이 확증되었다. 나는 그의 지적인 안목에 감명을 받아서 2007년 10월 옥스퍼드의 올소울즈칼리지에서 그의 저술에 관한 국제 심포지엄을 열었다. 특히 의미심장하게 다가왔던 것은 마르크스주의 철학뿐만 아니라 철학 전반의 결과에 대한 그의 비판적 견해였다. '유럽 철학을 2500년 동안 지속시켰던 여러 질문들 중에 단 하나

도 만족스럽게 답변되지 못했다.'[2]

물론 어떤 지역들에서는 어떤 도덕적, 철학적, 사회적 신념들이 문화를 지배하는 것이 사실이다. 하지만 이는 마르크스주의 분석에 열려있는 하나의 사회적 과정이다. 콜라코프스키는 이탈리아의 마르크주의 이론가 안토니오 그람시에 대해 비판적이었지만, 나는 어떤 사상들(그와 동등한 또는 더 큰 지적 타당성을 지닌 다른 사상들이 아니라)이 어떻게 문화적으로 수용되었고 이따금 문화를 지배하게 되었는지를 탐구하는 데 그람시의 도움을 받았다. 그람시가 지적했듯이, 이런 문화적 헤게모니는 종종 그런 사상의 내재적 탁월성보다는 기득권을 위해 사회과정을 일부러 조종하는 일을 통해 생기게 된다.[3]

그런즉 어떤 신념이 널리 수용되었거나 문화를 지배했거나 '자명하게' 보인다고 해서 그 신념이 지적으로 우월한 것은 아니다. 그런 확실성의 모습은 비판적인 지적 분석의 결과가 아니라 사회적 구성물일 수 있다. 흔히들 어떤 신념의 객관적 신빙성은 그 '명백함'에 대한 우리의 주관적 인식과 어울린다고 하는데, 이는 '명백함'에 대한 모호한 느낌이 부분적으로 사회적 구성물이고 비판적 조사를 받으면 사라진다는 점을 이해하지 못한 것이다.

철학문화사(史)는 인간의 추론이 그 역사적 및 문화적 맥락에 의해 형성되었음을 밝혀주고, 그 해법들은 영구적이고 보편적인 게 아니라 일시적이고 지엽적인 것임을 보여준다.[4] 최근까지만 해도, 유럽 철학은 민족중심주의와 독점주의적인 성격을 띠어 중국 철학과 인도 철학을 우습게 여겼다. 이제는 지나간 서구의 '이성의 시대'의 보편적 야망과 결별하고, 철학적 방법과 가정(계몽주의의 그것들을 포함해)이 그 문화적 및 역사적 맥락에 의해 형성된다는 것을 인정하면서 '비교 철학'을 거론할 필요가 있다는 것이 널리 인정되고 있다.[5]

다행히도, 오늘날 많은 철학자는 이처럼 철학과 변화무쌍한 문화적 맥락 간의 관계를 잘 인식하고 있다. 이런 역사적, 문화적 깨달음을 얻은 철학자들에 속하는 메리 미즐리는 문화적, 역사적 현상에 비추어 철학 연구의 강점과 한계를 분명히 이해했다. 우리는 변화하는 세상의 한복판에서 철학을 논하고, 우리의 철학은 결코 결정적이거나 최종적인 것이 될 수 없다.

> 철학을 논하는 것은 사실상 고정된 수수께끼 세트를 해결하는 문제가 아니다. 그 대신, 그것은 우리가 늘 변화하는 세상을 탐구하려 할 때 가장 도움이 될 만한 많은 사유방식들을 찾는 일을 포함한다. 인간의 삶을 포함해 이 세상은 늘 변하기 때문에 철학 사상들은 결코 최종적인 것이 아니다. 철학의 목적은 언제나 우리가 현재의 난관을 타개하도록 돕는 것이다.[6]

인생의 궁극적 질문들에 대한 우리의 답변들이 이처럼 취약하다는 것을 감안할 때, 우리는 어떻게 이런 불확실성에 대처할 수 있을까? 어쨌든 우리는 논리적으로 계산하는 기계가 아니고, 우리의 정체성과 열망과 참된 의미에 관한 결정을 내릴 때 직관과 감정이 중요함을 깨달은 피조물이다. [더글라스 아담스의 『은하수를 여행하는 히치하이커를 위한 안내서』(1979)가 그토록 뛰어나게 패러디한] 계몽주의의 기계적인 합리적 알고리즘은 (마치 '논리적' 내지는 '과학적' 질문들인 것처럼 자주 제기되는) 근본적으로 '실존적인' 질문들에 대해 부적합한(그리고 종종 이해할 수 없는) 논리적 내지는 수학적 답변만 제공할 수 있을 뿐이다.

독단적 합리주의자들이 인간 이성의 위반으로 보는 종교적 신앙은 오히려 우리 모두가 사물의 뜻을 이해하려 할 때 직면하는 합리적 딜레마를 잘 보여준다. 신앙이란 우리의 의미, 가치, 목적에 관한 궁극적 질문들에 대한 답변들을 명백하고 확실히 알 수 있다는 망상을 거부하는 것이다. 어쩌면 한때는 이런 거대한 질문들에 대해 압도적인 증거에 호소해 확정적으로 답변할 수 있다고 믿는 것이 가능했을지 모른다. 하지만 이에 관한 논의는 한걸음 더 나아갔고, 우리는 그런 환상을 우리 뒤에 내버려둬야 한다. 우리는 우리가 보장하고 정당화할 수 있다고 믿는 답변들을 내놓을 수 있지만, 그것들이 옳고 믿을만하다는 것을 입증할 수는 없다. 신앙이란 이처럼 반쯤 밝은 세계에 기꺼이 대처하려는 결단을 말한다. 아울러 우리가 우리의 질문들에 대한 양호한 답변들을 찾을 수 있다고, 비록 우리가 그것들이 옳다고 증명할 수 없음을 알면서도 그럴 수 있다고 마음과 머리로 믿는 것이다.

인간이 지닌 이성의 기능은 하나밖에 없어도, 이 기능은 다수의 합리성들을 발생시킨다.[7] 인간은 여러 방식으로 합리적이 될 수 있다. 그 가운데 하나는 '이성의 시대'와 연관된 독단주의적 접근이고, 또 하나는 기독교 신앙의 독특한 합리성이다. 초기 기독교 저자들은 하나같이 그들의 신앙이 합리적이라고 재천명했다. 여기서 '합리적'(logikos)이란 용어는 더 큰 사물의 질서 속 우리의 상황에 관한 근본 진리들에 대한 깊은 지식에 부합한다는 뜻이다. 그런데 이 깊은 진리들은 우리로 하여금 복잡한 세계 안에서 의미 있게 살게 해주고, 인간의 고통과 연약함, 트라우마와 실패를 감당할 수 있게 해준다는 점에서 '지식'이 아니라 '지혜'로 이해하는 편이 낫다.

하지만 지혜는 일련의 추상적 관념들이 아니라 본보기를 통해 가장 잘 파악할 수 있는 것이다. 말하자면, 이런 관념들을 구체적으로 보여주고 또 그것들을 실천할 수 있는 살아있는 인간들을 통해서 배울 수 있다.[8] 우리가 선함, 신실함, 배려의 뜻을 배우고 싶으면, 바로 이런 성품을 실제로 보여주고 우리에게 흠모를 불러일으키며 닮고 싶은 열망을 촉발하는 그런 사람들과 만나면 된다.[9] 기독교는 지혜와 선함의 구현체가 예수 그리스도라고 말하면서, 그리스도가 배척과 고난과 십자가 죽음을 견디는 동안에도 하나님의 지혜를 보여주고 구현한다는 핵심 믿음을 표현하기 위해 '성육신'이란 용어를 사용한다.[10] 그리스도는 무의미함, 비일관성, 불확실성, 그리고 비극에 대처할 수 있는 역량을 모범적으로 보여주고 또 크리스천들이 그럴 수 있도록 능력을 부여한다. 기독교 제자도의 일부는 '그리스도의 마음'을 개발하는 것 (고전 2:16), 즉 인생의 수수께끼와 트라우마에 직면할 때 탄력성을 키우게 해주는 사고와 추론의 습관을 기르는 것이다.[11]

기독교는 세계를 바라보는 새로운 방식을 제공할 뿐 아니라, 그 세계 속에서 살아가는 능력, 그리고 우리의 연약함과 실패, 불확실성과 복잡성에 대처할 수 있는 능력을 부여하기도 한다. 이는 우리로 하여금 우리의 상황에 대한 피상적인 설명에 도전하게 해준다. 예컨대, 인간 본성이나 창조세계의 어두운 측면들을 인식하지 못하게 하는 계몽주의의 피상적인 합리주의 또는 '적극적 사고방식' 같은 이데올로기의 낙관주의에 도전하는 것이다.[12] 실재는 복잡하고 양면적이다. 따라서 우리가 이런 실재를 억지로 단순하고 긍정적으로 만들기보다는 그것을 있는 그대로 인정하는 것이 지혜롭다. 지적인 폭력은 우리 세계에 관한 어두운 진리, 즉 기독교가 부인하지 않고 인정하고 또 도전한 그런 진리를 결코 억압할 수 없다.

지혜는, 불확실성을 못 참고 실재를 단순하고 피상적으로 읽는 행습을 삼가는 일종의 지식이다. 지혜는 성급한 해석에 저항하는 세계에 살 때 부딪히는 역설과 문제를 받아들이도록 요구한다. '지혜로운' 사람들은 이 복잡한 세계를 자신의 선입견에 억지로 맞추려하기보다 오히려 자신의 생각과 삶을 그런 실재에 기꺼이 맞추는 이들이다. 지혜는 우리에게 인간의 이해를 초월하는 깊은 신비를 존중하고 능동적으로 받아들이도록 요구한다. 크리스천의 경험에 따르면, 한 가지를 신비롭다고 인정할 경우 다른 모든 것이 명료해진다고 한다. 뉴턴이 중력의 개념을 설명할 때 발견한 것처럼, 크리스천들은 삼위일체의 개념을 표현할 때 바로 그런 경험, 즉 우리가 완전히 이해할 수 없는 그무엇이 다른 모든 것을 이해할 수 있게 해주는 경험을 한다. 역설적이게도, 신비는 다른 것들을 조명하는 놀라운 능력이 있다.

우리는 참으로 보고 이해하는 능력에 한계가 있고 우리 삶의 바탕이 되는 진리들의 허약함 때문에 거울을 통해 흐릿하게 본다(고전 13:12). 이 때문에 우리는 다른 이들과 연대하여 실재에 대한 관점과 지혜의 구현을 붙들게 되고, 이는 거꾸로 우리를 붙들고 그 깊이와 풍부함을 탐사하고 또 발견하도록 격려해준다. 어쩐지 우리가 함께 여행할 때 우주의 그림자가 더 부드러워지고 더 감당할만하게 되는 듯하다. 그리고 소망 가운데, 누군가가 우리보다 앞서 그 어둠을 통과함으로써 우리가 좇을 수 있는 길을 개척했다는 것을 안다.

THROUGH A GLASS DARKLY

23장

느슨한 결말

장래의 모습이 어떠하든지, 나는 불확실성과 함께 살고 또 소망 가운데 길을 걷는 등, 그 새로운 세계에 대처하도록 나를 도울 여행 동반자들과 함께 계속 이 여정을 걷고 싶다. 하지만 그 장래에 대한 작은 야망이 있다. 내가 마침내 은퇴할 때는 나 자신에게 좋은 천체망원경을 사주고, 은하계의 풍부한 스타필드와 어렴풋한 은하수들을 다시 관찰하는 일을 할 것이다. 어둠에 둘러싸인 희미한 빛의 파편들을 다시 보게 되면, 아마 내가 당시에 알았던 그 경이감을 다시 포착해서 과학을 사랑하여 결국 나 자신과 우주를 뜻밖의 새로운 방식으로 보게 된 그 계기를 이해하게 될 것이다.

앞에서, 내가 십대 시절의 나 자신에게 가상적인 편지를 쓰도록 초대받았었다는 얘기를 했다. 그런데 만일 내가 16세였을 때 미래의 나 자신에게 편지를 쓰면서, '네가 66세가 될 때까지 열어보지 말라'는 글과 함께 밀봉했다면 어떻게 되었을까? 내가 과연 무슨 내용을 썼을지 종종 궁금하다. 내가 실제로 걷게 될 여정에 대해 조금이라도 알았을까? 글쎄, 의심스럽다. 내가 이 여정을 예측할 수 없었고 또 지금도 앞으로 어떻게 끝날지를 말할 수 없지만, 적어도 과거를 돌아보며 예측할 수 없었던 전환점들에 대해 성찰할 수 있을 뿐이다.

어떤 이들은 우리 인생을 이해하는 최선의 방법은 그것을 글로 쓰는 일이라고 한다. 이 짧은 책은 낯선 신세계, 즉 내가 뜻밖에 난파되어 표류한 신비로운 섬을 발견해서 탐험한 이야기를 들려주었다. 이는 내가 어떻게 급진적 회의주의('모든 것이 불확실해서 당신이 아무것도 믿을 수 없다') 또는 철저한 상대주의('모든 것이 불확실해서 당신이 무엇을 믿는지가 중요하지 않다')에 빠지지 않은 채 불확실성에 대처하는 법을 배웠는지를 설명했다. 영웅이나 악한은 없다. 이는 전형적이지도, 규범적이지도 않다.

나에게는 갚을 원한이나 과시할 미덕이 없다. 이는 나 나름대로 인생을 이해하려는 시도, 내가 정말 누군지 그리고 내가 무엇을 하게끔 되어 있는지를 알아내려는 시도이다. 그리고 더 중요한 점은, 이것이 내가 그동안 알고 존경하게 된 여행 동반자들, 내가 성장하고 발전하도록 도와준 사람들에 관한 이야기란 사실이다.

어쩌면 내가 배운 가장 중요한 교훈은 우리의 신념이 우리의 개인적 내력에서, 즉 산 자와 죽은 자를 아우르는 타인들과의 상호작용에서 생긴다는 점일 것이다.

이 책에서 내가 현재 생각하는 바를 제시하면서, 나로서는 내가 '어떻게' 이런 식으로 생각하게 되었는지, '누가' 그렇게 생각하도록 나를 도왔는지에 대한 이야기를 들려주지 않을 수 없다. 나의 사상과 나의 내력은 교차하고 또 겹친다. 이 이야기를 읽으면 나의 사상이 개발되는데 남들에게 얼마나 많은 빚을 졌는지가 분명해질 것이다.

그러므로 이 책에 묘사된 탐구와 발견의 여정은 남들로부터 동떨어진 채 나 홀로 걸은 길이 아니라, 신앙의 길을 걷는 타인들의 도움으로 사유하는 법을 배우고 또 그들과 함께 동행한 여정이다. 나의 탐구 여정을 담은 이 짧은 이야기는 내가 산 자와 죽은 자를 아우르는 타인들에게 빚진 자임을 분명히 드러낼 것이다. 나는 너무나 많은 사람에게 너무나 많은 빚을 져서 그들을 일일이 거론할 수조차 없고, 그 가운데 C. S. 루이스와 같은 몇 사람이 뚜렷이 기억에 남고 여기서 폭넓게 언급했을 뿐이다. 그들은 내가 나의 개인적 관점에 묶이지 않고 오히려 나의 실재관(觀)을 확대하도록 도와주었는데, 내가 그들이 본 어떤 것을 놓치지 않았는지 생각하도록 도전하고, 유독 나만이 문제에 직면하고 지혜를 구하는 사람이 아님을 확신시켜줌으로써 그렇게 했다.

장래의 모습이 어떠하든지, 나는 불확실성과 함께 살고 또 소망 가운데 길을 걷는 등, 그 새로운 세계에 대처하도록 나를 도울 여행 동반자들과 함께 계속 이 여정을 걷고 싶다. 하지만 그 장래에 대한 작은 야망이 있다. 내가 마침내 은퇴할 때는 나 자신에게 좋은 천체망원경을 사주고, 내가 1960년대에 관찰한 이래 전혀 하지 않았던 일, 즉 은하계의 풍부한 스타필드와 어렴풋한 은하수들을 다시 관찰하는 일을 할 것이다. 어둠에 둘러싸인 희미한 빛의 파편들을 다시 보게 되면, 아마 내가 당시에 알았던 그 경이감을 다시 포착해서 과학을 사랑하여 결국 나 자신과 우주를 뜻밖의 새로운 방식으로 보게 된 그 계기를 이해하게 될 것이다.

내 저서들에 관한 메모

이 책에 담긴 발견과 탐구의 이야기는 기독교의 본질, 과학과 신앙의 관계, 인간 지식의 한계 등 많은 질문을 제기할 것이다. 이런 주제들은 본서의 곳곳에서 다루었다. 이 마지막 부문은 독자들이 흥미롭게 여기는 나의 저술의 일부를 주제별로 소개한다. 내 웹사이트(alistermcgrath.net)에는 나의 저서들과 기타 출판물, 비디오와 오디오 자료 등 많은 참고자료가 실려 있다. 이 참고자료들은 상업적 이익을 위한 것이 아니라면 얼마든지 무료로 다운로드할 수 있다.

신학 교재

Christian Theology: An Introduction, 6th edition (Chichester: Wiley, 2016).
Theology: The Basics, 4th edition (Chichester: Wiley, 2018).
The Christian Theology Reader, 5th edition (Chichester: Wiley, 2016).
Theology: The Basic Readings, 3rd edition (Chichester: Wiley, 2018).

기독교

The Landscape of Faith (London: SPCK, 2016).
Christianity: An Introduction, 3rd edition (Chichester: Wiley, 2016).

기독교 사상의 역사

Iustitia Dei: A History of the Christian Doctrine of Justification, 4th edition (Cambridge: [em indent for all turnovers in this section please] Cambridge University Press, 2020).

Historical Theology: An Introduction to the History of Christian Thought, 2nd edition (Chichester: Wiley, 2012).

C. S. 루이스

C. S. Lewis - A Life: Eccentric Genius, Reluctant Prophet (London: Hodder & Stoughton, 2013).

Deep Magic, Dragons and Talking Mice: How Reading C. S. Lewis Can Change Your Life (London: Hodder & Stoughton, 2014).

새로운 무신론

Dawkins' God: From the Selfish Gene to the God Delusion, 2nd edition (Oxford: Wiley-Blackwell, 2015).

The Dawkins Delusion? Atheist Fundamentalism and the Denial of the Divine (London: SPCK, 2007). This book was co-written with Joanna Collicutt.

과학과 신앙

Inventing the Universe: Why We Can't Stop Talking About Science, Faith and God (London: Hodder & Stoughton, 2015).
Enriching Our Vision of Reality: Theology and the Natural Sciences in Dialogue (London: SPCK, 2016).
The Great Mystery: Science, God and the Human Quest for Meaning (London: Hodder & Stoughton, 2017).
A Theory of Everything (That Matters): A Short Guide to Einstein, Relativity and the Future of Faith (London: Hodder & Stoughton, 2019).
Science and Religion: An Introduction, 3rd edition (Chichester: Wiley, 2020).

자연신학

The Open Secret: A New Vision for Natural Theology (Oxford: Blackwell, 2008).
A Fine-Tuned Universe: The Quest for God in Science and Theology (Louisville, KY: Westminster John Knox Press, 2009).
Darwinism and the Divine: Evolutionary Thought and Natural Theology (Oxford: Wiley-Blackwell, 2011).
Re-Imagining Nature: The Promise of a Christian Natural Theology (Oxford: Wiley-Blackwell, 2016).

기사와 논문

나는 120개가 넘는 연구 논문을 썼다. 그 가운데 네 개가 이 책에서 다룬 개념들을 탐구하는데 도움이 될 것 같다.

−'The Rationality of Faith: How Does Christianity Make Sense of

Things?', *Philosophia Christi*, vol. 18, no. 2 (2016), pp. 395–408.

—'Christianity', in Massimo Pigliucci, Skye Cleary and Daniel A. Kaufman (eds), *How to Live a Good Life* (New York: Vintage, 2019), pp. 166–82.

—'Loving Science, Discovering God: An Autobiographical Reflection on Science and Theology', *Theology and Science*, vol. 17, no. 4 (2019), pp. 431–43.

—'Metanoia: Jesus, Paul, and the Transformation of the Believing Mind" in Craig A. Evans and Aaron W. White (eds), *Who Created Christianity? Fresh Approaches to the Relationship Between Paul and Jesus* (Peabody, MA: Hendrickson, 2020).

주

* 주에는 가능하면 영어 이름과 책 제목을 그대로 표기했음.

1장

1) '라이카'(Leica)는 '라이츠 카메라'(Leiz Camera)의 약자였다. 나중에 현미경의 일련번호로 알아보니 제작 연도가 1903년이었다.

2장

1) C. P. Snow, *The Search* (Harmondsworth: Penguin, 1965), p. 33. 이 소설은 부분적으로 자서전적이다. 스노우는 1920년대에 런던대학교에서 물리학을 공부했다.
2) Joseph Conrad, *Chance* (London: Methuen, 1914), p. 4.

3장

1) Betrand Russell, *A History of Western Philosophy* (London, 1950), p. 487.

4장

1) 나중에 알고 보니, 내가 얼른 내놓은 가설은 1969년과 1970년에 출판된 얀-텔러 효과 관련 연구 논문들에 나온 것이었다.

5장

1) Arthur Koestler, *The Ghost in the Machine* (London: Hutchinson, 1967), p. 78.
2) Arthur Kostler, *The Invisible Writing* (London: Collins, 1954), p. 19.
3) Arthur Koestler, *Darkness at Noon* (London: Jonathan Cape, 1940), p. 142.
4) Bertrand Russell, *A History of Western Philosophy* (London: 1950), p. 2.

6장

1) 내가 1971년부터 시작했던 아인슈타인에 대한 성찰을 마무리한 책은 이것이다. 다음 책을 보라. Alister McGrath, *A Theory of Everything (That Matters): A Short Guide to Einstein, Relativity and the Future of Faith* (London: Hodder & Stoughton, 2019).

7장

1) *Macbeth*, Act 1, scene 7, line 27.
2) Henry Miller, *Big Sur and the Oranges of Hieronymus Bosch* (New York: New Directions, 1957), p. 25.
3) Eugene Wigner, 'The Unreasonable Effectiveness of Mathematics', *Communications on Pure and Applied Mathematics*, vol. 13 (1960), pp. 1–14.

8장

1) C. S. Lewis, *They Asked for a Paper* (London: Geoffrey Bles, 1962), p. 165.
2) 이 열두 편의 에세이 중 마지막 네 편은 'Is Theology Poetry?', 'Transposition', 'On Obstinacy in Belief', 그리고 설교인 'The Weight of Glory'이다. 나는 이 네 편을 가장 뛰어난 루이스 단편들로 꼽는다.
3) Lewis, *They Asked for a Paper*, pp. 187–8.

9장

1) 기술적으로 말하면, 그 조사는 지질 이중층 구조를 닮은 팔미트산에 부착된 9-anthroyloxy fluorophore(그 조사의 형광 영역)를 사용했다.
2) 이 논문은 이듬해 초에 발표되었다. A. E. McGrath McGrath, C. G. Morgan, and G. K. Radda, 'Photobleaching: A Novel Fluorescence Method for Diffusion Studies in

Lipid Systems', *Biochimica et Biophysica Acta*, vol. 426 (1976), pp. 173-85.

10장

1) A. E. McGrath, C. G. Morgan and G. K. Radda, 'Positron Lifetimes in Phospholipid Dispersions', *Biochimica et Biophysica Acta*, vol. 466 (1977), pp. 367-72; idem, 'Lipid Asymmetry, Clustering and Molecular Motion in Biological Membranes and Their Models', in S. Abrahamsson and I. Pascher (eds), *Nobel Foundation Symposium: Biological Membranes and Their Models* (New York: Plenum Press, 1977), pp. 389-407.

11장

1) 이 연구결과를 결국 세 권의 책으로 출판했다. *Luther's Theology of the Cross: Martin Luther's Theological Breakthrough* (1985); *Iustitia Dei: A History of the Christian Doctrine of Justification* (1986); and *The Intellectual Origins of the European Reformation* (1987). 세 권 모두 나중에 개정판이 나왔다.
2) C. S. Lewis, *Mere Christianity* (London: HarperCollins, 2002), pp. 11-12.

12장

1) 그 설교에 관한 미디어의 논평은 다음 기사를 참고하라. Victoria Combe, 'Church is urged to Challenge Modish Opinions', *Daily Telegraph*, 15 November 2000.
2) Alister E. McGrath, *Dawkins' God: Genes, Memes, and the Meaning of Life* (Oxford: Blackwell Publishing, 2004). 개정판은 2015년에 출간되었고, 도킨스가 나중에 쓴 『만들어진 신』(2006)에 대한 평가가 들어있다.

13장

1) Alister E. McGrath, *The Genesis of Doctrine* (Oxford: Blackwell Publishing, 1990).
2) 그 가운데 나는 다음 저서를 최고의 책으로 꼽는다. Rudolf Langthaler, *Warum Dawkins unrecht hat: Eine Streitschrift*. Freiburg (Verlag Karl Alber, 2015). 아쉽게도 이 책은 아직 영어로 번역되지 않았다.
3) 다행히도 이런 도전에 부응할 수 있는 소수의 학자들이 있는데, 나의 옥스퍼드 동료인 Diarmaid MacCulloch 같은 사람들이다. 그런데 유감스럽게도 나는 그렇게 하는 것이 어렵다.

14장

1) 나도 다른 일곱 명과 함께 그런 편지쓰기에 참여했다. *Church Times*, 9 February 2018.
2) Alfred North Whitehead, *The Concept of Nature* (Cambridge: Cambridge University Press, 1920), p. 104.
3) Hermann Hesse, 'Die Sehnsucht unser Zeit nach einer Weltanschauung', *Uhu*, vol. 2 (1926), pp. 3-14. 헤세는 여기서 불행한 바이마르 공화국의 핵심 가치들, 즉 그 어떤 초월적 근거도 결여되어 있고 어떤 역사적 안정성도 갖고 있지 않은 그런 가치들에 대해 비평하고 있다.

15장

1) William James, *Principles of Psychology* (Cambridge, MA: Harvard University Press, 1981), p. 462.
2) Alexander Wood, *In Pursuit of Truth: A Comparative Study in Science and Religion* (London: Student Christian Movement, 1927), p. 102.
3) 울프는 그녀의 작품 *Mrs Dalloway*에 나오는 등장인물인 Clarissa Dalloway와 Deptimus Warren Smith를 이용해 이런 경험과 그 함의를 탐구한다.
4) Dante, *Paradiso* XXXIII: cf. John D. Sinclair, *Dante, The Divine Comedy*, vol. 3 (Oxford: Oxford University Press, 1961), p. 480.
5) Peter Medawar, 'Hypothesis and Imagination', *Times Literary Supplement*, 25 October 1963.
6) See Arnon Levy and Peter Godfrey-Smith (eds), *The Scientific Imagination* (Oxford: Oxford University Press, 2020).
7) William James, *The Will to Believe* (New York: Dover Publications, 1956), p. 51.
8) 단테의 작품 Purgtorio, canto 10, line 95에 나오는 핵심 주제인 '눈에 보이게 말하는 것'에 대해 생각해보라.
9) C. S. Lewis 'Imagery in the Last Eleven Cantos of Dante's "Comedy"', in *Studies in Medieval and Renaissance Literature* (Cambridge: Cambridge University Press, 1998), pp. 78-93; quote at p. 90. 이 지점에서 루이스가 그 자신의 경험에 대해 말하는 난해한 논평을 주목하라.
10) Austin Farrer, 'The Christian Apologist', in Jocelyn Gibb (ed.), *Light on C.S. Lewis* (London: Geoffrey Bles, 1965), pp. 23-45; quote at p. 37.
11) Ludwig Wittgenstein, *Philosophical Investigations*, 3rd edition (Oxford: Blackwell,

1968), §115.
12) 이 점에 관한 좋은 논의는 다음 글을 참고하라. Henk W. de Regt, 'Visualization as a Tool for Understanding', *Perspectives on Science*, vol. 22, no. 3 (2014), pp. 377-96.
13) George Herbert, *Works*, ed. F.E. Hutchinson (Oxford: Clarendon Press, 1941), p. 184.
14) Henry Miller, *On Writing* (New York: New Directions, 1964), p. 37.
15) C. S. Lewis, *They Asked for a Paper* (London: Geoffrey Bles, 1962), p. 165.

16장

1) Plato, *The Republic*, trans. H.D.P. Lee, 3rd edition (London: Penguin Books, 2007), pp. 89-90.
2) 이에 대한 좋은 출발점으로 다음 글을 추천한다. Dale Hall, 'Interpreting Plato's Cave as an Allegory of the Human Condition', *Apeiron: A Journal for Ancient Philosophy and Science*, vol. 14, no. 2 (1980), pp. 74-86. 특히 흥미로운 것은 1922년에 하이데거가 동굴의 비유에 대해 해석한 내용이다. Martin Heidegger, *Vom Wesen der Wahrheit: Zu Platons Höhlengleichnis und Theätet* (Frankfurt am Main: Klostermann, 1988).
3) Frances W. Weber, 'Unamuno's Niebla: From Novel to Dream', *Publications of the Modern Language Association*, vol. 88, no.2 (1973), 209-18.
4) Lewis, *They Asked for a Paper* (London: Geoffrey Bles, 1962), p. 200. 루이스의 논증을 자세히 논의한 나의 글을 참고하라. Alister McGrathMcGrath, 'Arrows of Joy: Lewis's Argument from Desire', in *The Intellectual World of C.S. Lewis* (Oxford: Wiley-Blackwell, 2013), pp. 105-28.
5) John Banville, *The Sea* (New York: Vintage Books, 2005), p. 53.

17장

1) Alasdair C. MacIntyre, *Whose Justice? Which Rationality?* (Notre Dame, IN: University of Notre Dame Press, 1988), p. 357.
2) 내가 과연 주관적인 확실성의 인식과 객관적 근거를 가진 확실성을 제대로 구별했는지 잘 모르겠다. 그리고 그 질문의 이 두 측면들이 자주 얽히곤 했다는 것을 내가 알고 있었는지 모르겠다.
3) 이 이슈에 대한 도킨스의 비슷한 견해는 다음 책에 나온다. Richard Dawkins, *The Selfish Gene*, 2nd edition (Oxford: Oxford University Press, 1989), p. 330.

4) 영국 학교의 과학 교육에 나타나는 이런 폭넓은 경향을 자료로 입증하고 비판하는 글이 있다. 다음 책을 보라. Jonathan Osborne, 'Teaching Critical Thinking? New Directions in Science Education', *School Science Review*, vol. 95, no. 352 (2014), pp. 53-62; quote at p. 54.

5) '다수의 합리성들'이란 개념에 대한 자세한 설명과 그 개념을 과학과 신앙의 두 분야에 적용한 것은 다음 책을 참고하라. Alister E. McGrath, *The Territories of Human Reason* (Oxford: Oxford University Press, 2019).

6) Thomas Bonk, *Underdetermination: An Essay on Evidence and the Limits of Natural Knowledge* (Dordrecht: Springer, 2008).

7) 이런 문제들은 아직 해결되지 않은 것으로 간주되고 있다. Colin Howson, *Hume's Problem: Induction and the Justification of Belief* (Oxford: Oxford University Press, 2000).

8) Charles Darwin, *Origin of Species*, 6th edition (London: John Murray, 1872), p. 444. 다윈이 여기서 흄의 이름을 언급하진 않지만 그의 입장을 기술하고 있다.

9) See especially Bertrand Russell, *Essays in Skepticism* (New York: Philosophical Library, 1963), pp. 83-4; *Bertrand Russell Speaks His Mind* (London: Barker, 1960), p. 20.

10) 과학에 대한 도킨스의 포퓰리즘적 견해가 과학 공동체 내에 유발한 불쾌함은 다음 글이 다루고 있다. 다음 책을 보라. David R. Johnson, Elaine Howard Ecklund, Di Di, and Kirstin R. W. Matthews, 'Responding to Richard: Celebrity and (Mis) Representation of Science', *Public Understanding of Science*, vol. 27, no. 5 (2018), pp. 535-49.

11) Jeanette Winterson, *Why Be Happy When You Could Be Normal?* (London: Vintage, 2012), p. 68.

12) Bas van Fraassen, *The Empirical Stance* (New Haven, CT: Yale University Press, 2002), pp. 47-8.

13) Richard Dawkins, *The Selfish Gene*, 2nd edition (Oxford: Oxford University Press, 1989), p. 330.

14) Milan Kundera, *The Unbearable Lightness of Being* (London: Faber & Faber, 1995), p. 135.

18장

1) Alister E. McGrath, *Iustitia Dei: A History of the Christian Doctrine of Justification*, 4th

edition (Cambridge: Cambridge University Press, 2020).
2) Thomas Nagel, *The Last Word* (Oxford: Oxford University Press, 1997), p.130.
3) Aldous Huxley, *Ends and Means: An Inquiry into the Nature of Ideals* (New Brunswick, NJ: Transaction Publishers, 2012), p. 312.
4) Jonathan Haidt, *The Righteous Mind: Why Good People Are Divided by Politics and Religion* (New York: Pantheon Books, 2012).
5) Adrian Bardon, *The Truth About Denial: Bias and Self-Deception in Science, Politics, and Religio* (New York: Oxford University Press, 2019).
6) Isaiah Berlin, 'The Pursuit of the Ideal', in *The Crooked Timber of Humanity* (New York: Knopf, 1991), pp. 1-19; quote at p. 14.
7) John Gray, *Isaiah Berlin* (Princeton: Princeton University Press, 2006), pp. 74-110. 미국 철학자 Robert Pasnau는 2014년에 옥스퍼드에서 열린 이사야 벌린 강좌에서 이와 비슷한 접근을 개진했고, 나도 그 강좌에 참석하는 기쁨을 누렸다. 이 강좌는 훗날 다음 책으로 출판되었다. Robert Pasnau, *After Certainty: A History of Our Epistemic Ideals and Illusions* (Oxford: Oxford University Press, 2017), pp. 1-138.

19장

1) 이 강좌는 *The Abolition of Man* (London: Oxford University Press, 1944)으로 출판되었다.
2) 이 강좌는 좀 더 확충되어 다음 책으로 출판되었다. Alister E. McGrath, *She Open Secret: A New Vision for Natural Theology* (Oxford: Blackwell, 2008).
3) 훗날 나는 다음 책에서 그녀의 완전한 설명을 접하게 되었다. Mary Midgley, *Science and Poetry* (London: Routledge, 2001), pp. 170-213.
4) Werner Heisenberg, 'Die Kopenhagener Deutung der Quantentheorie,' in *Physik und Philosophie* (Stuttgart: Hirzel, 2007), pp. 67-85; quote at p. 85.
5) John S. Habgood, *Theology and the Sciences* (London: The Athenaeun, 1998), p. 3. 내가 해브굿의 접근을 탐구하는 글을 참고하라. Alister E. McGrath, 'An Undivided Mind: John Habgood on Science and Religion', *Journal of Anglican Studies*, in press.
6) John Habgood, *Confessions of a Conservative Liberal* (London: SPCK, 1988), p. 95.
7) Peter Harrison, *The Territories of Science and Religion* (Chicago: University of Chicago Press, 2015).

20장

1) 이 중요한 순간에 대한 자세한 이야기는 다음 책에 나온다. Alister E. McGrath, *C. S. Lewis-A Life* (London, Hodder & Stoughton, 2013), pp. 147-51.
2) 상세한 분석은 다음 책을 참고하라. Alister McGrath, *A Theory of Everything (That Matters): A Short Guide to Einstein, Relativity and the Future of Faith* (London: Hodder & Stoughton, 2019).
3) Albert Einstein, *Out of My Later Years* (New York: Littlefield, Adams & Co., 1967), p. 29 (emphasis in original).
4) Albert Einstein, *Ideas and Opinions* (New York: Crown Publishers, 1954), pp. 41-2.
5) 이에 관한 최고의 연구서는 Max Jammer, *Einstein and Religion: Physics and Theology* (Princeton, NJ: Princeton University Press, 1999) 이다.
6) Einstein, *Ideas and Opinions*, p. 46.
7) Steven Rose, 'The Biology of the Future and the Future of Biology,' in John Cornwall (ed.), *Explanations: Styles of Explanation in Science* (Oxford: Oxford University Press, 2004), pp. 125-42.
8) Edward O. Wilson, *Consilience: The Unity of Knowledge* (New York: Vintage, 1999), p. 294 이다.
9) Edward Rosen, 'Calvin's Attitude Towards Copernicus', *Journal of the History of Ideas*, vol. 21 (1960), pp. 431-41.
10) John Hedley Brooke, *Science and Religion: Some Historical Perspectives* (Cambridge: Cambridge University Press, 1991), p. 6. More recently, see Ronald L. Numbers (ed.), *Galileo Goes to Jail and Other Myths About Science and Religion* (Cambridge, MA: Harvard University Press), 2009.
11) Peter Harrison, 'Introduction', in *The Cambridge Companion to Science and Religion* (Cambridge University Press, 2010), pp. 1-18; quote at p. 4. See also David N. Livingstone, 'Which Science? Whose Religion?,' in J.H. Brooke and R.L. Numbers, (eds), *Science and Religion around the World* (Oxford: Oxford University Press, 2011), pp. 278-96.
12) Max Planck, *Religion und Naturwissenschaft* (Leipzig: J. A. Barth, 1938), p. 31: 'Religion und Naturwissenschaft—sie schließen sich nicht aus, wie manche heutzutage glauben oder fürchten, sondern sie ergänzen und bedingen einander'.
13) 이 비유의 기원과 발달에 대해서는 다음 책을 보라. Kenneth J. Howell, *God's Two*

Books: Copernican Cosmology and Biblical Interpretation in Early Modern Science (Notre Dame, IN: University of Notre Dame Press, 2002).
14) John Dewey, *The Quest for Certainty* (New York: Capricorn Books, 1960), p. 255.

21장

1) Werner Heisenberg, *Die Ordnung der Wirklichkeit* (Munich: Piper Verlag, 1989), p. 44.
2) Werner Heisenberg, 'Die Kopenhagener Deutung der Quantentheorie,' in *Physik und Philosophie* (Stuttgart: Hirzel, 2007), p. 85.
3) 이 주제는 Louth의 다음 저서에 더 충분히 개진되어 있다. *Discerning the Mystery: An Essay on the Nature of Theology* (Oxford: Clarendon Press, 1983). 나는 이 책을 읽고 내가 라우스의 개별 지도에서 얼마나 많은 것을 배웠는지 새삼 알게 되었다.
4) 이는 복잡한 점을 엉뚱하게 단순화시킨 것이다. 이에 대한 더 나은 논의는 다음 책들을 참고하라. Kathryn Tanner, *Jesus, Humanity and the Trinity: A Brief Systematic Theology* (Minneapolis, MN: Fortress Press, 2001); Keith Ward, *Christianity: A Beginner's Guide* (Oxford: Oneworld, 2007), pp. 80-94. 그리고 나의 책도 유용한 논의를 담고 있다. Alister E. McGrath, Christian Theology: An Introduction, 6th edition (Chichester: Wiley, 2016), pp. 299-326.
5) Emil Brunner, *Dogmatics*, vol. 1 (Cambridge: Lutterworth, 1949), p. 236. The Greek word *kerygma* means 'proclamation'. 그리스어 단어 *kerygma*는 '(복음)선포'라는 뜻이다.
6) 나는 기쁘게 그렇게 했다. 1980년대 말에 스위스 취리히에서 16세기 초 스위스 휴머니즘에 관해 연구하는 동안 취리히대학교에 소장된 브루너의 저술을 읽고 또 성찰하는 시간을 가졌다. 이는 나중에 그의 신학에 관한 단행본으로 출판되었다. Alister E. McGrath, *Emil Brunner: A Reappraisal* (Oxford: Wiley-Blackwell, 2016).

22장

1) Leszek Kołakowski, *Main Currents of Marxism: Its Rise, Growth, and Dissolution*, 3 vols (Oxford: Clarendon Press, 1978).
2) Leszek Kołakowski, *Metaphysical Horror* (Chicago: University of Chicago Press, 2001), pp. 1-2. 이 논점은 철학의 한계에 관한 최근의 성찰에서 계속 반복되고 있다. 예컨대, 다음 글을 보라. John Shand, 'Philosophy Makes No Progress, So What Is The Point Of It?', *Metaphilosophy*, vol. 48 (2017), pp. 284-95.

3) 그람시의 고전적인 연구서를 보라. 아쉽게도 아직 영어로 번역되지 않았다. Antonio Gramsci, *Gli intellettuali e l'organizzazione della cultura*, 6th edition (Milan: Giulio Einaudi Editore, 1955).
4) 나는 이 문제를 다음 책에서 탐구하고 있다. Alister E. McGrath, *The Territories of Human Reason: Science and Theology in an Age of Multiple Rationalities* (Oxford: Oxford University Press, 2019).
5) 현재 '이성의 시대'의 민족중심주의에 반대하는 문헌이 굉장히 많고, 세계의 여러 철학 전통들 간의 대화를 추진하고 또 민족을 대변하는 철학에의 접근이 출현하길 격려하는 분위기다. George Hull (ed.), *Debating African Philosophy: Perspectives on Identity, Decolonial Ethics, and Comparative Philosophy* (London: Routledge, 2018); Arindam Chakrabarti, *Comparative Philosophy without Borders* (London: Bloomsbury, 2016).
6) Mary Midgley, *What Is Philosophy For?* (London: Bloomsbury Academic, 2018), p. 6. 이는 미즐리가 쓴 마지막 저서이고, 철학의 과업과 결과에 대한 그녀의 성숙한 견해를 담고 있다.
7) Karl-Otto Apel and Matthias Kettner (eds), *Die eine Vernunft und die vielen Rationalitä ten* (Frankfurt am Main: Suhrkamp, 1996); McGrath, *The Territories of Human Reason*, pp. 19-49.
8) Ian James Kidd, 'Adversity, Wisdom and Exemplarism', Journal of Value Inquiry, vol. 52, no. 4 (2018), pp. 379-93.
9) Linda Zagzebski, *Exemplarist Moral Theory* (Oxford: Oxford University Press, 2017).
10) 나는 다음 글에서 이 논점을 더 자세히 다루고 있다. Alister E. McGrath, 'Christianity', in M. Pigiliucci, S. C. Cleary and D. Kaufman(eds), *How to Live a Good Life* (New York: Vintage Books, 2020), pp. 166-82.
11) Alister E. McGrath, 'Metanoia: Jesus, Paul and the Transformation of the Believing Mind', in Craig A. Evans and Aaron W. White (eds), *Who Created Christianity? Fresh Approaches to the Relationship Between Paul and Jesus* (Peabody, MA: Hendrickson, 2020).
12) See especially Barbara Ehrenreich, *Smile or Die: How Positive Thinking Fooled America and the World* (London: Granta, 2009).

사명선언문

너희가 흠이 없고 순전하여……세상에서 그들 가운데 빛들로
나타내며 생명의 말씀을 밝혀 _ 빌 2:15-16

1. 생명을 담겠습니다
만드는 책에 주님 주신 생명을 담겠습니다.
그 책으로 복음을 선포하겠습니다.

2. 말씀을 밝히겠습니다
생명의 근본은 말씀입니다.
말씀을 밝혀 성도와 교회의 성장을 돕겠습니다.

3. 빛이 되겠습니다
시대와 영혼의 어두움을 밝혀 주님 앞으로 이끄는
빛이 되는 책을 만들겠습니다.

4. 순전히 행하겠습니다
책을 만들고 전하는 일과 경영하는 일에 부끄러움이 없는
정직함으로 행하겠습니다.

5. 끝까지 전파하겠습니다
모든 사람에게, 땅 끝까지, 주님 오시는 그날까지
복음을 전하는 사명을 다하겠습니다.

서점 안내

광화문점	서울시 종로구 새문안로 69 구세군회관 1층 02)737-2288 / 02)737-4623(F)
강남점	서울시 서초구 신반포로 177 반포쇼핑타운 3동 2층 02)595-1211 / 02)595-3549(F)
구로점	서울시 동작구 시흥대로 602, 3층 302호 02)858-8744 / 02)838-0653(F)
노원점	서울시 노원구 동일로 1366 삼봉빌딩 지하 1층 02)938-7979 / 02)3391-6169(F)
분당점	경기도 성남시 분당구 황새울로 315 대현빌딩 3층 031)707-5566 / 031)707-4999(F)
일산점	경기도 고양시 일산서구 중앙로 1391 레이크타운 지하 1층 031)916-8787 / 031)916-8788(F)
의정부점	경기도 의정부시 청사로47번길 12 성산타워 3층 031)845-0600 / 031)852-6930(F)
인터넷서점	www.lifebook.co.kr